# 変革の
# 鍵としてのジェンダー

歴史・政策・運動

落合恵美子/橘木俊詔
[編著]

ミネルヴァ書房

# 変革の鍵としてのジェンダー
―― 歴史・政策・運動 ――

目　次

序　章　時代の転換をデザインするジェンダー …………落合恵美子…1
　　第1節　歴史的転換をデザインするジェンダー…………………………1
　　第2節　フェミニズムの二つの波……………………………………………2
　　第3節　ジェンダーの20世紀システム………………………………………4
　　第4節　「第2の近代」の秩序形成……………………………………………7
　　第5節　「半圧縮近代」としての日本…………………………………………11
　　第6節　現代日本への政策提言と展望………………………………………14
　　第7節　ジェンダー研究会……………………………………………………18

## 第1部　「第1の近代」と二項対立的ジェンダー秩序の形成

第1章　政治体制論から見た第1波フェミニズム ………大嶽秀夫…25
　　　　──19世紀イギリスを素材として──
　　第1節　近代フェミニズムの誕生……………………………………………25
　　第2節　進歩的自由主義フェミニズムから社会民主主義フェミニズムへ…30
　　第3節　社会変動のマクロ理論から見た第1波フェミニズム……………37

第2章　優しい父親・戦う男性……………………………姫岡とし子…41
　　　　──近代初期ドイツのジェンダー・階層・ナショナリズム──
　　第1節　二項対立的なジェンダー図式の豊富化と修正……………………41
　　第2節　市民層と家族・ジェンダー…………………………………………42
　　第3節　ネイション・ナショナリズムと戦う男性性………………………51

第3章　関東大震災後の「女性の空間」……………………辻　由希…60
　　　　──婦人会館建設運動を通して見る日本国家と市民社会──
　　第1節　近代国家と「女性の空間」……………………………………………60
　　第2節　関東大震災と女性団体………………………………………………63
　　第3節　婦人会館………………………………………………………………70

第 4 節　「女性の空間」が果たした役割 ………………………………… 76

第4章　誰のためのバースコントロールか ……………………豊田真穂…82
　　　　――クラレンス・ギャンブルと戦後日本――
　　第 1 節　クラレンス・ギャンブルに注目する意義 ………………………　82
　　第 2 節　クラレンス・ギャンブルとバースコントロール運動 …………　84
　　第 3 節　ギャンブルによる日本のバースコントロール運動への援助……　89
　　第 4 節　シンプル・メソッドの普及 ………………………………………　93
　　第 5 節　誰のためのバースコントロールなのか…………………………　97

### 第 2 部　「第 2 の近代」と新たなジェンダー秩序の模索

第5章　女性たちのベーシック・インカム ……………………山森　亮…105
　　　　――福祉権フェミニズムの歴史と現在――
　　第 1 節　運動：女性たちのベーシック・インカム要求 …………………　105
　　第 2 節　理論：ダラ・コスタのアメリカ福祉権運動のユニークな解釈と
　　　　　　「労働の二重の拒否」……………………………………………　116
　　第 3 節　「やられたらやりかえせ（under attack, but fighting back）」：
　　　　　　福祉権運動のその後 ……………………………………………　118
　　第 4 節　運動から理論は何を学ぶべきか …………………………………　121

第6章　フェミニズムとジェンダー政策の日独比較
　　　　　　……………………イルゼ・レンツ／山本耕平・左海陽子訳…129
　　第 1 節　日本とドイツにおける福祉ジェンダー・レジームと女性運動…129
　　第 2 節　日独における保守的な福祉ジェンダー・レジーム ……………　130
　　第 3 節　比較的観点から見るフェミニズムとジェンダー政策…………　134
　　第 4 節　日独における新しい女性運動：比較の概観 ……………………　134
　　第 5 節　日独において女性運動が均等法制定に与えた影響 ……………　144

第6節　比較的観点から見る女性運動と制度変容 …………………… 157

第7章　「家族の価値」が意味するもの …………… 小泉明子 … 165
　　　　──アメリカにおける同性婚訴訟──
　第1節　多様化する家族 ……………………………………………… 165
　第2節　アメリカにおける同性婚訴訟 ……………………………… 165
　第3節　「家族の価値」という言説：バックラッシュに見るアメリカの
　　　　　家族理念 ……………………………………………………… 167
　第4節　二つの連邦最高裁判決：Proposition8 と DOMA ……… 170
　第5節　同性婚問題はなぜ世論を二分する争点となるのか ……… 175

第8章　性表現の自由と「女性」………………………… 守　如子 … 183
　第1節　猥褻裁判と性表現の自由 …………………………………… 184
　第2節　フェミニズムによる批判運動と表現の自由 ……………… 192
　第3節　性表現の自由をどう考えるのか …………………………… 197

## 第3部　現代日本社会の変革とジェンダー

第9章　歴代首相の国会発言に見る「家族」と「女性」
　　　　──「失われた20年」のイデオロギー的背景──
　　　　………………………………………… 落合恵美子・城下賢一 … 207
　第1節　日本の独特の進路とその政策的背景 ……………………… 207
　第2節　政治課題となった家族と女性 ……………………………… 209
　第3節　1980年代の家族主義的改革 ………………………………… 212
　第4節　1990年代以降の不完全な改革 ……………………………… 218
　第5節　政策選択におけるイデオロギーと現実：1980年代と1990年代
　　　　　との比較 ……………………………………………………… 228
　第6節　「近代の伝統化」とその拘束 ………………………………… 231

## 第10章 男女共同参画の実現に向けた女性の就労・生活支援策
　　　　　――エリート女性と恵まれない女性のどちらを優先するか――
　　　　　　　　　　　　　　　　　　　　　　　　　　　橘木俊詔…235
　　第1節　官と民でどちらが熱心か……………………………………235
　　第2節　男女共同参画がいかに遅れているか………………………236
　　第3節　クォータ制度導入の是非……………………………………242
　　第4節　恵まれない女性への対策……………………………………247
　　第5節　男女共同参画会議の果たした役割…………………………252

## 第11章 最優先課題としての「子育て支援」……………柴田　悠…257
　　　　　――政策効果の統計分析――
　　第1節　日本の社会保障の不都合な真実：並レベルの高齢者福祉,
　　　　　　低レベルの子育て支援………………………………………257
　　第2節　経済成長を左右する五つの要因：日本が成長するための
　　　　　　政策とは…………………………………………………………264
　　第3節　豊かさと機会平等を実現するために…………………………270

## 第12章 グローバル化するジェンダー関係……………酒井千絵…286
　　　　　――日本の「アジア就職ブーム」と女性の国際移動から――
　　第1節　グローバル化はジェンダー関係をどう変えるのか………286
　　第2節　日本における国際移動とその変化…………………………291
　　第3節　日本における「海外就職ブーム」とジェンダー…………295
　　第4節　グローバルなジェンダー分業を生きる……………………303

あとがき……309
人名索引……313
事項索引……314

# 序　章
# 時代の転換をデザインするジェンダー

落合恵美子

## 第1節　歴史的転換をデザインするジェンダー

　「女性の活用」が政策課題として脚光を浴びている。高齢化して労働力人口が減少し景気浮揚の障害になったから，と聞くと，まるで「猫の手も借りたい」とでも言われているような気がするが，この課題の真の意味は，おそらく政治家や政策担当者の当面の意図も超えた，はるかに深いところにある。

　男女の性別役割，いわゆる「ジェンダー」は，社会の変化とともに何度も再編成されてきた。自然な性別役割があってそれがつい最近まで変わらず続いてきた，などというのは幻想に過ぎない。後に述べるように近代社会は何度か大きな構造転換を乗り越えてきたが，そのたびに男女の役割も作りかえられてきた。いつの時代にあっても，どこの地域でも，人類の約半数ずつを占める女性と男性にどのような社会的役割を割り振るのかは，その社会の構造を決める根幹の部分にかかわっている。

　これを逆に考えれば，男女にどのような性別役割を振り分けるのか，少し硬い表現をすれば，どのような「ジェンダー秩序」(江原, 2001)を創り上げるのかによって，社会のかたちが左右されるということでもある。実際，歴史的転換の節目節目で，ジェンダーは争点となってきた。ジェンダーはしばしば政策課題や社会運動のイッシューとなり，ジェンダーを糸口として新たな時代の思想が生み出された。ジェンダーのあり方をデザインすることは，明日の社会をデザインすることである。本書のタイトルの「変革の鍵としてのジェンダー」とはそういう意味である。

本書では，第1部を「『第1の近代』と二項対立的ジェンダー秩序の形成」，第2部を「『第2の近代』と新たなジェンダー秩序の模索」と題して，性別分業型のジェンダー秩序が確立された近代の最初の段階において，またその秩序が揺らぎだした1970年代以降の「第2の近代」と呼ばれる時代において，ジェンダーを争点に新しい社会秩序形成がいかに模索されてきたのかを，とりわけ国家の政策や社会運動など，上からにせよ下からにせよ，意図的にジェンダーをデザインしようとした動きに注目しながら，歴史的に振り返る。第3部ではこれらの歴史的展開をふまえて，現代日本社会の変革という課題にジェンダーという視点からいかなる解答を与えられるかを追究する。

## 第2節　フェミニズムの二つの波

　言うまでもないことだが，フランス革命の理念を示した『人間と市民の権利の宣言（人権宣言）』の「人間（homme）」はフランス語では「男性」を意味する。実際，1791年憲法でも女性の権利は看過されていたので，これに抗議して『女性および女性市民の権利宣言（女権宣言）』を発表したオランプ・ドゥ・グージュ（Olympe de Gouges）は，ロベスピエールらと対立して，1793年に反革命の罪状で粛清された（Blanc, 1989=1995）。初期のフェミニストのこの悲劇的な挑戦が物語っているように，近代という時代が幕を開けた時，生まれつつあった社会の中で女性と男性が担うべき役割は必ずしも自明なものではなかった。革命の過程での政治的な交渉や抗争を通して，「人間」とは「男性」のことであり「女性」は含まれないというジェンダー観が確立していったのである。

　二項対立的なジェンダー観は近代の産物であるという発見は，1970年代以降の女性史・ジェンダー史研究の最大の成果であり，基本テーゼとなった（Scott, 1988=1992）。一例を挙げれば，ドイツジェンダー史についての姫岡とし子の研究によれば，近代初期には女性の親方も存在したという。しかしギルドが女性を排除したため，次第に女性は親方になりにくくなっていった（姫岡, 2004）。ジェンダー（社会的性別）がセックス（生物学的性別）に先行するという

フーコーやバトラーの主張のように，近代の初期に医学や生物学が総動員されて，「性差」についての言説を創り出していった（荻野, 1990）。

とはいえ，本書第2章で姫岡が詳論しているように，「男女の性特性の二極化や公私の分離は，直線的にではなく，さまざまな紆余曲折を経ながら形成され浸透し，また社会変化とともに，あらたな要素が付け加わっていった」。教養市民層は貴族とも下層とも区別される階層的なアイデンティティを，男女ともに「愛のある結婚生活」に求めた。戦闘的な男性像はネイション概念の成立と徴兵制の導入とともに成立した。ジェンダー役割をいかなるものとして構築するかは，いかなる社会を建設するのかという展望や企てと密接に結びついていた。

オランプ・ドゥ・グージュがフランスで処刑された前年，イギリスではメアリ・ウルンストンクラーフトが『女性の権利の擁護』を著した。19世紀を通じて拡大し，20世紀初頭まで続いたいわゆる「フェミニズムの第1の波」がここに始まった。女性解放の思想と運動であるフェミニズムには，歴史的に二つの高まり（波）があったと言われる。「第1の波」がおさまってから1960年代末に「第2の波」が始まるまで，約半世紀のブランクがあったが，いったいそれはなぜだったのだろうか。

フェミニズム運動の歴史についての初期の研究の中で，ジョー・フリーマンは「初期には女の生活のあらゆる側面に関心を示した広範で多面的な運動であった」「第1の波」が「終わり頃になると，主として二種類のフェミニストたち——婦人参政権論者と改良主義者——の関心をつかんだにすぎないものになってしまった」と述べている（Freeman, 1975=1978）。改良主義者とは，男性にはない女性の徳性により社会を改良しようと主張する「母性主義者」と言い換えてもよい。

ウォーレン・ビーティが監督・主演した「レッズ」という映画（1981年制作）にも描かれていたように，第1波フェミニズムは，職業選択の自由や女性の社会活動など公的領域における要求ばかりでなく，自由恋愛の実践，結婚制度の拒否，中絶の合法化や婚外子の権利承認の主張，さらにはコルセットで締め上

げる窮屈な服装からの解放まで，私生活における様々な要求も含む，多面的で実に興味深い運動だった。しかし19世紀の最後の10年になると，フリーマンが言うように，婦人参政権と母性主義，言うなれば平等論と特性論という両極に分解した。さらに20世紀になると，参政権論者は方針を転換して，「権利」の平等のかわりに，女性の徳性を活かした「社会改革のために婦人参政権が必要である」という主張を前面に出すようになった。両極に分解したフェミニズムの潮流は，女性の「家庭役割」をかなめとして再び結びき，自由恋愛や性の解放を唱えるようなフェミニストは「家庭破壊的で破廉恥」とみなされ，女の足をひっぱるものとして両方の陣営から切り捨てられた（姫岡，1993，98-100頁）。

　フェミニズムの二つの波とその間の半世紀のブランクについて，わたしはある仮説をもっている。「19世紀の後半から次第に輪郭を現わし20世紀の初めに確立し1960年代の半ばからまたゆらぎつつあるひとつの時代があって，その時代の始まりと終わりの社会規範が動揺している時期にフェミニズムは2回の高まりを経験した」というものである（落合，1989，232頁）。社会運動がある程度広範な支持を得るためには，内容的に矛盾するような規範が一つの社会の中で拮抗しつつ並存していることが必要である。いずれの規範が主導権を得るかを争っている社会の変動期には，社会運動が盛り上がる。しかし，いったん勝敗が決し，ある規範が支配的となると，社会運動は力を失い，規範に同調できないものは逸脱者のレッテルを貼られる。表面的には平穏で安定した，しかしその下では秘かな抑圧と鬱屈が充満した時代が始まる。フェミニズムの半世紀のブランクは，安定した構造をもつ強力な体制が出現し，半世紀のあいだ君臨し続けたことに対応しているのではなかろうか。

## 第3節　ジェンダーの20世紀システム

　では，フェミニズムの二つの波の間に出現した体制とはどのようなものだったろうか。
　本書第1章において，大嶽秀夫はフェミニズムの二つの波に挟まれた時代を

「社会民主主義体制」と呼んでいる。この体制は「19世紀末から20世紀前半の長期にわたる社会変化」である「社会民主主義革命」により成立し，「次いで第2次世界大戦後の高度成長期には，ケインズ型福祉国家，フォード的生産様式，大量消費社会を三つの柱」として全面開花したという。「社会民主主義」という用語に違和感がないではないが，「第1期フェミニズム」は「機能的観点からみれば，社会民主主義革命の一翼を担うものであった」とし，「1960年代に始まる第2波フェミニズムは，まさにこの社会民主主義システムを標的とする新左翼およびネオリベラリズムを母胎として」生まれたとするフェミニズムの二つの波の位置づけは，上記のわたしの見方と呼応する。

大嶽は2011年の著書の中ではこの体制を「20世紀アメリカン・システム」という，よりニュートラルな名称で呼んでいる（大嶽，2011）。「1920年代に生まれ，ニューディールを経て，1950年代に完成を見た」「アメリカン・システム」が，「まず西ヨーロッパと日本に，次いで世界に波及した」（大嶽，2011，16頁）というのである。

大嶽が挙げている三つの柱は，ガルブレイスが「ゆたかな社会」（Galbraith, 1958）と呼んだような大量生産大量消費を基盤とした「大衆社会」と基本的に重なっている。大嶽はフォーディスト的生産様式が男性に強いる男性性が，愛情の場である「近代家族」と「専業主婦」を必要としたと論じて，ジェンダーと20世紀システムを関連づける（大嶽，2011）。

しかし，この体制は生産の方式にだけ結び付けて論じられるものなのだろうか。わたしはこの体制の成立と変容を，人口学的条件の転換と結び付けて考えている（落合，2013a）。人口学というと数字の羅列のように思われるかもしれないが，人間の生死や結婚・出産など，人生を形づくる出来事に最も直接的に照準した学問が人口学である。マルクス主義の用語では「再生産」と呼ばれるような領域である。人口学的な意味での近代，すなわち人間の生にとっての近代は，いわゆる「人口転換（demographic transition）」つまり多産多死から少産少死への転換により出現した。栄養や衛生面での改善の結果，いったん生まれた人間はすぐには死ななくなったので，親たちは安心して産児制限を開始した。

人口転換が欧米社会において完了したのは，20世紀の初めの20年代から30年代のことであった。その後，半世紀の安定期を経て，欧米社会では1970年前後から新たな人口学的変化が開始した。ヴァン・デ・カーやロン・レスターゲが「第2次人口転換」と名づけた変化である（van de Kaa, 1987；Lesthaeghe, 1991）。
　最初の人口転換は死亡率と出生率を低下させることで人生の安定性と予測可能性を高め，標準化したライフコースを成立させた。ほとんど全員が結婚し，結婚した夫婦は高齢期まで添い遂げ，多くの夫婦が2人か3人の子どもをもつという「再生産平等主義」（落合，1994）の社会が実現された。「大衆社会」とは，経済的な面での平等のみでなく，結婚や出産など家庭生活の面での平等も意味していた。夫と死別する心配がほとんど無くなった妻たちは安心して専業主婦となり，やはり早世する危険が小さくなった少数の子どもたちに十分な手間と愛情をかけて育てることができるようになった。フォーディズムとケインズ主義の成果である安定した経済のもとでの安定した雇用が，ライフコースの標準化をさらに強固にし，女性の主婦化を大衆的な次元で可能にした。「ゆたかな社会」とも「大衆社会」とも呼ばれる20世紀先進国の繁栄と平等の達成は，人口学的安定と経済的安定という，生産と再生産の両面，公私両面の基盤に支えられていた。
　夫婦間・親子間の愛情と少ない数の子ども，そして性別分業に特徴づけられる家族を「近代家族」と呼ぶが，それが社会の一部の中産階級にのみ成立した時代の「19世紀近代家族」と，社会のほぼ全階層に広がった時代の「20世紀近代家族」とでは，家族の性質も社会のあり方も大きく異なる（落合，1994，108-112）。近代家族を前提として構成される社会を山田昌弘は「近代家族システム」と呼ぶ（山田，1994）。両者の用語を統合すれば，全階層に近代家族が成立した「20世紀近代家族」の段階になって初めて，「近代家族システム」が成立したと言えよう。すなわち「20世紀システム」は，家族の面から見れば「近代家族システム」であった。「近代家族システム」は，ジェンダーという面では，「男性稼ぎ主／女性主婦モデル（male breadwinner-female housewife）」（Lewis, 2001）のジェンダー秩序を伴っていた。

## 第4節 「第2の近代」の秩序形成

　しかし，第2次人口転換のもたらした変化，すなわち晩婚化と未婚化，離婚や同棲，人口再生産水準以下への出生率の低下と婚外出生の増加は，「20世紀システム」を突き崩し，家族とライフコースの多様化が始まった。第2次人口転換では人口再生産水準以下への出生率の低下がまず目を引くが，より本質的なのは婚姻の変化だと考えられている。離婚が増えただけでなく，結婚しない人，結婚せずに同棲したり子どもをもうけたりする人が増加し，結婚は人生で必ず経験するものではなくなり，ライフスタイルの選択肢の一つとなったとすら言われた。誰もが似たような家族に属する「近代家族システム」は成り立たなくなり，社会の単位は「個人」となった。

　では，第2次人口転換はなぜ起こったのだろうか。ヴァン・デ・カーとレスターゲは第2次人口転換の起こった原因として個人主義という理念要因を重視する（van de Kaa, 1987；Lesthaeghe, 1991）。第2次人口転換の徴候が見えだす1970年前後は若者を中心とした反体制運動や対抗文化運動の最盛期であったので，最初のきっかけはそうだったかもしれない。しかし少なくともこの転換が社会の全階層に広がった背景には，オイルショック以後に欧米先進国が陥った長期の不況があったのではなかろうか。若年男性の雇用が不安定化し，従来どおりの結婚ができなくなった。結婚せずに同棲し，男女にかかわらず仕事のある方が働くなどして生活を支えるカップルが増加した。

　しかし，経済要因により拡大した変化が制度的裏付けを得るには，再び理念が重要な役割を果たしたとわたしは考えている。1970年前後の運動の中で噴出した理想主義や様々な価値観の実験が，結婚しない生き方や男女共働きを正当化するイデオロギーを提供し，そうした変化を前提に人々が生きていけるよう，社会制度を変革する後押しをしただろう（Ochiai, 2014）。実際，1970年代の若者たちは，1980～90年代に30～40代となり，環境運動やフェミニズム運動など新しい社会運動の担い手として，あるいはそうした分野の研究者として，また

時には政治家や官僚となって，新しい時代の設計にかかわっていった。

　第 2 次人口転換以降の時代をわたしはウルリッヒ・ベックの用語を借りて「第 2 の近代（second modernity）」と呼ぶことにしている（落合, 2013a）。ベック自身は人口学的根拠を明示しているわけではないが，時代区分も着目している現象もおおむね重なるからである。それと対比するなら，「近代」は第 1 次人口転換以前に成立していたが，産児制限や性別分業などに特徴づけられる「近代家族」的な生活様式が，階級的限定を超えて社会の全階層のものとなったのは，第 1 次人口転換を経た20世紀初頭のことであったと言えよう。従来はただ「近代」と呼ばれていたこの時代を，「第 2 の近代」と対比して，「第 1 の近代（first modernity）」と呼んでおこう。本書では「第 1 の近代」「第 2 の近代」という用語を，厳密にベックに依拠してというより，ここまで述べてきたことを踏まえ，「20世紀システム」とそれを準備した時代，および「20世紀システム」が変容を始める第 2 次人口転換以降の時代，という意味で用いることにしたい。

　本書第 2 部は，「第 2 の近代」への転換において，ジェンダーをめぐる議論やフェミニズムの思想と運動がどのような役割を果たしたかに焦点を当てている。フェミニズムは家事や育児など女性が無償で担ってきた労働の価値について強いこだわりをもって論じてきた。1960年代にこの問題を取り上げた日本の主婦論争は世界的に見ても早い例だが，1970年代には英国でもヒンメルヴァイトらによる家事労働論争が起きた（Himmelweit and Mohun, 1977）。

　山森亮による第 5 章は，そうした学問的議論に練り上げられる以前に，1960年代のアメリカの女性たちによる福祉権運動の中で「私たちが既にしている仕事——子育てと家事——への報酬として」「生存賃金」の支払いを求める主張が生まれていたことを指摘する。この運動に参加した女性たちの多くは黒人のシングルマザーたちであった。「一人の男（a man）」と結婚するかわりに「〈男〉（the man）」とも言うべき国家に福祉の名のもとに支配されることになったという主張は，「男性稼ぎ主／女性主婦モデル」の家族からはずれた生き方をする者たちが福祉の仕組みそのものによって罰せられたことを訴えている。

その後，1970年代には白人女性たちの参加も増大したというのは，「第2の近代」の進展によって広範な社会層の家族が多様化したことを反映しているだろう。子育てや家事労働の評価を福祉権につなげるべきだという主張は，フェミニスト福祉国家論の立役者であるダイアン・セインズベリにより，「妻として」の資格付与から「母として」の資格付与へと理論的に整理され（Sainsbury, 1996），実際にいくつかの国における年金制度などの改訂につながった（落合, 2011）。女性の個人としての年金権を保障することは，家族やライフコースが多様化し，社会の単位が個人しかなくなった「第2の近代」に制度を適合させるための改革の根幹だと言えよう。その方向は，「男，女，子ども，独身，既婚，子持ち，子ども無し，なんていう「分類」はない」，セインズベリ言うところの「市民として」の資格付与，そしてベーシック・インカムへとつながってゆく。

　フェミニズム運動によるジェンダー秩序の問い直しは，「第2の近代」に適合的な社会制度の構築に，いかなるルートを通じて反映されていったのだろうか。イルゼ・レンツによる第6章は，日本とドイツを比較しながら，この点を包括的に検討している。レンツはリブ運動の時期の日本をリアルタイムで体験し，その後も日本のフェミニズム運動の展開を見守り続けてきたドイツ人研究者である。「ビロードの四角形」と呼ばれるフェモクラット（フェミニスト官僚），政治家，研究者，女性運動を中心とした「アクターの配置」，および国際規範の影響に注目しながら，労働や社会一般における男女平等に関する法律の立法過程の日独比較分析を行っている。1970年前後の理念的実験が，ドイツでは緑の党などを通じて制度設計に直接の効果をもったことがうかがえる一方で，日本では女性官僚の役割が大きかった。「第2の近代」に適合した制度改革は，運動に発する理念の後押しを得たヨーロッパが主導する形で，EUや国連レベルでの国際的政策協調やフェミニスト研究者のネットワークを通じて，世界に広がっていった。(2)ジェンダー政策の展開は，官僚と議会と産業界の「鉄の三角形」や，労働組合が加わるコーポラティズムといった，通常の政策決定過程をはずれた形で実現してきたことが，強みでもあり弱みでもあった。「第2の近

代」に適合した政策決定の方式は，いまだ確立していないということだろうか．

　第7章の小泉明子は，同性婚というきわめて「第2の近代」的な家族の多様化を象徴する現象を取り上げ，それがアメリカの世論を二分する争点となった過程と背景を詳述する．宗教右派と共和党にとって，「家族の価値」を強調できるこの争点は，多様化する家族を危惧する保守的な「有権者の関心を引きつけるラッキーな贈り物」として作用したという．しかしなぜこの対立はアメリカではここまで顕在化し，ヨーロッパではそうでもないのだろうか．小泉は「同性婚問題が熾烈な対立となるのはアメリカでは他先進国に比べ婚姻が重視されているから」と，ヨーロッパとアメリカの間にある違いに目を向ける．この指摘は，アメリカにおける第2次人口転換の特徴とも符合している．法的な結婚をせずに同棲を続ける人々が増加したヨーロッパと比べ，アメリカの人々は高い割合で結婚し，高い割合で離婚する．第2次人口転換の中でも制度的婚姻を維持しているという点は，東アジア諸国と共通する特徴である（落合，2014）．アジア諸国で「自由主義的家族主義（liberal familialism）」と呼ぶべき特徴が見られるように（落合，2014），福祉国家に頼れない自由主義と家族を拠り所にする家族主義は相補的なのである．

　性の解放は1970年前後に盛り上がった対抗文化運動の中心をなす主張だった．マルクーゼやライヒの著書，ジョン・レノンとオノ・ヨーコの「ベッド・イン」など，想い出されるエピソードはきりがない．日本でも1968年（パリ五月革命が起きた年）からセクシーポーズをした女性像がにわかに巷に溢れるようになった（落合，1990）．しかし，性表現の自由は，二つの異なる批判と衝突することとなった．一つは「猥褻(わいせつ)」の名のもとに性的描写を含む表現を規制してきた国家権力であり，もう一つはポルノグラフィは女性への暴力だとするキャサリン・マッキノンなどフェミニズムの一部の主張であった．

　守如子による第8章はこの両面からの批判を視野に入れつつ，性表現の自由をいかなるものとして基礎づけられるかという理路を示したものである．「セックスや恋愛関係における女性の主体性を描く作品であった」「愛のコリーダ」や「チャタレー夫人の恋人」が国家権力により猥褻として摘発されたことに守

は目を向け，当時の表現弾圧は女性たちを性的抑圧・性的無知の状態に留めようとするものだったと指摘する。わたしの観点から付け加えるなら，性愛を抑圧するキリスト教的な文化伝統は日本ではむしろ近代になって移植されたものであり，「お定やおせき」のような女たちには「八百屋お七」や道成寺の「清姫」のような祖母や曾祖母がいたことを忘れてはいけない。そもそも近代国家が日本女性を「性的無知」にしたのである。他方，性差別的な性表現の規制を求めるマッキノンのような主張にも守は賛同せず，日本のフェミニズムのアンチ・ポルノ運動の主張を引用しながら，批判をきっかけに受け手が送り手と「"対話"する権利」の保障にこそ表現の自由があるという結論を導き出す。シャルリ・エブド襲撃事件に傷ましい形で表れた，表現の自由とマイノリティ差別という問題の解法にも通じる提案ではなかろうか。

## 第5節 「半圧縮近代」としての日本

ここまでは「第1の近代」の形成から「第2の近代」へという時代の転換に重ね合わせて，近代におけるジェンダー秩序の展開，すなわち「ジェンダーの20世紀システム」の形成と揺らぎ，その後の新たなジェンダー秩序の形成について見てきた。しかし，この2段階の近代という枠組みは，欧米社会の経験を基礎に作られたものである。異なる地域の社会に，そのまま当てはめられるとは限らない。

韓国の社会学者チャン・キョンスプは，「圧縮された近代 (compressed modernity)」という概念によって，東アジアの近代の特徴を捉えようとしている。ヨーロッパやアメリカでは長期間かかって進展した近代化の過程を，短期間に「圧縮」して追体験したということである。そのことにより，ヨーロッパやアメリカでは異なる時期に時間をおいて起きたことが，同時期に重なり合って起きるという複雑な事態が生じる。

わたしはチャン・キョンスプの枠組みを日本に応用して，日本の近代を「半圧縮近代」と捉えることを提案している（落合，2013a；2013b）。すでに何度か

述べたことの繰り返しになるが（落合，2013a；2014），2回の人口転換のそれぞれの最終段階を示す出生率低下の時期を見ると，ヨーロッパやアメリカでは2回の人口転換に対応する2回の出生率低下が約半世紀の間隔を置いて起きたのに対し，日本ではその間隔は20年だった。日本以外の東アジア・東南アジア諸国では，2回の低下が連続して起きていて，切れ目もない（落合，2014）。日本を含めたアジアの国々の近代はみな「圧縮」されているが，日本とそれ以外の国の体験は同じではない。本書では，アジア社会の例は日本だけだが，それでもヨーロッパやアメリカとは異なる形でのジェンダー秩序の展開が見られる。

　「第1の近代」におけるジェンダー秩序の形成を扱う第1部では，二つの章で日本について論じている。第1部のヨーロッパとアメリカについての章は，前述のように公私の分離とそれぞれの領域への男性と女性の割り当てを主題としていた。しかし，関東大震災後を扱った辻由希の第3章は，女性の公共空間に焦点を当てる。ナンシー・フレイザーの「対抗的公共圏」を思わせるが，辻がそこで見出したのは民間女性団体などが作る市民社会と国家との協力関係であった。「後発国」の「圧縮された近代」であるがゆえに，「国家が啓蒙を通じて近代的家族像や近代的公共性の涵養をはかってきた側面がある」。この関係は「後の総動員体制へとつながるような国家による市民社会の包摂と統制の深化」へ向かう一方で，「政策決定に女性が参画する意義を女性たちと国家の双方が認識する機会となった」。インドネシアの女性団体「ダルマワニタ」など，アジア諸国にも類例が見られる。こうして見ると，ヨーロッパのチャリティは私的空間に閉じ込められた女性たちが公共空間に出てくるものであったが，日本や東南アジアの女性たちは私的空間に閉じ込められた期間があったのだろうかと問いたくなる。日本の村では女性たちも処女会，若妻会などの一種の公共的（あるいは共同的）な組織に属していた。村の女性たちの共同空間であった産屋が，国家が実施する社会事業の妊産婦保護施設に指定されるというような例もあったという（伏見，2011）。

　第4章の豊田真穂は，戦後日本におけるバースコントロールに注目する。夫婦あたりの子ども数を2人から3人に制限するバースコントロールの普及は，

子どもにたっぷり愛情と費用をかける近代家族の誕生を象徴する出来事である。しかし豊田は，日本のバースコントロール運動に資金を提供した「フィランソロピスト」のクラレンス・ギャンブルの目的は，「アメリカ白人エリート層のような『適者』が安心して暮らせるように，世界規模での『逆淘汰』を防ぐためのバースコントロール推進」という優生学的な目的だったことを明らかにする。ギャンブルはその後，「発展途上国への開発援助と一体化した形で」「第三世界における人口抑制をすすめる活動」を続けていく。ジェンダーは自国のみでなく他国の社会をデザインするためにも使われた。豊田は前著『占領下の女性労働改革——保護と平等をめぐって』(2007) において，アメリカ占領下での女性保護政策が鉄道などの職場から女性を追い出し，戦後日本における性別分業確立の一つのきっかけとなったことを立証している。優生思想と女性保護では動機の印象が異なるが，いずれも戦後の日本のジェンダー秩序の形成にアメリカが深甚な影響を及ぼした事例である。

　では，ヨーロッパやアメリカではジェンダー秩序の再編成が進んだ「第2の近代」において，日本のジェンダーに何が起きただろうか。第6章でレンツは，日本ではジェンダー政策の推進において，政治家や議会のリーダーシップが弱かったことを指摘している。城下賢一と落合の共著である第9章では，その政治家に焦点を当てる。家族や女性は1980年代にも1990年代以降にも政治的論点となったが，どちらの時期にもヨーロッパやアメリカで実現したような改革は進まなかった。1980年代には改革を可能にする経済的条件はあったが，あえて実施せず，1990年代には改革をする意図はあったがすでに経済的条件が悪化していた。日本は半圧縮近代であったがゆえに，未曾有の経済的繁栄を誇った1980年代をもち，その時代に文化ナショナリズムに目を曇らされて「第1の近代」を固定化するような反動的な政策をとったことが，その後の日本におけるジェンダーの固定化，さらに言えば「失われた20年」を招いたのではなかろうか。

　高齢化の程度に注目すると，日本の1990年代はヨーロッパの1970年代にあたる。それぞれの社会が高齢化率14％以上の「高齢社会」の段階に突入したのが

この年代であった。しかし日本はヨーロッパが確立した高齢社会の定番政策，すなわちジェンダー平等政策，少子化対策，外国人受入政策をほとんど実施せず，一層強烈な高齢化の進行を食い止めることができなかった。すでに人口減少も始まり，労働力不足が経済回復のネックにもなっている。

## 第6節　現代日本への政策提言と展望

　では，現在の日本でどのようなジェンダー政策が有効なのだろうか。第10章の著者であり本書の共編者でもある橘木俊詔は6年間にわたり「男女共同参画会議」の議員であった。その経験にもとづき，日本国政府の男女共同参画政策においては，「全女性人口のうち，1～2割のエリート層ないし指導者層，あるいはそれになれそうな潜在的な女性に関することに関心が集まり，それ以外の多数派の女性が恵まれていない，あるいは不当に差別を受けている，ということに大きな関心が寄せられなかった」ことを指摘し，後者の「男性と比較してかなり劣位の労働条件にいる女性の数を減少させ，かつそれらの人々の労働条件をかなり上げるという政策目標の方が，より重要ではないか」と提起する。第9章でも触れたように，1980年代の中曽根政権時代の政策により，日本の女性は，男性と同じキャリアを追求する「エリート女性」，低水準で不安定な雇用につくパートタイムや派遣など「非正規労働の女性」，そして「主婦」という3グループに分割された。そもそも「非正規労働の女性」は政策的に，経済界の支持も受けて創出したものなので，政府にそれを問題視する視点が弱いのは想像に難くない。

　橘木の議論では，女性の指導者層の数を増加させる政策では「その仕事を充分にこなすことのできない能力の持主が登用される」危険があると繰り返し述べられているが，現状では，「その仕事を充分にこなすことのできない能力の」男性が管理職に就いているのに，それ以上の能力のある女性が登用されないという不条理が日常的に起きているのが事実である。クォータ制などのアファーマティブ・アクションは女性への恩恵ではなく正義であり，効率の追求でもあ

る。そもそも「非正規労働の女性」は「能力」が低い女性というわけではない。派遣法は専門性の高い26業種から始まった。「能力」の高い女性を「専門・技術職」という名の非正規労働に就けてキャリア形成させないという制度である。この現状の無駄を改めることで，恵まれない女性を減少させ，エリート女性を増加させることが，両立できるのではなかろうか。

　とはいえ，「非正規労働の女性」が非正規の職に就いているのは，雇用者の都合ばかりではない。育児や家事との両立のためには，正規の職を退職して非正規になるしかなかったというケースは非常に多い。第11章の柴田悠は「優先すべきは『子育て支援』」と説く。徹底した数量分析で社会保障政策の現状と効果を分析する柴田は，まず子どもあるいは高齢者1人当たりの公的支援支出を国際比較する。高齢者に対する公的支援では日本は先進国の平均であるのに対し，子育てに対する公的支援では平均の半分にしかならない。日本の社会保障は高齢者に厚く，子育て世代に薄いと言われるが，それがどの程度の違いなのかが一目瞭然となる。しかも現在予定されている社会保障改革を実行しても，状況はほとんど変わらないという試算も示される。待機児童は解消されるあてがない。保育サービスがあれば実は働きたい女性，保育サービスが十分でないために非正規労働を選ばざるを得ない女性には，暗い見通しである。

　柴田の真骨頂は政策の効果の分析である。「（保育サービス拡充などによる）女性労働力率の上昇」や「児童手当の増加」は経済成長率にも正の効果を及ぼすという。民主党の「子ども手当」はばらまきと批判されたが，実は経済成長にも効果的政策だったことになる。日本では社会保障支出を経済的にはお荷物のように見なす言論がまだ多いが，世界的には社会保障は「社会投資」だと考える方向への転換が見られる。柴田は高齢期の問題にはあまり触れていないが，女性労働力率が上昇すれば，女性の年金額が増加し（もちろん保険料収入も），高齢女性の貧困問題も緩和されるだろう。実際にそれがイギリスにおける高齢貧困女性減少の一つの原因だと言われている（Dermott, 2014）。エスピン－アンデルセンも，女性の就労を国家が支援する政策が，貧困家庭を減らし，出生率を上昇させる上策であり，その反対に家族にすべてをまかす家族主義はかえ

って家族を亡ぼすと言っている (Esping-Andersen, 2009)。

「第2の近代」にヨーロッパでは社会の変化に対応するような制度変革が進んだ。1980年代以降は新自由主義により福祉国家の削減が起きたと思われているが，それは正確ではない。この時期には「男のための福祉国家」から「女・子どものための福祉国家」へ，とでも言うべき質的転換が起きたと言われる。男性稼ぎ主型の家族を前提として世帯主の所得保障（老齢年金，失業保険など）にもっぱら関心を集中していた福祉国家から，保育所や高齢者施設などを設置して社会的サービスを提供する福祉国家に転換したというのである。この時期以降，先進諸国では，女性の就労率と出生率との関係が，負の相関から正の相関に変化したことはよく知られている。社会制度の変革を進める政策が効果を生み，女性の就労と出生率の上昇が両立する社会への転換に成功したのである。高齢社会を持続可能なものにするために，他の選択肢があろうか。言い換えれば，福祉国家はそれまで女性がシャドウワーク（見えない労働）として担っていた再生産労働のコストを可視化し，国家がその一部負担することで，高齢社会を持続させる方策を編み出した。

そう言うと，アメリカの例を挙げる人がいるかもしれない。アメリカでもこの時期に女性の就労率は高まり，出生率も高いが，子育てへの公的支援は日本のさらに半分以下である。アメリカの女性たちはベビーシッターの雇用など市場の利用によって公的保育の欠如を補っている。自由主義的解決である。しかし，ここで忘れてはならないのは，アメリカは移民国家だということだ。安価なベビーシッターや家事労働者は外国人であり，高出生率も移住してきてまもないエスニック・マイノリティに支えられている。その上，外国育ちの高度なあるいは安価な人材が自ら望んで流入してくる。グローバル化のメカニズムに支えられ，国外で育成された人々を迎え入れることにより，人間の再生産コストを外部化している社会がアメリカなのである。しかしこれは，どの社会にも真似のできることではない。外国人が引き寄せられてくるような魅力がなければできない。「自由主義的家族主義」政策をとる旧NIEs諸国が，日本よりも低い極低出生率（ultra low fertility）に陥り，持続不能社会となったのは，アメ

リカのような社会条件が無いにも拘わらず，アメリカ型の政策をとったからだとわたしは考える（落合，2013b）。

　本書の最終章，酒井千絵による第12章は，グローバル化と日本のジェンダーの関係を扱ったものである。女性の就労とグローバル化と言えば，上述のように「〈妻〉のいない専門職家族」（Sassen, 2003）が外国人メイドを雇用する現象を思い浮かべるのが世界の常識だが，日本では単純労働に従事する外国人労働者の受入れを禁じる移民政策をとっているため，「エリート女性」にもこの選択肢は無い[4]。そのかわりに酒井が焦点を当てるのは，香港や上海へ職を求めて移住した日本人女性たちである。こうした自発的な海外移住者の女性たちは，大卒・ホワイトカラーに偏っている。「この層では同等の学歴・職歴を持つ男性と落差が特に大きいためであろう」と酒井は解釈する。バブル期に正社員として就職した女性たちは，能力のある女性を活用できない日本の会社に見切りをつけ，1990年代の「香港就職ブーム」に火をつけたのである。そののち景気が後退して2000年代になると，男性でも海外に移住する者が現れた。移住は女性のためだけの解決手段ではなくなった。移住は中間層として暮らせる機会を拡大してくれる。とはいえ，移住先でも日本人社会のジェンダー分業から完全に逃げられるわけではない。多くの場合，日本の会社の海外支店に雇用されるからだ。長期の不況を経験しても，日本的経営の特質は維持されていると言われる。正社員となってその中核部分に入れる人々の割合は縮小し，男性でもそこには入れない非正規社員が増えているが，中核部分の構造は変わらず，それが小さく固くなっただけだという。海外で就労する人たちも中核部分からはみ出た者として生きざるをえない。自発的に海外に出ることで自分にとってのジェンダーをデザインしようとしても，日本の会社も社会も旧来のあり方を死守して逆境を生き延びようとしている以上，なかなかそれは難しい。

　ジェンダーの未来が描けなければ，社会の未来も描けない。「第2の近代」に適応できる社会制度を編み出したヨーロッパに学びながら，これまで日本がその道を辿れなかったのはなぜなのかを熟考する本書の試みが，時代の扉を開くための一助となるよう願うばかりである。

## 第7節　ジェンダー研究会

　序章の最後に，本書の成り立ちについて付言しておこう。
　本書は京都大学を会場として10年以上にわたり続けてきた「ジェンダー研究会」の成果である。本研究会は京都大学法学研究科の大嶽秀夫教授（当時）と経済学研究科の橘木俊詔教授（当時）の呼びかけにより発足した。筆者が京都大学に着任してまもなく，大嶽教授からお電話をいただいて，ジェンダーとフェミニズムをテーマにした研究会を開始したいからとお誘いいただいた時，大嶽教授とフェミニズムとの取り合わせに意外な印象を受けたのを覚えている。大嶽教授はその時，政治学の対象である権力に関係するテーマでありながらご自分で研究し残しているジェンダーについて是非研究してみたいこと，そのための研究会にはフェミニストとフェミニストではない研究者とがともに参加するのが望ましいと考えていることを告げられた。わたしはかねてよりジェンダーは階層や民族と同じように社会科学の当然の研究テーマであると考えていたので，フェミニストやそれに近い立場の研究者ばかりが集まってジェンダー研究をしているのはおかしいと思っていた。そこで，この「フェミニストとフェミニストではない研究者とがともに参加する」という提案に興味をそそられた。実際にはこの提案の実現は容易ではなく，筆禍事件や思わぬ横槍もあり，メンバーの交替も余儀なくされたが，それでもほとんど途切れることなく10年以上にわたって2ヵ月に1回の例会を続けてきたのは，専門分野や立場の違いを乗り越えた対話が刺激的であったからだと思う。本書には執筆されていないが，研究会には伊藤公雄京都大学文学研究科教授，新川敏光京都大学法学研究科教授なども中心的メンバーとして参加されている。また，大学院生や近隣大学の若手研究者もメンバーとして継続的に出席しており，新しいメンバーの参加が続いていることも，研究会に新鮮な活力を送り込んできた。イルゼ・レンツボッフム大学教授（当時）のように，メンバー以外の国内外の研究者もゲストとして参加してくださった。この研究会での出会いが別の場所での研究プロジェ

クトに発展したり，各々の研究に当たり前のようにジェンダー的視点が浸み込んでいったりというという形で，本書以外にも研究会の波及効果が静かに広がっている。

「ジェンダー研究会」が活動してきた2000年代半ばからの10年間は，日本社会が「失われた20年」からなかなか脱却できず，方向を模索してきた10年であったと思う。1990年代の改革の挫折の後は，保守化傾向が強まり，ジェンダーに関してはバックラッシュの嵐が吹き荒れ（Ito, 2014），若年女性の専業主婦志向の高まり，婚活ブームなど，「第2の近代」に逆行する動きが見られた。しかしごく近年では，過去には戻れないという認識が広がり，前を向いて堅実に歩を進めようとする世代が育ってきたという印象がある。この時期に様々な専門分野の研究者が集まり，社会の来し方行く末を多角的に論じながら，世代から世代へと思索のバトンを手渡す機会をもてたのは貴重なことだったと思う。思索の鍵は，常に「ジェンダー」だった。

最後になったが，本研究会はサントリー文化財団の研究助成をいただいた。おかげさまで研究会はもちろん懇親会での議論にもはずみがつき，思わぬ深さや広さに到達することができた。研究会の参加者を代表して深くお礼を申し上げたい。


注
(1) この発見はヨーロッパに関するものであり，異なる文明圏では二項対立的なジェンダー観が近代以前の文化伝統に埋め込まれているということもありうる。たとえば，中国を中心とする儒教文明圏では陰陽思想と結びついた強固な二項対立的なジェンダー観が早くから広がっていたため，ヨーロッパジェンダー史のテーゼをそのまま適用することはできないと，中国史研究者の小浜正子は再三指摘している。
(2) ドイツでは，東の女性が社会主義時代に獲得した権利が，東西統一によって西にも拡大したという要因もあった。ヨーロッパの旧社会主義圏では，移行期において軒並みジェンダー平等の後退が見られるので（Rajkai, 2014），ドイツの例は特筆に値する。
(3) アジア近代におけるジェンダーの変容を捉えるには，さらに出発点の違いを考慮に入れなければならない。大きく分ければ，性別分業規範とジェンダーによる空間分離が厳しい東北アジアと，ゆるやかな東南アジアとを区別することができる（落

合，2014）。
(4) 高給取りの女性医師が子育てと両立できずに離職するために医師不足になる，などという日本の現状は，メイドという選択肢のある社会の人たちには容易には理解されない。

**参考文献**
江原由美子（2001）『ジェンダー秩序』勁草書房。
大嶽秀夫（2011）『20世紀アメリカン・システムとジェンダー秩序』岩波書店。
荻野美穂（1990）「女の解剖学——近代的身体の成立」荻野美穂ほか編著『制度としての女』平凡社。
落合恵美子（1989）『近代家族とフェミニズム』勁草書房。
落合恵美子（1990）「ビジュアル・イメージとしての女——戦後女性雑誌が見せる性役割」女性史総合研究会編『日本女性生活史　第5巻』東京大学出版会。
落合恵美子（1994）『21世紀家族へ』有斐閣。
落合恵美子（2011）「趣旨」（特集　高齢女性の所得保障）『海外社会保障研究』175, 2-10頁。
落合恵美子（2013a）「アジア近代における親密圏と公共圏の再編成——「圧縮された近代」と「家族主義」」落合恵美子編『親密圏と公共圏の再編成——アジア近代からの問い』京都大学学術出版会。
落合恵美子（2013b）「東アジアの低出生率と家族主義——半圧縮近代としての日本」落合恵美子編『親密圏と公共圏の再編成——アジア近代からの問い』京都大学学術出版会。
落合恵美子（2013c）「ケアダイアモンドと福祉レジーム——東アジア・東南アジア6社会の比較研究」落合恵美子編『親密圏と公共圏の再編成——アジア近代からの問い』京都大学学術出版会。
落合恵美子（2014）「近代世界の転換と家族変動の論理——アジアとヨーロッパ」『社会学評論』64-4, 533-551頁。
豊田真穂（2007）『占領下の女性労働改革——保護と平等をめぐって』勁草書房。
姫岡とし子（1993）『近代ドイツ母性主義フェミニズム』勁草書房。
姫岡とし子（2004）『ジェンダー化する社会——労働とアイデンティティの日独比較史』岩波書店。
伏見裕子（2011）「戦前期の漁村にみる産屋習俗の社会事業化」『女性学年報』32, 138-164頁。
山田昌弘（1994）『近代家族のゆくえ』新曜社。
Blanc, Olivier（1989）*Une femme de libertés : Olympe de Gouges,* Paris: Syros.（辻村みよ子訳（1995）『女の人権宣言——フランス革命とオランプ・ドゥ・グージュの生涯』岩波書店）。

Dermott, Esther (2014) "Gender and Poverty in Britain: Making Sense of Changes and Continuities over the Last Decade," ジェンダー研究会報告，11月14日。
Esping-Andersen (2009) *The Incomplete Revolution : Adapting to Women's New Roles*. (大沢真理監訳（2011）『平等と効率の福祉革命──新しい女性の役割』岩波書店)。
Freeman, Jo. (1975) *The Politics of Women's Liberation*, Longman. (奥田暁子・鈴木みどり訳（1978）『女性解放の政治学』未來社)。
Galbraith, John Kenneth (1958) *The Affluent Society*, Hamish Hamilton. (鈴木哲太郎訳（1960）『ゆたかな社会』岩波書店)。
Himmelweit, Susan and Simon Mohun (1977) "Domestic Labor and Capital," *Cambridge Journal of Economics*, 1-1: 15-31.
Ito, Kimio (2014) "Emerging Culture Wars: Backlash against "Gender Freedom"", In Sirin Sung and Gillian Pascall (eds.), *Gender and Welfare State in East Asia : Confucianism or Equality ?*, Palgrave.
Lesthaeghe, Ron (1991) "The Second Demographic Transition in Western Countries: An Interpretation," IPD Working Paper. Interuniversity Programme in Demography.
Lewis, Jane (2001) "The Decline of Male Breadwinner Model," *Social Politics*, 8-2: 152-170.
Sainsbury, Diane (1996) *Gender, Equality, and Welfare States*, Cambridge University Press.
Sassen, Saskia (2003) "Global Cities and Survival Circuit," Ehrenrich and Hochschild (eds.) *Global Women*, NY: Metropolitan Books.
Scott, Joan W. (1988) *Gender and the Politics of History*, Columbia University Press. (荻野美穂訳（1992）『ジェンダーと歴史学』平凡社)。
van de Kaa, Dick J (1987) "Europe's Second Demographic Transition," *Population Bulletin*, 42-1 Washington: Population Reference Bureau.

# 第1部

# 「第1の近代」と二項対立的ジェンダー秩序の形成

# 第1章
## 政治体制論から見た第1波フェミニズム
——19世紀イギリスを素材として——

大嶽秀夫

## 第1節　近代フェミニズムの誕生

　近代フェミニズム思想は，フランス革命の思想に影響を受けたイギリスのメアリ・ウルストンクラーフトの画期的著作『女性の権利の擁護』(1792) に始まる。ロックの系譜を引く古典的自由主義の直截な表現であり，自由主義的フェミニズムと呼ぶべきものであるが，家庭で奴隷根性をもって夫にへつらう妻たちを厳しく断罪し，同胞たちに誇り高く，独立心をもって生きることを説いた，まさに革命期の雰囲気の中で書かれた著書である。同書は同時に，「古典的，市民革命的リベラリズム」のもつ限界，すなわち「ブルジョア的自由」を財産と教養をもつ「市民」，「ブルジョア男性」に限定する点を厳しく批判する。この立場からやがて，ブルジョア的権利の中核たる参政権の獲得がフェミニスト運動の中心的論点となった。しかも女性参政権は，当初は，女性が受ける深刻な民法上の不公正の是正のための法改正という具体的な目標をもつものであった。

　当時の妻たちが，民法上財産権も親権ももたず，離婚の自由ももたない（未成年者と同様の）全くの無権利状態で，夫が家庭内専制君主やアルコール依存症であっても，夫の恣意に委ねられていた。「イギリス法，近代法」はその窮状を救済できなかったし，そうした私事に介入すべきでもないとされていた。妻は夫から監禁されたり虐待されたりしても夫の下に帰らなければならなかったし，遺棄された妻や子どもが夫に生活費を要求することもできなかった。それを象徴的に示したのは，1830年代のカロライン・ノートン事件である。彼女

の夫は収入がなく妻が相続していた財産で生活していたが，夫婦仲が悪く，夫による暴行が繰り返されていた。ある日，カロラインが小旅行から帰ってみると，家から閉め出され，子どもとも会えない状態に置かれていた。彼女は子どもたちが遺棄されたり虐待を受けているのではないかと心配して離婚訴訟に訴えたが，法的救済は得られなかった。そこで文才のあった彼女は，法改正を訴えるパンフレットを発行して世論に訴え，新聞などで大々的な論争を巻き起こした。このドラマチックな展開は彼女の救済にはつながらなかったが，世論に大きな影響を与え，後の婚姻法改正の実現に貢献した（Caine, 1997, pp. 66-70）。

　このように，フランス革命直後の19世紀前半期には，女性を夫や父親から保護する法律の制定の必要が，広く認識されるに至った。それはまた，オーナー経営者が労働者や児童労働者に対し，専制的，家父長的に振る舞う労使関係の権威主義的構造を，労働者の権利を保障することによって，近代化，合理化することとパラレルであった。（ギデンズ流に言えば）ブルジョア社会の「前近代的遺制」，後のラディカル・フェミニストのいう「男性支配」「家父長制」の撤廃の手段としての意義が，女性参政権には与えられていた（Giddens, 1973）。

　ただ，この家庭内「男性支配」を前近代的遺制と呼ぶことについては，留保が必要である。それは，ブルジョア家族が，共同体的，国家的統制が及ばない私的領域として強い閉鎖性，外からの干渉を遮蔽する自律性をもつこと自体，「近代家族」の誕生を背景としていると考えられるからである。ブルジョア家族の妻（あるいは子どもたち）は，私有財産と同様に見なされていたが，私的所有権に（地域共同体や国家など）他からの統制，干渉を排除する独占性，排他性を認めるのは，近代資本主義の原理の表現である。家庭内暴君としての夫，父親の「権利」は，こうして見ると，前近代的というより，近代的なものである。16，17世紀イギリスにおいては，妻の不貞や過剰な不平に対してばかりでなく，妻をないがしろにしたり，横暴な行為をしたりする夫には，村落共同体や教会からの規制，介入が働いていた（ギリス，2006，12-18頁）。近代以前の社会では，家庭内暴力は私的なものではなく，公的なものと見なされていたのである。

　しかしながら，ブルジョア革命後に成立した家族における閉鎖性，公的領域

からの切断は，落合恵美子の列挙した近代家族の特徴の一つ，かつその最重要項目であるところの「家内領域と公共領域の分離」そのものである（落合, 1989, 989頁）。そして，「近代家族」における家長の家族への支配は，家族に対する責任，なによりも経済的保障の裏返しでもある。そこには，ブルジョアにおける，家族への責任を神聖な義務とする（プロテスタント的）倫理観が存在する。「暴君」はその権利，義務関係に裏打ちされるべき権力関係の乱用者に過ぎないが，「暴君」を許す社会からの遮蔽性が前提となっていた。そして家族関係は，親密とは言えないかもしれないが緊密なものであり，夫の支配が耐え難いまでになりうるのは，そうした緊密な関係を前提としていた。

　こう考えると，この時代の女性解放の要求は，近代化によって強化された家族が内に対してもつ権威主義的，前近代的要素と，家族が外に対してもつ近代的要素との間の矛盾を，前者を一層近代化することによって解消することを目指すものであったと見ることができる。それは，先にも述べた労使関係の近代化によって企業を真に近代化することとパラレルな動きであったと言えよう。オーナー経営者の前近代的権威主義，パターナリズムもまた，購入した労働力に対する（資本主義的な）排他的支配権を前提としており，企業活動の社会や国家からの自律の中に生まれたものであった。資本家が労働者を自由に搾取する権利を制限することこそ，「社会民主主義革命」の課題であった。古典的リベラル・フェミニズムは，社会主義以前に，この構造を摘発した思想であった。

　ただ，労使関係と家族関係のパラレリズムは，ここまでである。労働者が，個々の労働者の契約の自由を制限することを含む団結権，争議権を求め，かつ獲得することによって，社会民主主義的権利を獲得しえたのに対し，妻と夫の場合は，あくまで個人的権利の保障を，相互監視を通じての共同体規制に代わる，（前述のノートン事件のような）マスメディアを通じての世論の喚起と，それに加えて，国家による司法的，行政的，立法的救済に委ねるという，「人権擁護のための国家介入」の方向で解決せざるをえないからである。

　女性参政権の獲得は，労働者が労働党に結集したようには，女性党の結成，政権参加，獲得には向かわなかった。男性支配を相手に，女性の解放のために，

男性がそれを受け入れるまで夫とベッドをともにしないといった（時に女性運動によって提唱された）戦術は，工場でのストライキと較べて，はるかに実現性が薄かった。

さて，女性解放の思想がナポレオン敗北後の反動期に衰退し，その後1920年代から（ユートピア社会主義の系譜に属する）男性フェミニストによる女性の参政権論者の登場があり，同時期に，少なからぬ中産階級女性が慈善活動や奴隷解放運動への参加を通じて社会運動，政治運動の経験を積んだ。そしてそれを背景として，イギリスにおける最初の女性「運動」が，1850年代に登場する。

1850年代というのは，史上最初の労働者による大々的政治運動，チャーチスト運動が1848年に挫折し，急速に終息していった直後である。チャーチスト運動が女性参政権を要求項目に入れなかったことに象徴されるように，この運動に参加した少なからぬ女性や女性団体は，男性（労働者）の主導性，あるいは階級闘争の（性差別反対運動に対する）優越性を承認していた。ところが，その後の運動では，女性解放を前面に掲げることとなった。かくてミドルクラスの女性運動として（しかし女性全体の利益を代表することを自認しつつ），フェミニスト内部の意見の対立を抱えながら，他方で種々の社会改革運動と連携しながら，女性運動が誕生したのである。その目標は，（離婚の権利，財産の相続権や子供の養育権などを含めた）女性の民法的権利保証のための法改正，（とくに労働者階級に著しい）今で言うドメスティック・バイオレンスの抑制，独身女性の就労の機会の拡大，高等教育の女性への開放，参政権獲得などであった。社会的弱者としての女性（の人権）の保護のためには，国家の介入が必要であるという論理は，レセ・フェール・リベラリズムから（後述する）「進歩的リベラルズム」（あるいはより広義に社会民主主義）へのイデオロギー的転換の最初の一歩であった。古典的リベラル・フェミニズムはその転換を先導したといってよい。

そうした活動の成果として，1857年に離婚法が改正，1870年と1882年には既婚婦人財産法によって妻が財産を独自に所有することを認める法律が議会で成立した。また1873年には妻に子どもを引き取る権利を与える法律が制定，1886年には（ダブル・スタンダードの象徴たる）「性病法，売春婦規制法」が執行停止

となった。いずれも国政における女性参政権の獲得前である（地方政府の選挙については，1869年に女性選挙権が実現した）。以上のようなフェミニストによる成果によって，皮肉にも参政権運動は，実質的政治的影響力の獲得のためというより，シンボリックな「地位」，第1級国民としての地位を求める運動としての性格を濃厚にしていった。

　そもそも政治には，非日常的で，祭りとしての「楽しみ」がある。政治参加要求には，祭りへの参加の権利を求める気持ちが反映されている。ところが男性労働者は，いかなる政治的会合にも妻たちが出席することに反対であった (Pugh, 2000a, p. 28)。「晴れがましく」政治集会，抗議運動に出かけていく「男たち」の背に羨望を感じた女性たちは，少なからずいたと想定される。そもそも1867年には，「男らしさに欠かせないものとしての選挙権」が，戸主労働者に与えられた（マックウィリアム，2004, 135頁）。労働者への選挙権の付与は，自由党が推進した政策である。それは，公共性＝男性性という当時の自由党内の急進主義者の図式を表現するものでもあった。それがかえって，シンボリックな地位を求める，女性独自の運動としての女性参政権運動を誕生させることになったのである。

　女性の福祉，雇用といった経済問題に女性の参政権を活用しようという発想が生まれ，そのために労働運動，労働者政党と提携しようとするようになるには，しばし時間がかかったということである。

　ところで，1867年の選挙法改正によって地方税を納める戸主労働者に選挙権があたえられ，有権者が倍増した。この労働者たちを最初に自党支持者にしようとしたのは，保守党の方であった。第2次ディズレーリ内閣（1874〜80年）による「トーリー・デモクラシー」の登場である。そのための施策が公衆衛生法，職工住宅法，戸主，労働者法など，一連の社会立法，労働立法であった。一歩遅れた自由党も急進派のリーダー，チェンバレンのイニシアティヴで，同様の政策を掲げた。また1880年代には，知識人の間で社会主義が復活し，国家の経済への介入政策と福祉政策との理論を模索すべく，フェビアン協会が設立された。労働党誕生の一つの基礎が作られたのである。時代精神は，レセ・フ

ェールから社会民主主義へ大きく転換していったのである。

## 第2節　進歩的自由主義フェミニズムから社会民主主義フェミニズムへ

　イギリスの女性参政権運動は，（男性）議員の支持を得ながら1867年に本格化する。その前年，ジョン・スチュアート・ミルがフェミニスト団体の支持で議員に当選し，下院で女性参政権のための最初の請願を行った。ミルの登場はそれまでいささか変わり者の集まりと思われていたフェミニストたちに，「市民権」を与えることになった（Pugh, 2000a, p. 15)。しかしこの請願にもかかわらず，1867年の選挙法改正では，労働者の選挙権は認められたのに，女性に拡張されることはなく，これに憤慨して女性団体が各地に誕生して活動を開始した。実は，この時期までフェミニストが掲げていた目標は，高等教育へのアクセス，避妊，性病法の撤廃など多様であったが，この年以後，参政権が最大の課題として登場してくる（Pugh, 2000a, p. 7)。

　この時期のフェミニズムが思想的にその根拠としたのは，イギリスで開花した「大文字のリベラリズム Liberalism」，イギリス思想史の文脈では哲学的ラディカリズム，あるいはラディカル・リベラリズムとも呼ばれる政治思想である。代表的思想家としては，（ベンサムなど「功利主義者」を先駆者としてもつ）ジョン・スチュアート・ミルからトーマス・グリーンにつながる系譜で，「修正自由主義」とも呼ばれる（Sabine, 1961, p. 674)。政治的には自由党がその主張を代表した。

　政党レベルでは，やや遅れて，20世紀初頭のアスキス自由党内閣が炭坑夫8時間労働法，老齢年金法を実現する。この思想は当時「新自由主義（New Liberalism)」と呼ばれた。後のネオ・リベラリズム（やはり新自由主義と訳される）との混乱を避けるため，ここでは進歩的自由主義と呼ぶことにする。

　女性問題については，ミルが，ハリエット・テイラーとの事実上の共著『女性の隷属』で体系的に論ずる。一言で言えば，男性に与えられた（ブルジョア

第 1 章　政治体制論から見た第 1 波フェミニズム

的）自由を女性に与えない理由がないという主張である。同書では妻の夫に対する隷属状態を，専制君主や奴隷と同様であると厳しく批判する。女性の無権利状態を摘発している。

　ミルのパートナー，テイラーは，それ以前「女性参政権」（1951年）という論文で，より具体的に，公職をふくめすべての職業の女性への解放，婚姻法の改正，離婚の自由，そしてその実現のための女性参政権の獲得を掲げた。そこにあるのは，性別分業を否定し，経済的自立を女性にも認める改革の提唱である。両性に労働による自立を求めるという観点が入ることで，自由主義が一歩前進したと言えるであろう。

　単純化して言えば，彼らの主張は，古典的自由主義とは違って，個人の自立，自由のためには，いわゆる消極的自由だけでなく，個人の自立を支える経済社会的条件が不可欠で，そのためには，国家の積極的介入が必要であり，かつそれを実現するために民主主義の発展（参政権の拡大）が欠かせないという議論である。トーマス・グリーンが1880年に定式化した「積極的自由」(positive freedom) の概念がそれを端的に表現している。「自由」は，国家が経済活動に介入せず，契約の自由に委ねるような消極的なものをこえて，各人に積極的に社会の富を享受させることを前提として初めて実現するとされるのである。資本家や地主の権力を制限するために経済活動における契約の自由（労働契約や小作契約）に制約を加え，経済活動に国家が介入することを内容とする，自由の保障，（今で言う）エンパワーメントを意味している。その前提には（1840年代の政府の報告書によって明らかにされた）初期の産業革命がもたらした労働者の恐るべき窮状に対する宗教的とも言えるヒューマニズムの精神，道徳的義憤がある。社会主義の影響が濃厚であることは否定できない。古典的自由主義の市場競争原理礼賛とはほとんど対極的なものとなっているのである。

　この議論は，労働者にも女性にも同様に適用できる。ベンサム流に数に還元された「最大多数（の最大幸福）」を占めるのは，労働者であり，女性であるからである。その徹底した平等観において，それは哲学的ラディカリズムと呼ばれるにふさわしい。その設計主義的発想も含めて，アメリカ史の文脈で言えば，

ニューディール・リベラリズム、さらには1960年代リベラリズムと同質の主張であり、アメリカでも大文字のリベラルはこの思想を意味する。最終的には個人の自由の実現に最大の価値を置くところから、リベラリズムの正統な継承者であると見られるし、「19世紀リベラリズム」と呼ぶことも可能である。

さて、1906年後の自由党政権は、地方政治で実現しつつあった学校給食、老齢年金、最低賃金などの政策を中央政府の責任として引き受けることとした。世紀転換期には、自由党内では、貧困の克服とそのための国家の役割を強調する進歩的自由主義は、ますます広い支持を得ることとなった。女性参政権もその改革目標の一つと見なされることになった。

他方、狭義の参政権運動自体は、1880年代半ば以降、それまでの活気を失ったが、1907年には突然再び参政権を要求する大衆的デモや非合法的活動が行われるようになった。今回全国各地に結成された参政権団体のリーダーとなったのは、パンクハースト一家を先頭にした、医師や弁護士などの女性専門職業人であり、戦闘的戦術も辞さない過激な運動が中心となった。政権についた自由党が、ついで自由党とは独立して結党された労働党が、女性参政権に熱意を示さないことにいらだちを募らせての過激化であった。彼らは、デモ、政治家の演説の妨害、さらには首相官邸の窓ガラスの破壊、投票所への薬物の投げ入れ、そして進んで逮捕、拘留され、ハンガー・ストライキに訴えるという戦術に訴えた。そうした過激な、しかし散発的な烈しい抗議行動によってメディアの注目を集め、大々的な世論の喚起に成功したのである。

しかし、このショック療法が政府の態度を何ら変えることができないことが明らかになると、運動は一層エスカレートした。1912年から始まる一層の過激化は、それまでの政治家に対する嫌がらせから、一般市民を巻き込む暴力的行為、具体的には商店街のショーウインドウに投石したり、満員の劇場に放火したり、あるいは自らを危険にさらすといった行動に発展した。こうした行動のエスカレーションとともに、一般の群衆からは卵や果物を投げつけられるに至り、運動参加者も減少して（とくに労働階級の女性たちが離反して）孤立に追い込まれた。労働運動との溝も当然ながら深まった。警察の弾圧もあって、第1次

世界大戦が始まった1914年には，こうした過激な行動は影を潜めた。

　以上の過激な参政権運動と並行して，参政権運動内の穏健派は「婦人参政権協会全国連合（National Union of Women's Suffrage Societies: NUWSS）」を中心にして，女性参政権運動の再興の一翼を担った。

　当初は NUWSS 指導部は，内部の反発を考慮して，労働党との協力（選挙での労働党候補者支持）は便宜的で一時的なものであり，まして社会主義を受け入れることを意味するものではない，とその決定を正当化していた。しかし長期的には，この決定は，社会主義に理解を示し，労働運動との結束を強化する参政権運動へと発展した。しかもその効果として，NUWSS は労働者階級の女性たちの間でのフェミニズムの拡大にも成功した。

　以上の背景の一つには，1912年の党大会で，労働党が「女性を含まない参政権拡大は受け入れられない」と女性参政権支持を疑問の余地なく明確にしたことがある。女性活動家を獲得するために，（マクドナルドなど労働党指導部や炭鉱労働者などが）それまでミドルクラスの運動と見なして敬遠していた女性参政権運動への支持を明確にする必要があったと言えよう。そのことはまた，議会で自由党を支持する立場から，自ら政権を担う立場へと労働党が変貌することをも意味していた。この戦略が功を奏して1920年代には，女性労働党党員が大幅に増えた。

　以上の展開を理論的に支えたのが，社会主義フェミニズムとも言うべき思想であった。労働党のブレーン集団となったフェビアン協会がそれを代弁した。ウェッブ夫妻やバーナード・ショウがその代表であろう。

　ここではウェッブ夫妻の思想を見てみよう（名古, 2005, 第 1～2 章）。シドニー・ウェッブは，ジョン・スチュアート・ミルの遺産相続人，その思想の継承，発展者と自覚していた。しかし，ミルと比較して設計主義的傾向が強い。彼の発想は，フェビアン協会に集まった知的職業人を国家を運営する「行政エキスパート」とすることにあり，そこから新官僚を養成する LSE（London School of Economics and Political Science）設立の構想が生まれる。注目すべきは，ウェッブらフェビアン協会のメンバーたちは，自らを（イギリスではロバー

ト・オーエン以来の伝統をもつ）「社会主義者」と呼んでいたことである。貧民救済や最低賃金制，8時間労働制，やがては「貧困に対する聖戦」，「ナショナル・ミニマム」を主張していたから当然とも言えるが，彼らの主張は単なる福祉制度の構築を超えて，より広い社会改造の理念をもつものであった。

　原理的に個人主義的自由主義を否定し，「公共福祉のための国家による生産手段と利潤の集合的統制と管理を説く集団主義（Collectivism）」（名古，2005，309頁）を指向した彼らが拠り所にしえたのは，非マルクス的でかつ国家主義的な，つまりコントの流れをくむテクノクラート官僚的社会主義以外にはなかったとも言える。労働者，労働運動は調査の対象であって運動との接点はなく，「応接間の社会主義者」と揶揄的に呼ばれたのも無理はない。その彼らが，政治的同盟者として，というよりむしろアイディアの「浸透」の対象として選んだのは，労働者ではなく，自由党急進派，そして後には（政権政党への道を歩み始めた）労働党執行部であった。ストライキの指導に乗り出した社会主義者たちと対抗する形で，である。「自分の賃金しか頭にない」労働者は，救済の対象であって，その主体ではない，というのがフェビアン主義者たちの態度であった。ヒューマニズムや友愛の感情から経済的分配上の平等の理念を掲げても，権力の平等を主張するものでは全くなかったのである。社会主義，社会民主主義には多かれ少なかれこうした傾向は存在するが，ここまで露骨にテクノクラートの支配を正当化することは珍しい。国家権力に対するこの無警戒さが後に晩年のウェッブ夫妻を（1930年代の）ソ連の崇拝者に導くことになる。

　ウェッブの妻となったビアトリスは，ブルジョア家庭に生まれたが，ロンドンのスラムでの慈善活動や労働者の家庭での住み込み生活を通じて労働者の生活を直に知り，ついで社会調査に従事するようになった。女性労働者の実態調査のため，身を偽って繊維産業の女工として働いた経験ももつ。強い倫理主義から社会主義に接近し，シドニーの影響でフェビアン協会に入会した。

　興味深いことに，ビアトリスは長い間，女性参政権には賛成できず，それどころか反対運動の側に与していたことである。それは労働者階級の女性たちを身近に知るものとしての経験とパターナリスティックな姿勢の反映でもあった。

男性労働者への参政権付与にも消極的であった。しかし男性普通選挙権が実現し，かつ自らの経験を振り返って，女性は公の仕事に向かないという意見を支持することの矛盾に気づいて，女性参政権に賛成する立場に転向した。1906年のことである。

この夫婦いずれにとっても，労働者階級の解放こそが女性の解放の大前提であり，前者によって直ちに女性の解放は実現するという論陣を張っていた。各国の社会党，共産党も同様の路線であった。彼らの主張を露骨に言えば，女性運動は社会主義運動の成功に資する限りにおいて意味があるというものであった。そこには，フェミニズムは基本的にブルジョア，中産階級の運動であるとの抜きがたい不信感が存在した。

フェミニズムの側から社会主義との同盟の意義を見ると，次のように言えよう。労働運動の再活性化によって社会主義フェミニズムが一つの形をなすまで，女性＝性奴隷という認識から，黒人奴隷の状況との同一性が強調されてきた。この家庭内での男性への隷属は，理論的に言えば，国家権力による圧政と同型であり，自由権を中核とする「古典的自由主義」の枠組みで理解され，克服の課題として定立されるものであった。ところが，剥き出しの権力行使は，前述のようにこれまでには徐々に法的改正によって解決され，今や平等を阻む社会的条件こそが，女性解放，参政権運動の目標となった。言い換えると，フェミニズムが家庭内の権力の問題から社会の権力，特権の問題へと，すなわち家庭から経済へと視座を転換したのである。参政権運動も女性の経済的自立，福祉のために必要だとの論理が優越するようになっていた。このことが当時十分意識されていたかどうかは疑わしいが，それによって，資本主義市場における「自由な」労働者とのより直接的な共闘の条件が浮上したのである。政治や経済（雇用）など公的領域での活動および自律の機会の獲得，つまり公的な場での差別を中心的争点とする「社会民主主義的フェミニズム」の誕生である。

しかしながら，それは同時に，労働運動へのフェミニズムへの従属のリスクをも意味していた。とりわけ，前述の問題と関連して，家族内権力構造の問題，（マルクス主義フェミニズムの提起した）夫による妻の経済的搾取を含めた私的領

域における支配＝服従関係の脱争点化であり，その再争点化は，1960年代の第２波フェミニズムの登場を待たなければならなかった。

1880年代，90年代には，女性労働者の労働組合が次々と結成され，(男性主体の)「労働組合評議会（Trade Union Congress）」など労働組合頂上組織に参加していった。それはまた，これらの女性労働組合運動が男性労働組合の下部組織に編入され，女性労働者の問題がフェミニスト・グループから労働運動の課題へと移行していったことをも意味していた。女性リーダーは当然のこととして男性に従うものとされたのである。それはさらに，男性労働者の雇用を脅かす女性たちの労働市場からの排除を（しばしば女性保護の名目のもとに）もたらすことにもなった。

ともあれイギリスでは，国政レベルでの女性参政権は1917年までに既成の方針として超党派的に議会で受け入れられ，実現は時間の問題となった。そして，1918年に制限的，変則的な形で導入され，次いで，1928年に女性参政権はようやく完全な形で成立した。

大戦間期においてフェミニズム運動は参政権という目標を失って，一種のアイデンティティ・クライシスを経験した。しかも多くの女性は選挙に無関心であった。フェミニストには参政権が革命的変化をもたらすと信じられていただけに，問題は深刻であった。こうして，少なからぬフェミニストは，女性の自律のためには，政治的，法的平等では不十分で，経済的平等すなわち福祉政策こそが必要だとの主張を展開し始めた。しかし，経済的な男女の平等をどう達成するかについては，意見が対立し，収拾がつく見込みがなかった。ただ法的，政治的不平等から経済的不平等へとの論点の移行は明確で，発想の一層の社会民主主義化は明らかである。

女性参政権が実現した翌年，1929年には世界恐慌が始まり，大陸ヨーロッパではファシズムと戦争の危機が迫ってきた。フェミニズムどころではなくなった，というのが，男性たち，そして（フェミニストを含めた）女性たちの判断となったのである。

1930年代においては，1928年における参政権の実現後で，かつ大恐慌と戦争

の危機を前に，フェミニズムが運動としてのダイナミズムを失ったことは否定できない。しかし，当時のフェミニスト作家，思想家たちは，女性の問題についての議論を深めていった。前述のように当時は女性の経済的自立が主たる課題として認識されていたが，それは経済学的な関心が他の論点を圧倒したということを必ずしも意味しなかった。むしろ，心理分析の流行を反映して，経済的従属のもつ心理的含意，男性支配のロジックなどについて興味ある議論が展開されたのである。それが，後の（第2波）フェミニズムの議論を準備することになった。その中心的論点は，男女の間の関係，とりわけ家庭内における男女の「権力関係」をめぐるものとなった。

## 第3節　社会変動のマクロ理論から見た第1波フェミニズム

これまで述べてきたフランス革命以来の様々なフェミニズムは，社会主義フェミニズムを別として，一般に女性学においては，「リベラル・フェミニズム」と総称される。それは主として1960年代に始まる第2波フェミニズムに対比して使われる名称である。そして，これまでも見たように，それにはそれなりの根拠がある。ブルジョア革命において定式化された自由，平等，人権といった古典的リベラリズム思想の中核的な価値の実現を女性においても求めようとする運動であり，思想であったからである。他方，社会主義や労働運動においては，フェミニズムが主としてミドルクラスを担い手としていたため，これをブルジョア思想（すなわちリベラリズム）の一種であると，たとえ進歩的なものであれ，蔑視，不信を表明することが少なくなかった。社会主義勢力の側では，社会主義の伸張に貢献する限りにおいて彼らとの共闘を支持したに過ぎない。それに対してフェミニストの側は，社会主義運動，労働運動が形を変えた男性ショービニズムに他ならないと敵視する傾向も広く見られた。「リベラル」という命名は，そうした含意をもったのである。

こうした歴史的経緯にもかかわらず，筆者は，1960年代までの第1期フェミニズム（古典的リベラル・フェミニズムと狭義の第1波フェミニズム）は，当事者の

主観の観点からでなく，機能的観点から見れば，社会民主主義革命の一翼を担うものであったとの解釈を提示したい。

まず，社会民主主義にかかわるキー・タームを次のように定義する。社会民主主義思想・イデオロギーとは，先進資本主義国において，18世紀末（イギリスでは1880年代）から20世紀前半にわたる「社会民主主義革命」を主導し，次いで第2次世界大戦後の高度成長期には，ケインズ型福祉国家，フォード的生産様式，大量消費社会を3つの柱とする「社会民主主義体制」を全面開花させた原理であり，低成長に転換する1975年までの（1880年を起点とすれば）約1世紀にわたってイデオロギー的ヘゲモニーを占め続けた思想である。

以上の定義をもう少し補足しよう。まず，社会民主主義革命とは，19世紀末から20世紀前半の長期にわたる社会変化を反映した，（産業「革命」に匹敵する）比較的緩慢な「革命」である。その内容は，

(1)政治のレベルでは，①それまでブルジョア男性に限定されていた自由権，参政権を国民全体（労働者や女性）に拡大する，②福祉政策の拡充によって社会保障制度を国民に保障する，③ケインズ型需要管理政策を通じて恐慌の回避と完全雇用実現のための経済の政治的管理を実現し，さらには供給政策（生産力拡大政策）たる成長促進的政策運営を積極的に行う，④その結果，ラディカルな社会主義，共産主義運動への「免疫」を獲得する，すなわちプロレタリアート独裁，生産手段の国有化，保育の共同化などからなる共産主義システムの試みを挫折させる。他方で，⑤以上の大衆国家の成立によって，ナショナル・アイデンティティを確立し，国家への大衆の包摂，国家への忠誠による政治的安定を完成する。

(2)経済，すなわち市場，企業のレベルでは，⑥労使関係における前近代的，権威主義的要素を払拭し，資本主義を合理化する，⑦生産性の向上に見あった賃上げを保障することによって労使和解を成立させる，⑧大量生産によって（とりわけ耐久消費財を）商品の価格を連続的に下げ，大量消費社会を生み出す，それによって経済成長を加速させる。

以上の長期にわたる「革命」的変化によって，先進各国でほぼ1950年代まで

に「ケインズ型福祉国家」,「フォード型労使和解システム」という安定した政治経済システムが完成した。そしてその上で,

(3)社会のレベルでは, ①19世紀においてミドルクラスの家族で始まった妻の専業主婦化が, プロレタリアにまで広がった。その前提には夫一人の収入で妻子を養えるだけの安定した賃金の獲得があった, ②子どもの保育, 教育が長期化し, かつ愛の名によるケアとパターナリズムが進行し, ③ロマンチック・ラヴの神話に支えられた恋愛結婚の一般化と, 公私の区分の徹底によるプライヴァシーの原理によって保障された閉鎖的親密圏の成立という, 以上３つの特徴をもつ「後期近代家族」が一般国民の間に成立した。そしてそれは同時に④(経済活動をも含む)「公的」活動からの女性の排除を, 事実上はともかく理念上は, 完成した。本来の意味での「家父長的な」権威主義は, 親愛に席を譲り, より平等な家族内関係を成立させるが, 同時に妻を家庭に閉じこめ, 妻の夫への新たな従属(第２波フェミニストの言う意味での「家父長制」)に帰結したことは, やがてフェミニズムの批判の的となるのである(Caine, 1997, pp. 14-5)。そして「近代家族」の普及にやや遅れて, ⑤大量消費文化, とりわけ性の商品化によって, 世俗化を促進するとともに, 禁欲的ブルジョア文化を否定する享楽主義, 寛容的(permissive)社会が(とくに独身男女の間に)生み出された(ポストモダン的サブカルチャーを準備した)。

以上の社会民主主義革命の推進力主体は, (テクノクラートは別とすれば)なんと言っても労働組合運動, とりわけ未熟練工, 半熟練工の非特権的労働者の運動である。ただ, 日本では, ニューディーラーによって導入されたとされる戦後の占領改革こそが, この社会民主主義革命の実態であり, その実現にあたっては, 国内勢力の力は必ずしも十分なものではなかったことが後々まで尾を引いた。

ともあれ, 以上のような観点から言って, ブルジョア的権利をブルジョア以外の「弱者」に拡大し, ブルジョア的社会経済秩序を「近代化」するという観点から, フェミニズムの果たした役割を評価すべきであると考えられる。それはまた, 社会民主主義システムの誕生に(主役ではなかったにしても)大きな役

割を演じたということである。1960年代に始まる第2波フェミニズムは、まさにこの社会民主主義システムを標的とする新左翼およびネオリベラリズムを母胎として、さらにこの二つの反社会民主主義勢力のもつ限界と反動性とを突き破ろうとする動きとして、登場してきたものと言うことができる。

**参考文献**
落合恵美子（1989）『近代家族とフェミニズム』勁草書房。
名古忠行（2005）『ウェッブ夫妻の生涯と思想』法律文化社。
Caine, Barbara (1997) *English Feminism, 1780-1980*, Oxford UP.
Giddens, Anthony (1973) *The Class Structure of the Advanced Societies*, Harper.
Gillis, John R. (1985) *For Better, For Worse : British Marriage, 1600 to the Present*, Oxford University Press.（ギリス，ジョン，R／北本正章訳（2006）『結婚観の歴史人類学　近代イギリス，1600年——現代』勁草書房）。
McWilliam, Rohan (1998) *Popular Politics in Nineteenth-Century England*, Rouledge.（マックウィリアム，ローハン／松塚俊三訳（2004）『一九世紀イギリスの民衆と政治文化』昭和堂）。
Pugh, Martin (2000a) *The March of the Women : A Revisionist Analysis of the Campaign for Women's Suffrage, 1866-1914*, Oxford UP.
Pugh, Martin (2000b) *Women and the Women's Movement in Britain, 1914-1999*, 2nd ed., MacMillan.
Sabine, George H. (1961) *A History of Political Theory*, 3rd ed., Holt, Rinehart & Winston.

# 第2章

## 優しい父親・戦う男性
――近代初期ドイツのジェンダー・階層・ナショナリズム――

姫岡とし子

## 第1節　二項対立的なジェンダー図式の豊富化と修正

　ドイツの18世紀後半から19世紀初頭にかけては，近代社会の形成期にあたり，以前の身分制的な価値秩序が揺らぎ，ついには維持不可能になるとともに，これに代わるあらたな近代的な社会原理が登場し，また実践されていった時代である。

　ジェンダーに関しては，18世紀後半の啓蒙の時代に脚光をあびた医学や生物学・解剖学といったあらたな学知に裏打ちされながら，男女の生得的な差異が指摘され，一方における強くて，自律的で，能動的な男性と，他方における脆弱で，依存的で，受動的な女性という二項対立的な近代的ジェンダー観が生みだされていった。この「自然の性差」論を基盤として，男性には公領域が，女性には私領域である家庭が割り当てられることになる。

　この二項対立的な「自然の性差」論の形成については，はやくも1970年代にハウゼンが指摘して非常に大きな注目を浴び，1980年代のあたらしい女性史研究の台頭期以来，ドイツ女性史・ジェンダー史研究の基本テーゼとして定着した。もちろん現在でも，この図式そのものはジェンダー史研究の出発点として不動の地位を保っている。しかし，80年代の社会史や日常史研究，90年以降の歴史人類学研究，男性史研究，さらに最近のネイション・ナショナリズム研究によって，二項対立図式に必ずしも適合しない市民層個々人の生活実態が詳細に明らかにされ，ハウゼンの二項対立図式の修正が主張されるようになった（Habermas, 2000；Trepp, 1996）。ハウゼン自身も自らのテーゼに修正を加え，

現実はもっと複雑であったことを認めている（Hausen, 1988, S. 88）。男女の性特性の二極化や公私の分離は，直線的にではなく，様々な紆余曲折を経ながら形成され浸透し，また社会変化とともに，あらたな要素が付け加わっていったのである。

本章は，社会変革の担い手としてあらたに登場した市民層に焦点を当て，18世紀後半の市民社会の黎明期から，19世紀初頭のナポレオン戦争期にドイツというネイション意識が登場するまでの時期を取りあげ，階層性やナショナリティとの相互作用や絡み合いに留意しながら，ジェンダーがどう形成され，またどう生きてきたのかについて考察したい。

## 第2節　市民層と家族・ジェンダー

### （1）　あたらしい市民層の台頭

18世紀の後半に，ドイツでは手工業や商業に従事する伝統的な都市市民身分とは異なる，あらたなタイプの市民が階層として登場してきた。官僚機構の拡大とともに増大した官吏や法律家，さらに啓蒙期に台頭した学者，著述家，芸術家，医師などで，財産と教養をもつ，こうしたあらたな市民は教養市民層と呼ばれている。

この教養市民層は，慣習と伝統に固執し，新思潮を受けつけなかった従来の都市市民とは違って，啓蒙の積極的な担い手となり，また受け皿となって，あらたな時代を切りひらいていった。イギリスに比べて経済発展が遅れていたドイツでは経済ブルジョアジーの力は全体として弱かったが，それでも大都市を中心に商人などの経済市民層がいて，彼らも教養市民層とともに啓蒙活動に積極的に参加し，あらたな市民層の一画を構成した。[1]あらたな市民層は，しだいに発言力を強め，無制限の専制主義，教会の正統主義，そして貴族に対峙したのである。その過程で，彼らは貴族とは異なる市民層独自のあらたな価値観・道徳・文化・生活態度を積極的に形成していく。出自ではなく，個人の業績や能力に敬意を払う彼らは，規則正しく労働し，合理的な生活態度や公共心を養

い，教養を磨き，人格を陶冶し，内面性を重視して徳を身につけることに価値をおいた。彼らは，出自に規定される「何者かである」ことよりも，自ら努力して「何者かになる」ことを重視したのである。

こうした教養市民的な価値観や生活態度を育み，実践する舞台となったのが，家族＝家庭である。18世紀後半の市民社会の黎明期に，あらたな市民層は，従来の経営体家族とは異なる，彼らの理念を実現できる，また具現化すべきあらたな近代市民家族を形成し，貴族ともまた下層とも区別されるリスペクタビリティー（市民的価値観）を培っていった。

### （2） 婚姻における愛と感性

生産と消費の機能を兼ねそなえた従来の伝統家族では，経済的かつ実用的な観点が重視されたのに対して，あたらしく登場してきた家族像では夫婦や親子の情緒面での親密な結びつきに価値が置かれ，「家庭の幸福」について語られるようになった。

1788年に出版され，ただちにベストセラーとなったクニッゲの『人間交際術』[2]には，「人生で最も重要な絆である結婚において，聡明で立派な選択をすること。これこそ夫婦の喜びと幸せを，未来にわたって約束する，最も確実な道である」(Knigge, 1978, S. 284) と書かれている。彼は，「愛」という言葉こそ使っていないが，夫婦の結びつきが相互の心の通い合い，内面的な交流にあることは明らかで，だからこそ，こうした交流のできない「趣味も嗜好も全く異なり，興味や関心が別々で，……夫婦として永遠に結びつけられている」人たちは，「全く悲惨な状態だ。これは終わることのない厳しい犠牲状態であり，非常につらい奴隷の状態」(Knigge, 1978, S. 284) であると酷評されることになる。

これより以前にも，あるべき市民の「徳」の例を語り，個人と社会の幸福のために読者の理性の鍛錬と道徳性の向上を呼びかけていた『道徳週刊誌』上で，頻繁に夫婦や親子関係について語られるようになっていた。そこでは，「夫婦の真の満足の基盤となる」のは「優しい愛情と信頼しうる友情」(Der Gesellige,

1750, S. 70）と書かれているように，夫婦関係の中核に「愛」が据えられた。

「愛のある結婚生活」が強調された背景の一つは，お世辞やおべっかの横行する社交が繰りひろげられて人間関係が形骸化し，人間的な暖かみに欠ける貴族の宮廷社会と，市民層の生活様式を対比することにあった。クニッゲは「家庭の幸福」や「家庭の平和」は「すべて中流身分の人びとにのみ，とりわけ通用する」ものであって，「非常に身分が高く，裕福な人びとにとって，家庭生活の幸福などはほとんど意味をもたない」（Knigge, 1978, 331f.）と述べているが，家庭は，市民層特有の称揚すべき価値観と見なされた感情的な繊細さや内面の充実を実現する場であった。こうした価値観の具現化が「家庭の幸福」だったのである。

婚姻における「愛」が語られはじめた当初は啓蒙期にふさわしい「理性的な愛」が優位を占めていて，理性と感情を調和させることが求められていた。しかし，1870年代から80年代にかけてゲーテの『若きウェルテルの悩み』など疾風怒濤文学や古典主義の流行によって，「感性」があらたな精神潮流として影響力をもつようになり，実際の生活の中に深く浸透していった（Trepp, 1996, S. 24f）。それにより，婚姻における愛においても，愛そのものが重視されるようになったのである。

「理性的な愛」であれ「情熱的な愛」であれ，愛情関係を成就させて「幸福な家庭」を築く要素として重要だった理性と感性は男女双方に要求されていて，男性が理性で女性は感情という対極的な捉え方はされていない。啓蒙の要であった理性は男性のみが備えるべき特性ではなく，家庭内で夫と調和的な関係を築くために，また健全で合理的な家庭運営のために，女性にも理性を磨くことが要求された。女性が「高い学識」を身につけることこそ批判されたが，女性は当時，急激に増えた雑誌や文学の読者として想定されていたし，それどころか，理性を磨くために文章を書くことさえ奨励されたのである（田邊，1990, 99頁；菅，2009, 63頁）。逆に感情も決して女性の専有物ではなかった。男性に対しても，親密な関係性を築きながら人間形成を目指すために豊かな感性を研ぎ澄ますことが要求されたのである。数多くの文学作品がさかんに読まれていた

当時,若い教養ある男性たちは作品の中で恋愛を疑似体験することができたし,また自らも恋愛し,愛する人と結ばれることを大いに期待していた。彼らにとって恋愛は脳裏から離れない大きな関心事となり,自身の恋愛経験や文学の中の恋,そして理想の愛情関係などについてさかんに議論され,ファンタジーも含めて日記や手紙には感情的な表現が満ちあふれていたのである(Habermas, 2000, S. 268-277)[3]。

　性に関しては,女性にはもちろん婚姻前の絶対的な純潔が要求されていた。しかし,男性に関しても,理性的な愛の時代には官能やエロスにはまだ否定的な評価が強く,感情(情欲)を理性によって調和的に統御することの重要性が強調され,結婚は情欲を道徳的な次元に昇華させるもの,と見なされていた(Gellert, Moralische Vorlesung, 1770：菅, 58-59頁)。また情熱的な愛においても,恋愛結婚こそは情熱,性,恋愛を統一させるものという見方から,男性にも婚姻前の貞潔という理想が広められたのである。実際には,多くの男性が娼婦との性体験をもっていたが,それでも純潔理念は徳の一つとして受けとめられ,行動規律として尊重されていた(Trepp, 1996, S. 79)。少なくとも理念的には,純潔は女性だけに要求されるもので,男性には無関係,というわけではなかったのである。

## (3)　自然の性差言説と公私の分離

　18世紀の後半以降の家族言説では,愛とともに,男女の生得的な自然の性差と,それにもとづく役割分担,さらに性差ゆえに男女は調和できると説くものが目立ってきた。1765年の『道徳週刊誌』は,次のように語りかけている。「神と自然はそれぞれの性に特別の性格を与えた。男性は強さ,女性は弱さをそなえ,男性は勇気,女性は優しさをもっている。それゆえ両性を正確にお互いに調和させる絆が結ばれる。これにより,お互いが愛情豊かに,敬愛の念をもって応対し,どのような時でも傍らにいるという思いが育まれる」(Der Mensch, 1765, S. 387)と。

　こうした生得的な男女の性格,身体的な強弱の違いによって,「夫は主人で

あり，統率者で，保護者で，また世帯の扶養者」(Der Mensch, S. 388) となるのである。また「彼女は妊娠しなければならないので，労苦の多い男性の仕事をすることはできない。家の中の仕事をし，差配すべきである。一方男性は，外のことで自らを酷使しなければならない」(Der Mensch, S. 391) と，役割分担も自然の性差に従って決定されたのである。

　この時期にとりわけ強調されたのは，強い男性に女性が従うことであった。しかし，それは，妻の社会的立場により夫である家長の権威に服従するという以前の理解とは異なり，妻が夫の人格に対して敬意を払い，愛情ゆえに自ずと夫に従い，「保護する者」と「保護される者」として調和的な家族を形成するためであった。そして妻の役割は，夫が家庭のことに憂慮することなく仕事ができるよう配慮し，帰宅した夫が自宅で快適に過ごせるよう，住居を整え，暖かく快活に夫と接することであった (Der Mensch, S. 394f, 399)。

　このように，この時期の家族言説では，男性／女性，職業／家庭という役割分担だけではなく，外／内というジェンダーによる生活空間の分離についても語られ，親密圏である家庭には職業世界とは異なる性格が与えられるようになっていた。この言説は19世紀初頭にかけて，ますます強化され，不動のジェンダー規範として定着していく。たしかに，あたらしい市民層では職業生活は男性が担い，女性は家庭に関することに従事してはいたが，しかし実際には外／内という，あるいは公／私という明確な境界線が引けるほど，二つの生活世界圏は分離していなかったのである。

　まず，少なくとも18世紀末までは，そして地域によっては19世紀に入ってもなお，市場経済が充分には発展していなかったため，都市に住む市民層といえども必要な生活物資の入手の多くを自給に頼らざるをえず，消費とは明確に区別できない生産労働にいそしまなければならなかった。この時期をカバーしている多くの自叙伝には，市民層の家庭の主婦が菜園作りや家禽の飼育，そして自給した食料品の加工と貯蔵のために奉公人を差配しながら一日中忙しく働き，一家と頻繁に訪れる客のために年間を通じて十分な食物を確保したことが記されている。また18世紀後半から19世紀前半にかけてのニュルンベルクおよびミ

ュンヘンにおける商人および教養市民層の家族生活を歴史人類学的に詳細に検討したハーバーマスの著作では，大都市の市民層が菜園をもって野菜・果物の栽培や家禽類の飼育をし，収穫物を保存用に加工するのみならず，販売さえしていた例が紹介されている（Habermas, 2000, S. 43-52）。妻の行う家事労働は，生産的側面をもつだけではなく収入をともなう経済活動の一端も担っていた。そのために妻は朝早くから多くの時間を費やし，娘や奉公人の手を借り，また手工業者の支援も頼みながら衣食住を整えたのである。こうした妻の労働は，たしかに家事労働ではあったが，閉鎖された家の内での私的な労働というより，経済的な側面をもつ労働であった。

　またあたらしい市民層の妻は，家事労働だけではなく，貧困者の救済など公的領域にかかわる活動にも従事していた。啓蒙の時代，男性たちは協会に参加してあらたな社会のあり方について熱心に討論し，困窮者の支援による「公共の福祉の促進」が重要な課題の一つとなっていた。ニュルンベルクでは啓蒙活動の一貫として工業学校が作られ，困窮者が自分の力で生活できるような教育が行われ，女性も賢明で勤勉な家事奉公人や働きものの主婦になるよう読み書き，宗教，縫いものなどを学んでいた。そこで市民層の女性たちは，教育を受ける女子を選び出したり，また教師として教えたりして，この活動にかかわっていたのである（Habermas, 2000, S. 174-179）。

　しかし，男性がこうした活動を自らの政治的影響力の拡大と結びつけたのに対して，女性の参加動機は全く異なっていた。彼女たちの活動基盤は，かねてより行っていたキリスト教的隣人愛の精神にもとづく慈善活動であり，あらたに設けられた空間を利用して伝統的な主婦の役割であった社会的慈善活動を継続したのである。すなわち，たとえ彼女たちの活動空間が啓蒙によって誕生したものだったとしても，そこでの活動はあらたな精神を実現するためではなく，かつての主婦の役割の延長線上にあったのである（Habermas, 2000, S. 180）。したがって，活動領域は公的領域であっても，彼女たちの自己認識では内／外あるいは公私の区別は明確ではなかったのである。

　ただし，こうした「主婦の領域」を基盤とする慈善活動は，19世紀初頭のナ

ポレオン戦争の際に「愛国的な女性協会活動」へとつながっていく基盤となった。多くの市民層女性が，従来の家・家庭領域を基盤として，その延長線上で社会活動をはじめ，女性の活動空間を拡大していったのである。

### （4） 男性の家庭とのかかわり

女性の活動空間を私的領域に限定することはできず，またそもそも公私の区別さえ漠然としたものだったが，男性の活動領域とされる職業の世界はいかなる様相を呈していたのだろうか。

教養市民層の労働は，原則的には家庭外での勤務であったが，仕事によっては19世紀になってもまだそれほど集中して働く必要はなかった。たとえばハーバーマスの著作に登場するロートは1801年に法学博士号を取得した後，1802年からニュルンベルクの教会の上級評議会で勤務し，1810年にはミュンヘンの財務局に職を得たが，そのどちらも自由裁量労働で時間的余裕をもって働くことができた。彼は週2回の会合日をのぞいては，多くの財務参事官がそうしていたように，しばしば自宅で仕事をしていたし，また秘書にかなりの仕事の処理を委ねることもできた（Habermas, 2000, S. 131）。もちろん，昼食は自宅で家族とともに食べていた。商人や医師，弁護士，作家などは，自宅が職場と兼用の場合が多く，市民層では「労働と住居の分離は19世紀になっても長らく例外的」だった（Trepp, 1996, S. 176）。それゆえ，男性の活動領域も公私が明確に区別できるものではなかったのである。

ロートが職業よりも大きな価値を置き，また多くの時間を費やしたのは，教養の切磋琢磨であった。それほど大きな財産をもっていなかった教養市民層にとって，教養は，彼らが誇りにできる貴重な精神的所産であり，感性や創造力，そして人びととの交流を豊かにするとともに，自らの存在意義を確認する手段でもあった。19世紀初頭の新人文主義の時代，教養の代表的なものは古典の習得であったが，ロートは自らが古典を学び・研究するだけではなく，家族との朝食後に妻や子どもたちにイリアスやヘロドトスを朗読して聞かせ，まだ話もできない小さな子どもまで古典で苦しめていた（Habermas, 2000, S. 321）。子ど

もたちへの教養の伝授という範囲を超えて家族を古典仲間に引き入れたのは，家族が彼の人生空間の大きな位置を占めていたからであろう。また彼は家族の日常生活にも大きな関心を示していた。彼を中心に神への祈りを捧げて一日がはじまり，毎朝，子どもたちそれぞれに，何を学び，どんな遊びをし，何を縫ったり，編んだりするつもりかという，その日の予定を聞いたのである（Habermas, 2000, S. 320f）。

1809年に結婚したロートの家庭では，彼の子ども時代には両親とは別に奉公人と一緒に取っていた朝食が家族の重要な儀式となるなど，両親世代よりも家族の親密性が強まっていた。これは，19世紀の市民層に一般的な傾向だったが，その際に重要な役割を演じたのが父親である。彼は家長であり，妻との間に上下関係があったが，それでも彼は愛情にみちた家族の導き手であり，家族へのかかわりを重視し，妻とともに積極的に親密圏を作り出していったのである。その意味で，男性＝公領域＝職業，女性＝私領域＝家庭という両極分化が貫徹しているとはいえず，男性は，従来の研究で考えられていたよりも，はるかに緊密に家庭生活にかかわっていたのである。

同じように，トレップも『優しい男性と自立した女性』という刺激的なタイトルの著書で，1770年から1849年の期間は，公的そして私的な，また男性と女性の領域に明確な分離はなかったと主張し，また家族の外界からの隔離についても疑問視している（Treppp, 1996, S. 19）。トレップの主張は，二極化ではなく，「父親が家族のなかできわめて中心的な場を占め，当然のことながら感情的関係にも参加している」（Treppp, 1996, S. 364）ことであった。

トレップが分析した自叙伝や日記そして手紙には，父親の子どもへの愛情あふれる優しい接し方の例が，数多く示されている。一例を挙げると，34歳のベネケが1808年に初めて父親になって生まれたばかりの子どもを見た時，彼はその感動を「子どもが泣いた。私をその青い眼で見たように思われ，そして泣き止んだ。この瞬間は決定的だった。この瞬間に私の父性愛が生まれた。錯覚だったかもしれないが，この最初のまなざしと，お前が泣きやんだことを，私は永遠に忘れない，まだ名前のない子よ！」と記している（Treppp, 1996, S. 326）。

まさに本能的な父性愛で，子どもに対する本能的な愛は母親の専有物ではなかったのだ。もちろん彼は父親として子どもの躾をし，規律，清潔，秩序といった市民的な価値や行動規範を子どもに伝達することも忘れない。しかし，父親の厳格さや権威への無条件の服従といった観点は後景に退き，子どもは愛情に包まれながら学ぶことができたのである。

　感情表現の最たるものは，涙をながすことであろう。ベネケは仕事で自宅を留守にしていた際に妻からとどいた息子の初めて書いた絵と娘の父宛の手紙を見て，「読んでいる時，眼から涙があふれた」(Treppp, 1996, S. 317)，と返事を書いている。彼は感傷的な自分を隠そうとはしていないが，これは彼の子どもたちへの思い入れの深さの表れであるとともに，こうした率直な感情のやりとりによって妻との愛の絆もより強固になっていったのである。

　ここで，最も重要なことは，当時，「強く，逞しい，勇気のある男性」像が形成されていたにもかかわらず，男性の涙が否定的に捉えられていなかったことである。「愛情と信頼にもとづく家族」という市民家族の理想像は，「強い男性」と「涙を流す父親」を共存させることができた。すなわち「強い男性」は同時に「愛と信頼にもとづく情愛家族」の統率者であり，「家族思いの優しい父親」として，家族を道徳的・倫理的，また知的に導くのであった。そして，その「優しさ」の中には，涙もろささえ含まれていたのである。

　言説や表象の世界においても，父の涙は奨励すらされていた。18世紀後半，あたらしい家族像が語られるようになった頃，演劇の世界では「市民悲劇」という，あらたなジャンルが生まれ，人気を博するようになった。そこで好んで演じられたのが「優しい父親」というテーマであり，涙もろい父親が頻繁に登場する。たとえば，宮廷文化に対する市民的道徳の優位を描き，当時大成功をおさめたレッシングの『ミス・サラ・サンプソン』では，父を裏切って駆け落ちした娘と和解するために涙をながしながら娘の滞在先にやってくる父親，そして娘が毒殺された際に，娘の自分への愛をたしかめてから娘を救そうとした自分を責め，「無償の愛」を与えるべきだったと，また涙をながす父親が描かれる（レッシング，2006；田邊，1990, 79-84頁；菅，2009, 70, 92-98頁）。

また前述のクニッゲの著作に,「成長した子どもたちに囲まれた愛される父親の光景ほどうっとりさせるものはない。子どもたちは父との知的で親しい交流を心から望み, 心に浮かぶ考えは何も隠し立てしない。彼らにとって父親はもっとも信頼できる助言者であり, 寛大な友人である」(Knigge, 1978, S. 276)とある。

　18世紀に言説の世界で登場した「優しい父親」像は, 恋愛について頻繁に語り, 悩み, また熱心に文学や古典を読んだ19世紀への転換期の父親たちが内面化し, 実践した市民の価値観であった。

## 第3節　ネイション・ナショナリズムと戦う男性性

### (1)　戦闘的な男性像の登場

　1806年, プロイセンがナポレオンに壊滅的な敗北を喫したのを契機にして, ドイツではあらたな時代に向けての扉が開かれた。フランス軍占領下のベルリンでは, フィヒテが『ドイツ国民に告ぐ』という連続講演を行ってドイツ国民意識の覚醒を訴え, また愛国詩人のアルントは,「ドイツ語の響くところ, ドイツなれ!」と呼びかけた。ナショナリズムの誕生である。プロイセンのフランスに対する本格的な反撃が開始された1813年に, そのアルントは, 次のような詩を書いている。

　　これぞ男だ, 死ねるものこそ
　　自由と責務, そして正義のために
　　誠実な勇気の前には万事が順調
　　悪くなるはずがない

　　これぞ男だ, 死ねるものこそ
　　神と祖国のために
　　彼は戦いをやめはしない, 墓に入るまで

第1部 「第1の近代」と二項対立的ジェンダー秩序の形成

心と口と手をもって

(ハーゲマン, 1997, 47-48頁)

　男性とは祖国のために死を恐れずに戦う者と述べられている。後の時代を知っている私たちにとっては，こうした男性像はなじみ深いものだが，18世紀後半から形成されてきた自然の性差論の中ではまだ見られなかったもので，当時の人々にとっては挑発的な響きをもっていた（フレーフェルト，1997, S. 68）。「祖国のために命を賭ける戦闘的な男性像」は，敗北の続いていたナポレオンに対する反撃の過程で初めて登場したのである。

　たしかに18世紀の言説においても，すでに「強い男性は戦争に向くと」いう記述は存在した。たとえば1765年の『道徳週刊誌』には「自分の強さを感じるがゆえに，勇気が湧いてきて，危険をかえりみない。耕作という骨の折れる労働，航海と戦争という危険な仕事は男性に委ねられている」(Der Mensch, 1765, S. 388) と書かれているし，1785年の『ドイツ百科事典』には，「本性的により強い男性には厳しい労働や軍務が，女性には穏やかな任務，とりわけ子どもの養育が適している」(Frevert, Mann und Weib, S. 48) と記されている。ただし，この記述は男女の自然の性差と，そこから導かれる役割の違いに重点を置いたもので，その例として「戦争」，「軍務」が提示されているにすぎない。アルントの詩に見られるような，「男は戦闘的」，「戦って死ぬ者こそ男」という男性像とは明らかに異なっていたのである。

　宮廷顧問官のポケルスは，1805年に『男性』という著作の中で，男性は力の優位と大きな勇気，決断力と強固な心といった特性によって，祖国を防衛し，芸術や学問を生みだし，法律を導入し，組織を設立し，国と民衆を支配し，不断の力と洞察力でこれらを統治する，と主張している。しかし，こうした男性的な活動は，彼の見解によれば，偉大な人物に限られ，「普通の男性は法律を施行せず，他の民衆を統治しないのと同じように祖国を防衛しなかった」のである。普通の男性の定めは「彼の妻と子どもたちの保護神，裁判官，扶養者，導き手である」ことにあった。(Frevert, 2001, S. 44) ここではヒエラルキー的

なジェンダー観は貫徹しているが,「戦闘性」や「祖国防衛意識」は,すべての男性に課せられる普遍性を獲得していなかったのである。フレーフェルトによれば,世紀転換期の男性に関する著述の中で,軍人的・戦闘的な行動様式のモデル的特徴と思われるものを探しても無駄であった(Frevert, 2001, S. 44)。では,なぜ18世紀後半の近代的なジェンダー観の形成過程で「戦闘性」が登場しなかったのであろうか。この問いに答えるには,市民層と戦争・軍隊との関係について見ていかなければならない。

(2) 市民層と戦争・軍隊

18世紀の市民層は,戦争を決して肯定的には捉えていない。戦争は,経済をはじめとする日常生活にとっての重荷と見なされ,学校の教科書でも戦争に付随する民衆の不幸について述べるなど批判的な対応が見られた。啓蒙主義の影響を受けた歴史書は,グーテンベルク,デューラー,レッシングといった文化面での功労者の方を,多くの戦争に勝利したフリードリヒⅡ世(大王)より高く評価していたのである。(6)(Schilling, 2002, S. 45)

教養市民層の軍隊への評価は,もっと低かった。1806年にナポレオンに敗退した当時のドイツ軍隊は常備軍と傭兵からなり,将校は貴族,兵士は農民をはじめとする下層民が中心で,傭兵の中には外国人も数多く含まれていた。徴兵制度も存在したが,納税源であった市民層は,兵役を免除されていたのである。教養市民層にとって,貴族の将校のもとに無条件に服従しなければならない軍隊は,個人の尊厳と自由の擁護という彼らの基本的見解に反していたため,魅力的ではなかった。また当時の軍隊の風習だった鞭打ちなどの身体的刑罰は,人間性の擁護と矛盾するため受け入れられず,横行していた略奪やレイプも教養市民層の道徳・倫理的規範と真っ向から対立するものであった。

それゆえ19世紀初頭に一般兵役義務の導入が議題にのぼったときには,歴史家のニーブアが「全国民の荒廃と堕落を生みだし,皆が粗野になり,すべて文化や教養身分の否定」(フレーフェルト[1997 S. 72]より引用)につながると,プロイセンの上級財務顧問官のアルテンシュタインに書き送ったように,否定

的な意見が多く聞かれ，手工業者や小商人たちも息子を何年も軍隊に取られることに納得しなかったのである（フレーフェルト，1997, S. 72）。当時の教養市民層や大商人の男性にとって重要だったのは，戦闘性ではなく，前節で見たように，職業的な成功，高い教養と道徳性，愛情のある家庭生活であった。

しかし，彼らは戦争に原則的に否定的であったわけではない（Schilling, 2002, S. 53）。18世紀にはすでに愛国心（Patoriotismus）が市民層の間にかなり浸透していて，敵に攻め込まれた場合には「祖国」——それが居住地か，あるいは領邦か，などはまだ明確ではなかったが——防衛のために行動することが道徳的義務だとされたのである。しかし，この愛国心のための戦闘は，彼らが臣民として君主のために戦うのではなく，市民層が貴族と対等な立場で，すなわち公民として祖国と自由のために生命を賭すものでなければならなかったのである（Schilling, 2002, S. 48）。

フランス軍の占領という事態に直面して屈辱感と愛国心が高まり，また他方で将校の市民層への解放といった軍制改革や身分制廃止のための改革が導入されて市民層の公民としての政治参加も視野に入ってきたことにより，1806年時点では他人事であったフランスとの戦闘を，多くの市民層が「自分たちのための戦い」と考えるようになった。彼らにとって，この戦争はフランスに対する祖国防衛の戦いであると同時に「自由で平等な市民社会」の形成のための戦いと想定され，それゆえ1813年にナポレオンへの反撃が開始された時，市民層は自発的な義勇軍に参加して祖国の危機を救おうとしたのである。

（3） 戦う男性像と感傷的な男性

市民層の間に戦争や軍隊に対する批判が根強く存在する一方で，男たち—女性も名前がわかっているだけで23名が参加（Hagemann, 2000, S. 88）[7]—が義勇軍に馳せ参じた1812年から1815年にかけて，本章の冒頭で紹介したような，「ドイツの男性よ！ 祖国のために命を賭けて戦え！」という愛国的な叙事詩が数多く登場した。その目的は，さらに多くの男性たちの参戦を促すために，男らしさと戦闘性，さらに祖国ドイツを結びつけて，愛国心をかき立てるとともに，

## 第2章　優しい父親・戦う男性

「戦わないものは男ではない」とあおり立てて，男たちを戦いへと鼓舞することにあった。身分や階層に無関係に，すべての男性に要求されるものとして戦う男らしさが表象されるようになったのは，この時期が初めてであった。

　普遍的なものとしての戦う男らしさは，フランスという敵に対峙する中で，ドイツというネイションが言説レベルとはいえイメージされるようになり，ナショナリズムが高揚する中で登場する。自然の性差論の中に「男性の戦闘性」が加わるのは，武器をとっての祖国防衛が男性全体の問題として考えられるようになってからである。戦う男らしさは，ネイション概念やナショナリズムの誕生と切り離せないものであった。

　当時のドイツ最大の領邦であったプロイセンでは，1813年に暫定的な，そして14年には恒常的な徴兵制の導入によって，祖国防衛が男性全体の問題であることが制度的に確定された。また13年3月の鉄十字章の創設によって，戦時の功績が国家によって讃えられる名誉となり，以前は貴族など特定の人に限られていた祖国の英雄になる道が，勇敢な戦士すべてに開かれたのである。

　兵役義務によって，戦う男性像は規範的意味合いを獲得した。しかし，この時期には一般徴兵制への反対が強かったことから明らかになるように，まだ「祖国のために死を恐れずに戦う」ことが男性の義務という見解が定着していたわけではない。義勇軍への参加は徴兵制度への反対と矛盾するものではなく，恒常的で義務としての兵役は願い下げたいが，一時的で自発的な祖国防衛のための戦いなら喜んで参加するという人が多かったのである。

　とはいえ，祖国のために戦って命を捧げるという行為に対する躊躇は根強かった。当時の学生は祖国防衛という理念に最も熱狂した集団であったが，それでも1813年の義勇軍への参加率は20～50％で半分に達していない。しかも，従軍を拒否すると，国家的領域での職業の可能性が閉ざされるという強制が働いていたにもかかわらず，戦う用意のなかった学生の方が多かったのである。他の職業集団の参加率は，もっと低く，「英雄」について研究したシリングは，戦争に対する懐疑は強く，戦争に熱狂した男性は少数派だったと指摘している（Schilling, 2002, S. 88）。こうした状況だったからこそ，戦う男性叙事詩がさか

んに書かれ,「戦って死ぬものこそ男」というイメージが作られていったのである。

そして,前章で見たような感傷的な男性の優しさも存続していた。アルントと同様に,男らしさ・戦闘性・祖国・真のドイツ人を結びつける叙情詩を数多く残したケルナーが,1813年に21歳で義勇軍に参加するために家族に別れを告げた際,父親はこみあげる感情を隠そうともせず,眼に涙をうかべながら息子の幸運を祈ったのである（Schilling, 2002, S. 90）。彼は,

　民族は起ちあがる　嵐が起こる
　まだ何もしないやつが,誰だ？
　ちぇっ　あん畜生　ストーブの背後にいる
　おべっか使いの延臣たちのなかに　侍女たちのなかに
　恥知らずの憐れな坊やが
　ドイツの女性は君にはキスしてくれないよ
　ドイツの歌は,君に喜びを与えてくれないよ
　フランベルグ剣を振り下ろせることができる者は
　男のための男に乾杯
　父や母,女性や子ども,友人や恋人は,断固として残して行け
　彼らが君たちをとどめるなら,君たちが彼らを押しのけよ
　祖国こそ心のなかの第一の場所だ
　（Schillng, 2002, S. 99）

という詩を書いて,戦おうとしない臆病な男性たちは,男ではない,女性もそんな男たちは相手にしないよ,と訴え,祖国のために命を賭ける男こそ「真のドイツの男性」という像をアピールしているが,そのケルナー自身ですら父の涙を見て感傷的な雰囲気にのみ込まれそうになり,別れのつらさがこみあげてきたのである。センチメンタルな感情をコントロールすることこそ男性的だと考えていた彼は,なんとか「男らしく,この軟弱な感情を押さえ込んだ」が,

第2章 優しい父親・戦う男性

それでも父親の「男らしくない」態度を批判していない（Schilling, 2002, S. 90）。優しく感傷的な男性は実在していたのみならず，言説レベルでも非難の対象とはなっていなかったのである。戦闘的な男性像が登場し，男らしくありたい，祖国のために命を賭けて家族を守りたいと考える男性がいる一方で，それとは対照的なソフトな感受性も，女性だけではなく，男性の生活にも根づき続けていたのである。

注
(1) ドイツ教養市民層の存在とその社会的影響力の強さは，コッカ・プロジェクトに示されているように，ドイツ的特性とされている（ユルゲン・コッカ編著（2000）『国際比較・近代市民の歴史——心性・文化・政治』望田幸男監訳，ミネルヴァ書房）。この点は認めつつも，トレップは，商人であった所有市民層と教養市民層を明確に区別して捉えられるわけではないと主張した（Trepp, 1996, S. 126）。また，教養市民層と商人の家族を例にジェンダー史の観点から市民層のミクロストリアを描いたハーバーマスも，商人層も，とくに19世紀には教養市民層的メンタリティーのもとで生活していたと指摘する（Habermas, 2000）。
(2) 現在なお，よく読まれており，日本語でも2010年に，服部千佳子によるあらたな翻訳がイースト・プレスから出版されている。本章では，Adolph Freiherr Knigge, Über den Umgang mit Menschen, 1796 (5. verbesserte und vermehrte Auflage), Nachdruck, Nendeln/Liechtenstein, 1978を使用し，講談社学術文庫の翻訳を参照した。
(3) ただし，ハーバーマスの描いた家族史では，実際の配偶者の選択において持参金，職業，親の意思，家族のもつネットワークといった愛情以外の要因が決め手になっており，感情が重視されていたとはいえ，婚姻は当事者2人の私的な領域というより，関係した家族間の半公的な事柄であったと結論づけている（Habermas, 2000, S. 399）。
(4) 哲学者のフィヒテは「人間の自由」という近代市民社会の理念に立脚しながら，妻は女性にのみ備わる本能的で自発的な愛によって自らの性格を捨て，夫に服従し，財産も市民権もすべて夫に委ねると主張した（Fichte J. G (1796, 1971) Grundlage des Naturrechts nach Prinzipien der Wissenschaftslehre (1796), in: Fichte's Sammtliche Werke, Bd. 3, Berlin, S. 305-318, 325f）。
(5) 川越・姫岡他編著訳（1990）には，まだ生産労働と明確に区別できない家事労働に従事する市民層の妻・娘たちに関する自叙伝などからの引用が掲載されている（64-83頁）。

(6) 文化功労者を高く評価した歴史書は，1807年発行の Abriß der Deutschen Geschichte。シリングは他に，フリードリヒⅡ世について，7年戦争より，その後の和平の方を高く評価している歴史書の例も挙げている（Schilling, 2002, S. 45）。

(7) 1813年5月の新聞には，ある女性からの「我々にも男性と同様に武器をとらせよ！ 神聖な勇気で鼓舞されたいくつかの部隊を作らせよ！ 勇ましさで劣ることは絶対にない！」という記事が掲載されている。この記事には賛否両論があったが，賛成の意見の方がはるかに多かった。これに関してシリングは，この時代にはまだ男女の境界線があまり明確に引かれていなかったと見なしている（Schilling, 2002, S. 81-85）。

(8) ケルナーは1813年8月に戦死し，後の時代に様々な形で語りつがれる英雄となった。彼の最後は決して英雄にふさわしい勇敢な戦死ではなく，退却命令を無視して敵弾に斃れた無駄死だった。にもかかわらず彼が英雄視されたのは，市民社会の形成期に市民的英雄が求められ，教養市民層出身だった彼が，この階層の価値観にふさわしい教養，心身鍛練，勤勉，禁欲などの素養と資質を具現していたがゆえに，彼に市民層の愛国的男性がもつべき特性を投影することができたからである。この点については，大貫（2009, 282-283頁）を参照。

**参考文献**

大貫敦子（2009）「死へと誘う『若き英雄』」姫岡とし子・川越修編『ドイツ近現代ジェンダー史入門』青木書店，281-289頁。

川越修・姫岡とし子他編著訳（1990）『近代を生きる女たち――ドイツ社会史を読む』未來社。

菅利恵（2009）『ドイツ市民悲劇とジェンダー――啓蒙時代の「自己形成」』彩流社。

田邊玲子（1990）「純潔の絶対主義」荻野美穂・姫岡とし子ほか『制度としての〈女〉――性・産・家族の比較社会史』平凡社，77-136頁。

ハーゲマン，K.（1997）「愛国的な戦う男らしさ」キューネ，T.／星乃治彦訳『男の歴史――市民社会と〈男らしさ〉の神話』柏書房，47-63頁。

フレーフェルト，U.（1997）「兵士，国家公民としての男らしさ」キューネ，T.／星乃治彦訳『男の歴史――市民社会と〈男らしさ〉の神話』柏書房，65-84頁。

レッシング／田邊玲子訳（2006）『エミーリア・ガロッティ　ミス・サラ・サンプソン』岩波文庫。

Der Gesellige 5. Teil (1750) 195. Stück Warum ein Frauenzimmer töricht handele, wenn es zu jung heiratet.

Der Mensch 11. Teil (1765) Von den nötigen Eigenschaften einer Manns- und Weibsperson, 215. Stück.

Frevert, U. (1995) "Mann und Weib, und Weib und Mann," Geschlechter-Differenzen in der Moderne, München.

Frevert, U. (2001) Die kasernierte Nation. Militärdienst und Zivilgesellschaft in Deutschland, München.

Habermas, R. (2000) Frauen und Männer des Bürgertums. Eine Familiengeschichte (1750-1850), Göttingen.

Hagemann, K. (2000) »Deutsche Heldinnen«. Patoriotisch-nationales Frauenhandeln in der Zeit der antinapoleonischen Kriege, in: Planert, U. (Hg.), Nation, Politik und Geschlecht. Frauenbewegungen und Nationalismus in der Moderne, Frankfurt.

Hausen, K. (1976) »Die Polarisierung der >Geschlechtscharaktere<. Eine Spiegelng der Dissoziation von Erwerbs- und Familienleben«, in: Werner Conze (Hg.), Sozialgeschichte der Familie in der Neuzeit Europas. Neue Forschungen, Stuttgart, S. 363-393.

Hausen, K. (1988) »… eine Ulme für das schwanke Efeu«. Ehepaare im Bildungsbürgertum. Ideale und Wirklichkeiten im späten 18. Und 19. Jahrhundert, in: Frevert, U. (Hg.), Bürgerinnen und Bürger, Göttingen, S. 85-117.

Knigge, A. F. V. (1978) Über den Umgang mit Menschen, 1796 (5. verbesserte und vermehrte Auflage), Nachdruck, Nendeln/Liechtenstein. (クニッゲ, A. F. V.／笠原賢介・中直一訳 (1993) 『人間交際術』講談社学術文庫)。

Kühne, T. (Hg.) (1996) Männergeschichte - Geschlechtergeschichte. Männlichkeit im Wandel der Moderne, Frankfurt/M., New York. (キューネ, T.／星乃治彦訳 (1997) 『男の歴史——市民社会と〈男らしさ〉の神話』柏書房)。

Schilling, R. (2002) »Kriegshelden«. Deutungsmuster heroischer Männlichkeit in Deutschland 1813-1945, Paderborn.

Schütze, Y. (1988) Mutterliebe - Vaterliebe. Elternrolle in der bürgerlichen Familie des 19. Jahrhunderts, in: Frevert, U. (Hg.), Bürgerinnen und Bürger, Göttingen, S. 118-133.

Trepp, A.-C. (1996) Sanfte Männlichkeit und selbständige Weiblichkeit. Frauen und Männer im Hamburger Bürgertum zwischen 1770 und 1840, Göttingen.

# 第3章

# 関東大震災後の「女性の空間」
――婦人会館建設運動を通して見る日本国家と市民社会――

辻　由希

## 第1節　近代国家と「女性の空間」

　本章では，近代国家形成期に展開された女性たちによる主体的な公共圏再編成の試みの過程とその成果，限界について検討する。具体的には，関東大震災後の女性団体による社会事業の展開と，それと並行して行われた婦人会館建設事例を取り上げ，女性たちがどのような経緯で社会事業に積極的に参入していったのか，それは国家と女性との関係をどのように変容させたのか，その過程において建設された婦人会館という「女性の空間」は近代日本の公共圏をどのように再編しようとするものであったのか，について考察する。なおこの時期の女性団体や女性運動については豊富な先行研究および史資料が存在しており，本章はそれらを網羅的に収集して執筆したものとは言えない。また筆者は政治学を専攻しており女性史の専門的トレーニングを積んでいないため，歴史(学)研究としては欠けている点が多くあるだろうが，政治学の視点からみた試論的分析として本事例を取り上げたい。

　近代国家と市民社会および女性の関係について，フェミニスト論者は以下のように指摘する（Pateman, 1988）。近代において，市民間の平等という原則が適用される（と仮想される）市民社会は公的領域であり，その原則の適用外とされる家族という私的領域とは区別される。そして，女性を私的領域に，男性を公的領域へと振り分けた上で，家庭における女性の身体や労働は家父長（市民社会においては個人であるとともに家族を代表する者）に帰属するという構えがとられる。このように，ジェンダーの区別に依拠して公私領域の分化が進めら

れたのが近代というプロジェクトであった。そして，近代とともに誕生したフェミニズムは，ジェンダーにもとづく不平等に対抗するため，公共領域（国家および市民社会）への女性の参入と，家族・家庭領域と結びつけられた諸価値（たとえば母性やケア）の称揚という2つの（時には緊張関係に陥る）方向性を内部に抱えもちながら，思想と運動という営為を積み重ねてきた（落合，1989，214-239頁）。

　他方で，西洋政治思想では，国家とは独立して存在する（べき）領域としての市民社会が構想されてきた。自由で自立した市民の決定によって国家が運営されるという民主主義の原理が成り立つためには，まず個人が自由に意思を表明し他者と議論できる空間として市民社会が存立していなければならないからである。これに対してフェミニスト論者は，近代市民社会とは，実は一部の男性市民によって構成されるジェンダー化された空間であったと批判する。しかし同時にフェミニズムは市民社会の可能性にも目を向ける。たとえばナンシー・フレイザーは，女性や様々なマイノリティ集団など主流的公共圏から排除されてきた人々がコミュニケーションを通じて自分たちのアイデンティティを獲得し，公共的課題を発見・再定義することを可能にする空間として多元的な対抗的公共圏を構想している（Fraser, 1992）。

　いずれにせよ，実態としても理論的にも国家と市民社会をあらかじめ独立した領域として捉える見方には注意が必要である（Garon, 2003）。とくに日本では，後発国として急速な近代化を果たすために，国家が啓蒙を通じて近代的家族像や近代的公共性の涵養を図ってきた側面がある。また，とくに大正時代以降，資本主義の発達や相次ぐ戦争による社会の動揺に直面した政府は，市民社会のリソースを動員して統治を行ってきたし，市民社会の側もそれに応えてきた。そこで，国家と市民社会の相互関係の実態と変容を分析するという視点が重要となる。このことをふまえた上で女性運動の歴史を振り返れば，明治時代後期以降に登場した多様な女性団体のリーダーたちは，戦時下の政府による国家総動員体制に積極的に協力したし，また戦後においても，女性団体の多くは中央政府や地方政府と様々な場面で協力してきた（Garon, 1997）。そしてその

ことは，現代日本の公共圏における「女性の空間」の一例と言える女性センター／男女共同参画センター（以下，女性センターと総称する）の性格にもあらわれている。現在，日本全国に存在する女性センターの多くが，地方公共団体等によって設立された「公設」施設であるという事実は，諸外国と比べても珍しい（Murase, 2006）。このような女性センターの起源をさぐるためにも，大正時代から昭和初期にかけての婦人会館の建設経緯を検討してみることは有益であろう。

本章では，関東大震災後から昭和初期にかけて建設された婦人会館に注目し，近代国家と女性の関係の変容について「女性の空間」に注目して考察する。本章では「女性の空間」を次のように定義する。すなわち，女性たちが集まる物理的な場所であると同時に，そこでの議論や活動を通じて女性たちが自らの主張を形成し，国家や市民社会に突き付けていく対抗的公共圏の拠点となる場所である。その端的な例が，本章で注目する婦人会館や女性センターである。関東大震災は，国家と女性団体との関係の緊密化に大きく寄与した出来事であった。上に述べたように，国家と市民社会との協力関係を特徴とした大正期以降の日本にあって，婦人会館のような「女性の空間」はどこに位置づけられるのだろうか。結論を先取りすればそれは，①市民社会における女性たちの（国家に対する抵抗や異議申し立てをも可能にするような）連帯の拠点，②国家による女性と近代家族の統制の拠点，そして，③近代家族の枠組みから漏れ落ちた女性たちの（国家と市民社会による）救済の拠点，という両義的な可能性をもっていたといえる。

なお本章では，「婦人会館」等の呼称は特定の時代に建てられた具体的な建設物を指す時に用い，時代を問わず女性団体の活動促進や女性住民の教育・福祉の向上を目的として建設・運営される公共的性格をもった複合的施設一般を表す場合は，「女性センター」という呼び名を用いる。

第3章　関東大震災後の「女性の空間」

## 第2節　関東大震災と女性団体

### （1）　女性たちの救護活動

　1923年9月1日に起こった関東大震災を，近代日本女性史の流れに位置づけると，女性運動が全国的に展開されていく時期とちょうど重なっている（石月，2001；2007）。

　女性団体は，明治半ば頃から創設され始める。まず1886年には東京婦人矯風会（後の日本基督教婦人矯風会）が，1901年には愛国婦人会が設立された。愛国婦人会は，奥村五百子の主唱により軍事援護団体として設立された組織で，当時日本で最大規模の女性団体であった（石月，2002a，196-199頁）。1904年の日露開戦後，女性たちは軍隊の送迎や出征軍人の遺家族の救済，負傷兵の看護・慰問活動などに組織的に従事した。仏教系およびキリスト教系の女性団体，そして愛国婦人会がその主体であった。『大阪朝日新聞』の社説はこのような女性たちの軍事救護活動に瞠目し，「社会の婦人職能観は，為めに一変せんとするに至れり，これまことに当然の結果にして，実にまた国民の至幸たるなり」と祝福し，さらには「この活動を将来に持続せんことを切望せずんばあらず，即ち平時に於ても或は慈善事業に，或は矯風事業に，その他，社会公共の事に関し，婦人天職の資格に従って益々活動するところあらんことを切望せずんばあらず」と要請した（『大阪朝日新聞』1904年7月19日）。ただし，全国の愛国婦人会地方支部の設立は内務省の強い後押しによってなされたために官製団体という性格が強く，華族や上流階級の夫人，府県知事および地方有力者の夫人が役員につき，一般女性たちの自主的活動という側面は弱かった。その後大正デモクラシーの時代に入ると，民間女性団体が次々に誕生し，活発な活動を行った。

　日本でいわゆる第1波フェミニズムが登場したのは，欧米にやや遅れて1910年代である。明治末期の1911年には平塚らいてうらが雑誌『青鞜』を創刊した。大正に入ると1918年から翌年にかけ与謝野晶子，平塚らいてう，山川菊栄の間

63

で母性保護論争が展開された。政治運動も大正デモクラシーの時代に活発になり，1919年に平塚明（らいてう），市川房枝，奥むめおらが新婦人協会を設立，治安警察法の改正や婦人参政権の確立を議会に請願した。それ以外にもこの年には，津田梅子や羽仁もと子らが国際問題研究会を，山脇房子らが時事問題研究会を立ち上げ，1921年には山川菊栄，伊藤野枝，堺真柄らが社会主義婦人団体の赤瀾会を，井上秀らが日本婦人平和協会を設立するなど，女性団体の設立が相次いでいた。そして大震災前年の1922年には国際婦人デーに日本が初めて参加し，また帝国議会では治安警察法第5条が改正され，女性が政治集会に参加し政談を聴くことが許可されるなど，女性に公民権の一部が認められつつあった。

　他方で，この時期は慈善救済事業から社会事業へという，日本社会福祉政策史上の思想的・政策的変化の時期にあたっている（石田，1983，第5章）。第1次世界大戦後のインフレによる労働者世帯の困窮を背景とする米騒動に直面した日本政府は，1919年，内務省に社会課（地方局救護課から改称），つづいて翌年に社会局を設置した。内務省官制の改正によってあらたに定められた社会局の所管事業は，賑恤救済，軍事救護，失業対策，児童保護，そして「その他社会事業」の5本立てとなった。これをもって行政文書に社会事業という言葉が初めて登場した。それまで国家からの恩恵という位置づけであった福祉について，政府が責任を拡大していったのがこの時期であった。さらに1922年には社会局は内務省の外局となり，労働行政を所管事項に取り込んだ。それまで内務省，農商務省，逓信省，外務省，国勢院などに分散していた労働行政が社会局の下に一元化されたのである（副田，2007，433-434頁）。これにともない内務省の予算と歳出も拡大される。原敬内閣の下，一般会計総額に占める内務省所管分は，1919年には5.85％であったものが1922年には9.48％へと急増した（副田，2007，445-446頁）。またこの頃，内務省官僚や学者によって紹介されたヨーロッパの「社会連帯」思想は，日本独自の解釈をほどこしつつ社会事業の理念として提示された（石田，1989，268-274頁）[1]。そして社会事業を実施するにあたり，政府は民間の諸団体にその運営を委託するという手法を取り入れていくのであ

第3章　関東大震災後の「女性の空間」

るが，民間女性団体との協力の深化については大震災が大きなきっかけとなった。

　このような時代を背景に，関東大震災が起きる。1923年9月1日午前11時58分，マグニチュード7.9の大地震が東京，神奈川を中心に関東地方南部をおそった。震災後，各地の女性団体は様々な形で被災者の救護活動を行い，このことが国家と女性団体の関係を変える契機となる。以下では，とくに関西と首都圏の女性団体の救護活動を紹介する。

　まず，被災地から遠い関西では，震災直後から全関西婦人連合会が衣類の募集を開始した。同会の設立は大阪朝日新聞社によって後押しされたものであった（石月，2002a；2002b）。『大阪朝日新聞』は，早くから婦人の社会参加を促す社説を掲載し，女性団体の連携を支援してきた，当時としては先進的な新聞社であった。1919年，同社の主催により第1回婦人会関西連合大会が開催される。この頃の日本では（「上から」結成された感が強かった愛国婦人会だけでなく），様々な職業・階層の女性たちが自発的に結成した団体が各地で活動を始めており，連合大会はそれらの団体間の連合協力を促すために催された。第1回大会の発起人会は各女性団体の代表者163名，大会参加者は4000名以上に達し，大会に講師として招かれた平塚らいてうも驚くほどの大盛況であった（『東京朝日新聞』1921年10月31日；石月，2002b，155頁）。大会では各団体から議案が提出され，連合会の運動方針についての議論が行われた。以後，同会は1941年の第22回大会まで継続的に開催されたが，1923年の第5回大会で「全関西婦人連合会」へと改称した（以下ではこの名称を使用する）。

　全関西婦人連合会は震災2日後，『大阪朝日新聞』の9月3日付夕刊にて，被災地へ送る衣類，帯，毛布を新聞社内の同会に寄贈するように呼びかけた。効果は大きく，その直後から読者が続々と衣類を届け始め，同日夜10時までには寄贈者800名，1万5000点もの衣類が集まった（『大阪朝日新聞』1923年9月4日）。全関西婦人連合会の会員が青年会等の手助けを借りて荷造りした衣類は，他の支援物資とともに大阪の築港から軍艦神威に積まれて東京へ送られ，朝日新聞社社員の手で東京・横浜で配布された。

65

一方，大きな被害を受けた東京において女性たちによる救護活動の先駆けとなったのは，キリスト教系の女性団体であった。とくに，日本基督教婦人矯風会（以下，矯風会と略記）は東京の女性団体間の連携協力，そして「東京連合婦人会」の結成に至る過程で中核的な役割を果たした（楊，2005）。震災によって赤坂の矯風会本部事務室が焼失したため，仮事務室を大久保の婦人ホームに置いた矯風会は，地方や海外における各支部・協会から送られた古着類の洗濯や配給を行った（楊，2005，96頁）。矯風会の他には女学校や女子大学の生徒や卒業生（鷗友会や桜楓会といった同窓会など）も救護活動を行った。震災直後は，各地の女性団体が収集・寄贈した衣類や布団，義捐金などを東京の女性団体が各所へ配給することと，乳児・妊産婦や高齢者・病人の保護や監護が主な活動であった。この頃は各団体がばらばらに活動しており，団体間の連携はとられていなかったようである。しかし9月末頃になって矯風会の久布白落実を通じ，東京市児童保護局の要請により乳児に練乳を配給するための調査を女性団体が引き受けることになった。9月28日，矯風会の久布白と守屋東の呼びかけに応じて，女性指導者たちは矯風会の大久保の婦人ホームに集まり，16の女性団体，約130人の会員を擁する「東京連合婦人救済会」が組織された。構成員は高等教育を受けたキリスト教徒が多く，震災以前から慈善活動に従事していた団体が中心であった（楊，2005，96-97頁）。各女性団体の協力で，10月に入ると連日百数十人の女性が市役所の周囲に建てられたバラック街へ乳児調査に出かけ，練乳を配布した（奥・久布白，1946，43-45頁）。

　以上のような民間団体の他，愛国婦人会も救護活動を行った。被災地である東京の愛国婦人会は本部を開放して被災者を収容，炊き出しを行い，在郷軍人会と協力して毛布や衣類の配給，被災児童への着物や菓子・玩具等の配給を行った。また各地方支部も義捐金や衣類を寄附し，避難してきた被災者の支援を行った（愛国婦人会，1941，401-414頁）。ただし震災直後には同会の活動が活発でないという批判もあった。たとえば『大阪朝日新聞』は1923年9月24日の社説「愛国婦人会に望む」で，「今回の震災にあたり，同会員の少数が個人的の活動をした個所もあるが，それすら新設の処女会に比して遜色あり，況んや会

全体の活動としては殆ど見るべき何物も為してゐない」と厳しく批判している。社説は，その原因について愛国婦人会の役員（官僚や上流階級の夫人たち）が「名義上の者」にとどまり，「大部分は軍人や役人の古手を，事務員の名において使用し『会の為めに存する会』たることを如実にしてゐるからである」と断じている。

　このように，関東大震災後の救護活動においては機動性をもった民間女性団体の活躍が目立ち，またさらなる活躍を求める声も挙がった。そしてこのことが，政府と女性団体の協力関係の拡大へとつながっていく。やがて，日中開戦後の1942年に大日本婦人会が結成されて戦時下の総動員体制へと女性たちが組み込まれていくのであるが，その前には，社会事業に進出し，平等な権利と政治参加を求めた女性たちの活躍の時代があった。

（2）女性団体と国家の関係の変化

　関東大震災は，二つの点で女性と国家の関係を変えたと言える。第1に，とりわけ東京において（会員間の個人的つながりはあったものの）それまで別々に行動していた女性団体の間に恒常的な組織的ネットワークが形成されたこと，第2に，民間女性団体と国家（中央および地方の行政部局）との間に協力関係が作られたことである。

　第1の点は，上述した矯風会を中心とした東京連合婦人救済会の発展形として，東京連合婦人会が結成されたことによるものである。同会は10月6日の総会で永久的な組織として活動を展開していくことを決議した。連合会にはキリスト教系女性団体だけでなく，多様な女性たちが参加した。看護婦や派出婦などの職業団体に属する働く女性も加わり授産部が設けられ，失業婦人救済事業が開始された。さらに同会には山川菊栄，平塚らいてう，山田わかなどの女性運動家が次々に加入し，研究部（後に政治部）が設けられた。ここからわかるように，東京連合婦人会にはキリスト教系団体，女学校同窓会の他，職業婦人や文筆家・思想家，女性運動の旗手に至るまで幅広い人々が参加したことが大きな特徴である。後にこれらのメンバーによって，公娼制度廃止運動や婦選運

表 3-1 女性団体による行政機能の分担例

| 主体 | 提携先と事業内容 |
|---|---|
| 東京連合婦人会 | ・市社会局より救護事務応援要請を受け，事務員を派遣<br>・市児童保護局より要請を受け，乳児に練乳を配布<br>・農商務省と交渉して資金を調達し，失業婦人救済事業を実施（職業婦人団体）<br>・カード調査票による被災者調査（自由学園，女子高等師範学校などの女子学生・卒業生ら）<br>・内務省救済事務局と提携して，全関西婦人連合会から寄贈された布団の配給 |
| 矯風会 | ・市から後援を受け，乳児と母親を一時保護する「一週間療院」を本部焼け跡に建設，運営（東京連合婦人会の新事業として） |
| 愛国婦人会（本部，東京支部） | ・炊き出し，臨時給療所の開設<br>・内務省の委託により児童への衣類などを配給 |
| 荏原郡婦人会 | ・東京府から委託された配給品の配布 |
| 煙山八重子ほか | ・内務省，東京市，大震災善後会からの援助を得てバラック建ての「愛の家」を建設，被災した母子や独身女性を収容<br>・農商務省と連絡をとって，被災女性への職業紹介・相談指導<br>・市社会教育課の後援を受け，早大商科講師を招いて一般商業事務の指導 |

(出所) 筆者作成。

動などが展開されていくことになる（奥・久布白，1946，45-47頁；楊，2005，97頁）。

第2の点は，震災救護事業を女性団体が請け負うという経験を通じて，行政機能の一部を民間の女性団体が肩代わりするという新たな役割分担が試みられたことである。女性たちが担った救護事業の例には表3-1のようなものがある。中央省庁や府市の担当部署と連携しながら，会員がもつ知識や技術，人的資源（人脈や時間，労力）を被災者や困窮した母子，独身女性たちのために役立てたことがわかる。

このような経験は行政にとって有益であっただけでなく，女性たちの側から国家に対する異議申し立てを行ったり，請願活動を活発化させることにもつながった。たとえば東京連合婦人会は救護活動を請け負う一方で，帝都復興計画に対して意見を申し立てた。当時，帝都復興院総裁に就任した後藤新平が都市計画についての助言を受けるためにビアード博士を招聘したのであるが，東京連合婦人会は復興計画についての建議をまとめるべく総会にビアード博士夫人

を招いて議論を行った。そしてその議案の中には「婦人会館を設立して各小団体の事務所を集合すること」という項目も含まれていた（『東京朝日新聞』1923年10月6日）。この頃にはすでに，女性たちの間に婦人会館に対する要望が存在していたことがわかる。

　女性たちの政治活動の中で，震災後に大きな運動となったものの一つが公娼廃止運動であった。矯風会の久布白，守屋は，震災で吉原・洲崎遊郭が焼失し多数の娼妓が逃げ遅れて死亡したことを受け，早くも9月13日に首相，内務相，市長，警視総監を訪問して遊郭再建を行わないよう請願していた（楊，2005，98頁）。公娼廃止運動は，この後矯風会のほか各地の女性団体を巻き込んで全国的な運動となっていく。そして署名集めや請願，建議提出といった対議会活動を通じて矯風会は，公娼廃止を実現するためには帝国議会や府会・県会で賛同してくれる議員を増やす必要があるという認識を深め，婦人参政権運動にもより積極的に関与していく（楊，2005，102頁）。

　このように，震災は女性たちに大きな変化をもたらした。まず，それまでは婦人参政権問題，廃娼運動，無産女性運動など団体ごとに限定されていた活動目的・範囲が，震災をきっかけに社会事業全般へと拡大したのである。そして東京連合婦人会に多様な立場・思想をもった女性たちが集ったことによって，女性問題の全体構造を捉えるパースペクティブが構築された。社会事業への参加を通じて女性指導者たちは，公娼問題についても単に風紀・道徳の面から批判するのではなく，娼妓となる女性たちの置かれた貧困状況とそれを生み出す経済構造や，制度改革のために必要な政治権力（婦人参政権）への認識を深め，各イッシューを連関させる視点を獲得していった。(6)

　翻って，このような女性たちの活躍は社会や国家の側の認識をも変化させた。国および地方の行政部局は女性たちに救護活動の一部を委ね，新聞はそのような女性たちの組織的活動を好意的に報道した。たとえば「復興事業と婦人」と題された『大阪朝日新聞』の1923年10月12日社説は，女性たちが示した「震災救済に於ける大なる分担と，華々しい成績」を強調し，政府の帝都復興事業や都市計画は破壊された文化や生活を復興するためのものであるので，「一国の

文化を特色づけ」「民族生活の最も痛切なる内部経験者」である婦人たちの意見を取り入れるべきであると主張し，婦人に対しても「何も遠慮はいらぬ自己の意見はどしどしと申し述べるのがよい」「子孫後世に貽さるべきこの大事業のどこかに大正聖代の婦人の自覚と実力との痕跡を止め得ずとあつては，末代迄の恥辱である」と鼓舞した。[7]

　この変化は，一方では後の総動員体制へとつながるような国家による市民社会の包摂と統制の深化という側面があるが，他方では，政策決定に女性が参画する意義を女性たちと国家の双方が認識する機会となったとも言える。その意味で，民主主義の進展という可能性が含まれていた。

## 第3節　婦人会館

### （1）　大震災後の婦人会館

　すでに明治後期から，キリスト教系の女性団体が自分たちの活動拠点や婦人保護施設として，婦人会館，婦人ホームを設立し始める例が見られた。1900年には救世軍の東京婦人ホームが開設されたのに始まり，1915年には東京YWCA，1917年には日本基督教婦人矯風会館が建設された。

　これとはタイプの異なる比較的大規模な婦人会館の建設も，震災前から女性団体のリーダーたちの間で要望され始めていたようである。たとえば大阪朝日新聞社の恩田和子の残した史料によれば，同社が主催した「東京に於ける婦人懇話会」で日本中の婦人団体の協力や団結について議論した際，羽仁もと子は「婦人会関西連合会の事業の一として，大阪，東京の如き大都会に婦人のみを宿泊させる良い会館を建て，地方婦人の便を図って欲しい」，また矯風会の守屋東は「婦人のみの事務所のある建物が欲しい」と発言したという（石月，2002b，158頁）。また先に述べたように，東京連合婦人会が帝都復興計画に関する建議をとりまとめた際に，「婦人会館を設立して各小団体の事務所を集合する」という案が含まれていた。女性リーダーたちは，全国女性団体の組織化，ネットワーク化を促進するような機能を婦人会館に求めていたようである。し

かしこのような婦人会館の構想は，すぐには実現しなかった。

　一方，東京連合婦人会には加わらず独自に被災者救護活動に尽力した女性たちも多かったが，彼女らはその活動の延長として東京・横浜で婦人会館の建設に動いていった。この時期に建てられた婦人会館は主に，困窮女性や母子の保護救済，あるいは一般女性への教育を行う目的のものであった。以下に新聞記事や史料に残されている例を挙げよう。

　まず，浅草寺の婦人会館についてみよう。浅草寺では，震災前年の1922年6月に浅草寺婦人修養会が設立されていた。同会は，歓楽街であった浅草の環境改善という問題関心にもとづき，「婦人の踏むべき道を自覚して健全な家庭を築き，社会のために貢献する」ことを目的としてつくられた会で，月1回講師を呼んで講習会などを行っていた（大久保，2008，100頁）。震災ではその会員750名のうち95％が被災者となったが，浅草寺は各地の天台宗寺院から衣類や米，味噌などを集め，被災者に配給した。震災翌年の1月には，内務省へ請願を続けた結果浅草寺は婦人相談宿泊所の運営委託の内諾を得，浅草寺婦人会がその経営にあたることになった。内務省から交付された金8100円と木材で，浅草公園内の浅草寺救護所跡に50坪の婦人会館が建設された。内部には講堂，主任室，事務室の他，相談室，食堂，宿泊室が備えられた。婦人会館は同年6月から事業を開始し，裁縫など技芸の講習会の他，婦人身上相談を行い，家出少女や求職女性，家庭不和に悩む女性，妊婦や子ども連れ女性らの相談にのった。[8]行き場のない女性は会館に宿泊することもできた。職員たちは女性の就職先や子どもの預け先を探したり，女性の実家や病院との交渉を代理したりという業務をこなした（浅草寺社会部，1924，11-12頁；浅草寺社会部，1928，69-75頁）。浅草寺婦人相談宿泊所は，関東大震災を機に拡大した浅草寺社会事業の中で最も発展した事業と言うことができ，主任を務めた生田八栗という女性保護司らは警察や病院，産院，職業紹介所，方面委員や行政府（東京府，区役所など）と連携して女性たちの支援を行った（大久保，2008，99-111，154-157，203頁）。その運営にかかる経費は，宿泊料のほか浅草寺からの補助や東京府の補助金によって賄われた。中でも東京府の補助金は不可欠であった。[9]

同じく震災翌年の1924年7月には、芝（現港区）愛宕町の青松寺の境内に婦人会館が完成している。この婦人会館は、嘉悦孝子、高橋武子、佐藤貞子らの発案によるもので、佐藤の親戚が青松寺の方丈であった縁で、境内の一角にあった隠居所を借り受けて建設された。総建坪は約140坪、費用は寄附総額3万5000円で「極めて瀟洒」で「全体の感じが実に明るくて、壁の色彩は頗る享楽的」な建物であったようだ（『東京朝日新聞』1924年8月6日）。建設費用には内務省からの援助もあった。貧しく行き場のない女性を対象とする事業を行うため、同会館には婦人身上相談所や無料宿泊所、授産場が設けられた。関東大震災後に作られたその他の婦人・母子保護施設としては、東京の四恩瓜生会（1923年9月）、東京市大平町婦人宿泊所（1924年1月）、真竜園（1924年4月）、愛国婦人会婦人宿泊所（1924年6月）、大谷婦人会（1924年7月）などがあった（窪田、1992、22頁）。

 さらに別の例としては、震災直後に煙山八重子らの奔走によって巣鴨に建てられた20畳ほどのバラック「愛の家」（表3-1参照）がある。つづいて震災2年後に煙山は、滝野川に土地を借り、羽仁もと子や長岡栄などの協力を得て母子保護だけでなく託児、授産、職業紹介などを行う施設を建設した。この施設は現在の母子生活支援施設（母子寮）へと継承されていく。一家の稼ぎ手と離別・死別して困窮した母子の救済はその後、救護法（1929年）、母子保護法（1937年）を経て戦後の母子保護・生活支援政策へとつながっていくが、この頃に作られた婦人保護施設がその起源であった。

 また、女子教育機関へと発展した例としては荏原婦人会館がある。震災後の炊き出しや衣類の収集・配布に尽力した荏原婦人会は、衆議院議員や品川町長を歴任した漆昌巌の娘、漆雅子によって1919年に女性の教育向上を目指して結成された婦人会である。会長に清浦奎吾（子爵・第23代内閣総理大臣）夫人の清浦錬子をいただき、副会長倉橋寛子、幹事柘植よし子とともに漆雅子は常務幹事として婦人会の運営に尽力した。同会の震災救護における活躍は新聞でも取り上げられるほどで、その功績に対し東京府や宮内庁から感謝の品（ミシン、木材）や金500円が贈られた。この下賜をもとに荏原婦人会は婦人会館を建設、

第3章 関東大震災後の「女性の空間」

1925年5月3日に開館式を挙行した(『東京朝日新聞』1925年5月5日)。婦人会館は品川権現山公園内(現品川学園校庭)に建てられ,授産場,家庭相談所,技芸や染色,料理などの伝習所を備えたものであった。漆雅子によってこの会館に開設された荏原女子技芸伝習所と荏原女学校,そして場所を移して建てられた品川高等女学校は,現在の品川女子学院の前身となる。

　最後に,現代の男女共同参画センターにまでつながる婦人会館を設立した横浜の例を挙げる。横浜では,震災前から複数の女性団体が活動を行ってきた。日清・日露戦争を機に軍人救護組織である横浜婦人恤兵会が作られたのに続き,愛国婦人会や横浜奨兵義会婦人部が設立された。また,民間では横浜婦人慈善会が1889年に作られ,横浜商人の妻やキリスト教メソジスト派信者たちが慈善活動を行っていた。また横浜YWCA(1913年設立)では,タイプ講習会などが開かれていた。震災は横浜にも甚大な被害をもたらしたが,女性たちは被災者への衣類・練乳の配布,給食の実施,バザーなどを行った。それまでに慈善会や恤兵会の活動で活躍してきた女性たちが中心となっていた。

　互いに協力して被災者の救護活動を行った女性たちは,横浜連合婦人会を立ち上げる。当初加盟団体は20団体ほどで,横浜YWCA,横浜同愛記念病院の看護婦たち,横浜産婆養成所の同窓生たち(助産婦)などが含まれていた。設立1年後,当時横浜で海産物商や銀行を営み,政財界の大物であった渡辺福三郎の妻,渡辺たま(多満子)が横浜連合婦人会の会長に就いた。渡辺たまは,日露戦争時に横浜奨兵義会婦人部の委員長として200余名の委員を率いて出征軍人家族の慰問や扶助金の給付を行っただけでなく,夫が出征して困窮した妻が自活できるようにと授産部や幼児保育場を設置するという先進的活動を行っていた(神奈川県県民部県史編集室,1980,887-888頁)。このような経験をもつ渡辺を会長に擁した横浜連合婦人会は,震災1年の記念に何か永久に残るものを作ろうということで婦人会館の建設に動き始めた。建設費用については,一口10銭からの寄附を民間からつのった。工費約3万7000円をかけ,宮崎町1丁目(紅葉坂)の敷地274坪に建てられた婦人会館は,鉄筋コンクリート2階建ての建物で,1927年に落成した。内部には800人を収容できる大ホールの他,台所

や食堂，事務室，茶室や日本間，応接室などが設けられ，ピアノやオルガンなども備え付けられた（『よこはまを生きる女たち』刊行委員会，1990年，54頁）。民設民営のこの婦人会館の事業内容を見ると，震災復興，家庭改善，婦人の知的精神的向上，社会福祉の増進，婦人に関する産業奨励などが目的として掲げられ，料理洗濯の講習会，肉食の普及，バザー，結核予防健康診断などが行われた他，映画会の開催やインターナショナル・ウィメンズクラブの女性たちを招待して交流も行われた（2003オータムフェスティバル実行委員会・横浜市婦人会館，2003）。活動内容から推測するに，横浜婦人会館の事業は中産階級の女性向けであったようである。[16]

その後，戦争が激しくなった1935年に横浜連合婦人会は解散し，同会の事務一切は市の教育課に移管された。また婦人会館の資産運営についても1942年に横浜市に移管され，横浜市婦人会館となった。その後同館は日本陸軍の兵舎として使われ，敗戦後は駐留軍要員宿舎として通訳やタイピストの宿舎となり，「紅葉坂ホテル」と呼ばれた。こうして女性センターとしての機能は失われていたが，サンフランシスコ講和条約締結後の1952年に，女性たちの要望を受けて横浜市婦人会館として再建された。婦人会館は市の教育委員会の所管となり，高度成長期には新生活運動の推進や乳幼児家庭教育センター，結婚相談所事業が実施された他，結婚式の会場としても市民に使用された。その後，1978年には施設の老朽化のために場所を南太田に移して新婦人会館が建設され，現在は「フォーラム南太田」と名を替えて横浜市の男女共同参画センターの一つとして運営されている。[17]

（2） 婦人会館のその後

満州事変や日中戦争が起こり国際情勢が緊迫し，やがて戦時体制に移行していく1930年代に入ると，女性団体や婦人会館も国家総動員体制へと組み込まれていく。それを示すものの一つが，芝公園仏心院境内に建設された日本女子会館（以下，女子会館）であった（日本女性学習財団編，2011）。女子会館は，文部省の支援を背景に，大日本連合婦人会と大日本女子青年団や女性教育者などによ

って「女性修養の伝道」のために1936年に建設された女性教育施設であった。女子会館建設会理事長には，東京女医学校（現東京女子医科大学）の創立者で東京連合婦人会の委員長もつとめていた吉岡彌生がついた。資金は大日本連合婦人会や大日本女子青年団の会員から集められた寄附の他，皇室・宮家からの下賜金によって賄われた（大日本連合婦人会，1942，85-86頁）。日本初の宿泊を伴った女子研修施設として建設された女子会館は，家庭教育の振興を通じて，戦時国家体制への女性の動員を図るという役割を担ったと言ってよいだろう。しかし同時に，地方の女性たちが上京して学習するために必要な宿泊施設や，各種女性団体への事務所の提供といった機能も備えていた。[18] 文部省の管轄下に置かれた女子会館によって初めて，全国の女性団体のネットワーク化を望んでいた女性団体リーダーたちの要望が部分的に実現されたわけである。しかしその組織上の性格から，ここで行われた事業は女性たちの自律的な政治・社会活動を許容するものではなかった。戦後になり，同会館は時代の変遷とともに家庭教育振興から，男女共同参画社会における女性の生涯学習支援および次世代育成振興へと重点を変えながら女性教育事業を継続している。[19]

　さらに敗戦後には，婦人会館の開設は民間女性たちの手から中央・地方政府へと移っていく。

　戦後すぐには，市川房枝や奥むめおといった戦前の女性運動の担い手たちが，かねてから念願であった民設民営の婦選会館（1946年）や主婦会館（1956年）を建設する。その一方，占領軍によって抑制されていた女性団体の全国組織化が1952年以降に進み，女性たちの要請もあって1950～1960年代には都道府県ごとに地域女性団体の活動拠点として婦人会館が開設された。この時期には民設と公設のセンターが混在していた。その後，1970年代には国立婦人教育会館（1977年）の設立をはじめ，全国の自治体で女性センター建設がブームとなった。1975年の国際婦人年への対応が日本政府に求められたことと，文部省管轄の社会教育施設（青年の家など）という前例が存在したという要因が組み合わさり，女性センターの設立が進められた（Murase, 2006, pp. 60-64）。これ以降は公設の女性センターが主流となっていく。2013年9月1日現在，全国の女性センタ

一(働く婦人の家,農村婦人の家は除く)の内訳は公設公営245件,公設民営106件,民設民営34件となっている。[20]

## 第4節 「女性の空間」が果たした役割

　本章では,関東大震災後の数年間に首都圏に建設された婦人会館の具体例を見てきた。この時代,女性たちは会館に大きく二つの機能を求めていたことがわかる。すなわち,婦人解放運動や社会事業に従事する女性および女性団体間のネットワーク形成機能と,一般女性(とりわけ低所得層や勤労女性)への福祉・教育機能である。前者については,各団体の事務所を1ヵ所に集約できる規模をもち,地方から上京する女性たちが宿泊できる設備を備えた会館がほしいという要望があった。各地で活動する女性団体が一同に集まり,情報共有や議論を行うインフラとしての婦人会館が求められたのである。しかしこのような機能をもつ会館がすぐに建設されることはなかった。このようなタイプの婦人会館は,前節の最後で紹介した女子会館をのぞけば,敗戦後の婦選会館(1946年)や主婦会館(1956年),全国婦人会館(1971年)の建設まで待つことになる。他方,後者のタイプの会館は,前節の例からわかるように震災後数年間に多く建設された。呼び名は様々であるが,建物には授産場や職業紹介所,家庭運営に必要な知識を得るための調理室や講習室,困窮した母子を宿泊させたり子どもを預かる宿泊・託児施設などが備えられていた。その後これらの会館の一部は,女性のための商業学校や高等学校へと発展していき,また別の一部は母子保護・生活支援施設へと継承されていった。

　この時期に婦人保護施設が多く建設されたのは,内務省による社会事業の展開という日本社会福祉政策史上の転換期にあたっていたことと関係がある。明治期には福祉は民間団体の慈善活動として行われていたが,大正期に入ると政府の関与が増えていく。内務省と地方庁による助成の制度化がなされ,大正期に社会事業施設の数が急激に増加し,その中に婦人保護施設も見られるようになる(小笠原,1994)。そして大震災をきっかけとして,婦人保護施設の運営主

体として女性団体が政府との関係を深めていったのである。

　女性団体の成り立ちや理念，目的によってどちらのタイプの「女性の空間」を要望するかは異なっていた。前者の婦人会館は，婦人参政権や公娼廃止など，女性たちの意思を集約して国家に請願や異議申し立てを行うなどの政治活動を展開するために必要とされた空間であった。いわば，市民社会で活動する女性たちの連帯の拠点として求められたと言ってよい。それに対して後者は，困窮した女性や母子を保護・支援する福祉機能をもっていたが，同時に母・妻という女性の近代的な家庭役割の伝達という教育（教化）機能も備えていた。つまり，こちらの「空間」は，近代家族の枠から漏れ落ちた女性や母子の救済の拠点であるとともに，列強諸国に肩を並べようとする後発近代国家の要請に応えうる近代家族を作りだすための啓蒙の拠点でもあった。そして，時代が下り戦時体制に移行するにつれ，女性たちが国家に物申すという姿勢は抑制され，教化・動員という側面が前面に出てくるようになる。前者を求めた女性指導者たちが戦時体制に協力していったのと同様，困窮した女性を救い，あるいは教育によって女性の地位を向上させようとして活動した女性たちもまた，国家と協力することでその目的を遂行していった。他方で国家の側も，総力戦において市民社会の資源を動員するために，市民社会の組織やリーダーに依存せざるをえず，そのことは国家にも譲歩を促した。すなわち，女性の動員のため吉岡彌生や市川房枝などの女性リーダーを翼賛体制の役職に任命したのである（Garon, 2003, pp. 55-56 ; 二谷，2001）。[21]

　このような女性と国家の歴史は，敗戦と同時に女性リーダーたち自身によって，そしてウーマンリブ以降の第2波フェミニズムの担い手たちによって，反省的に振り返られてきた。「女性の空間」を求めた女性たちの運動は，国家と市民社会の間の密接な協力関係という特徴をもつ日本の近代化の中で婦人会館という形で結実した。そのような「女性の空間」のあり方には強みとともに限界があった。そしてそれらは戦後日本における男女平等・男女共同参画関連政策の進展の仕方にも影響を与えている。戦後日本における「女性の空間」の検討については，別稿に委ねたい。

第1部 「第1の近代」と二項対立的ジェンダー秩序の形成

［謝辞］　本章は，公益財団法人ひょうご震災記念21世紀研究機構（プロジェクト題名「大震災復興過程の比較研究——関東・阪神・淡路・東日本の三大震災を中心に」）および科学研究費補助金（基盤B，課題番号25285049，「関東，阪神・淡路，東日本の三大震災の復旧・復興過程に関する政治学的比較研究」）の助成を受けた研究成果の一部である。

注

(1) 初代社会課長，社会局長を務めた田子一民の著書『社会事業』では，諸言として最初に「社会連帯」が掲げられている。ただし，「私達の社会」という言葉で表される田子の社会連帯は，権利をそなえた個人による連帯というより，家族や身体に擬せられるような，内部に利害対立の存在しない有機体のような社会が構想されている（田子，1922）。

(2) その端緒は1904年7月19日の社説「婦人の活動」で，これまで家庭にとどまってきた女性たちが家庭の外に出て活躍し，社会や国家のために貢献することは喜ばしいことであるとし，より一層の奮起を促した。この社説は，同年2月の日露戦争開戦により，国家が女性たちの「銃後」の活動を必要とした時期に書かれている。

(3) この全関西婦人連合会の設立と運営については大阪朝日新聞社に勤務していた恩田和子が果たした貢献が大きかった。恩田は日本女子大学校卒業後，『読売新聞』記者として婦人欄を担当していたが，長谷川如是閑の誘いで1917年に『大阪朝日新聞』に入社した。全関西婦人連合会開催のための諸事を引き受けた恩田は，同会の会長を長くつとめた。

(4) 平塚はこの第1回大会で新婦人協会の創立文書を配布している。大阪朝日新聞社は関西大会に続き，北陸や九州など7地方の婦人連合大会も順次主催していく（『大阪朝日新聞』1920年2月7日）。

(5) 第2回大会の代表者会に議案提出した女性団体には，地域の婦人会の他，大阪基督教婦人矯風会などキリスト教系団体，さらに大阪女子体育研究会や京都市教育会女子部など，特定課題に関心をもつ団体も含まれている（石月，2002b, 159-162頁）。

(6) 東京連合婦人会の機関誌『連合婦人』の震災10年特別号（第52号，1933年11月）には，同会に結集し様々な運動や事業を育てていった女性たちの手記が掲載されている。

(7) その他，以下のような記事がある。「社会事業に教育に引き締まった心持で動いてゐる東京連合婦人会の将来」（『東京朝日新聞』1923年11月3日），「「破壊」を転機として目覚めた婦人団体」（『東京朝日新聞』1923年11月20日）。

(8) 1933年には婦人会館内に児童教育相談所が併設された。

(9) 1924年の婦人相談宿泊所の経費2580円のうち，浅草寺からの補助は600円であるのに対して，東京府補助金は1000円である（大久保，2008, 109頁）。

⑽　日本初の女子を対象とした商業学校「私立女子商業学校」（現嘉悦学園）の設立者（1903（明治36）年創立）。1919（大正 8 ）年から同学校の校長をつとめた他，震災直後に麹町婦人会を結成し，資金づくりや講習会，講演会を開いたり，災害救済共同資金を設立して運用した（嘉悦，1991，263-264頁）。

⑾　弁護士，国会議員である伊東圭介の次女として生まれ，盛岡女学校卒業後，明治女学校を経て，盛岡女学校や盛岡盲学校で教鞭をとっていた。

⑿　もりおか女性センター「ニュースレター」第27号（2010年11月），「新しい道を切り拓いたいわての女性たち⑨母子生活支援施設（母子寮）の礎を築いた煇山八重子（ヤヘ）」。

⒀　「品川女子学院・沿革」（http://www.shinagawajoshigakuin.jp/01guide/03h.html　2013年 8 月24日アクセス），文化放送「ラジオ同窓会　母校に乾杯！　第 6 回・品川女子学院」（2002年12月 1 日放送），学校・同窓会参考資料（http://www.e-tomonet.jp/radio/shinajo/sankou/index.html　2013年 8 月24日アクセス）。

⒁　フォーラム南太田 Facebook「関東大震災と横浜市婦人会館の歴史」（https://www.facebook.com/media/set/?set=a.478938822152326.110332.257581560954721&type=1　2013年 8 月27日アクセス）。

⒂　渡辺たまは明治30年代から社会事業に積極的にかかわり，孤児院や保育院の設立・経営や女子教育に貢献した（横浜市中区役所，1977，23-26頁；江刺・史の会，2005，273-274頁）。

⒃　横浜と同様に地域婦人会が婦人会館を建設した例として，大阪の岸和田婦人館（1927年）がある（石月，2011，108頁）。

⒄　その他神奈川県も，震災後に婦人矯風会婦人ホーム，横浜基督教女子青年会寄宿舎山王寮など宿泊施設をともなった女性保護施設を建設し，それぞれの団体に経営を委託した（横浜市社会課，1930，6-7頁）。

⒅　1940年時点で女子会館に事務所を置いていたのは，大日本連合婦人会，大日本女子青年団，財団法人社会教育会，東京連合婦人会，羊毛資源協会，社団法人移動図書館である。東京連合婦人会は，吉岡の紹介で1938年に事務所を女子会館に移転した（日本女性学習財団編，2011，34頁，39頁）。

⒆　公益財団法人日本女性学習財団ホームページ（http://www.jawe2011.jp/index.html　2013年10月24日アクセス）。

⒇　国立女性教育会館，「女性関連施設データベース」を運営形態別に検索して算出した（http://winet.nwec.jp/sisetu/index.php　2013年 9 月 1 日アクセス）。

(21)　市川房枝は国民精神総動員中央本部参与，大政翼賛会調査委員会委員，大日本言論報告会理事などの公職に就き，敗戦後は公職追放を受けている。吉岡彌生は数々の民間女性団体，官製女性団体の役職を歴任し，1939年には国民精神総動員中央連盟理事に選ばれ，1942年からは大日本婦人会の理事も務めた。戦後は市川と同じく公職追放を受けた。

第1部 「第1の近代」と二項対立的ジェンダー秩序の形成

**参考文献**

愛国婦人会（1941）『愛国婦人会四十年史』。
石田雄（1983）『近代日本の政治文化と言語象徴』東京大学出版会。
石田雄（1989）『日本の政治と言葉（上）——「自由」と「福祉」』東京大学出版会。
石月静恵（2001，初版1996）『戦間期の女性運動［新装版］』東方出版。
石月静恵（2002a）「大阪朝日新聞にみる女性問題(1)——恩田和子史料の紹介を中心に」『桜花学園大学研究紀要』第4号。
石月静恵（2002b）「大阪朝日新聞にみる女性問題(2)——全関西婦人連合会に関する史料を中心に」『桜花学園大学人文学部研究紀要』第5号。
石月静恵（2007）『近代日本女性史講義』世界思想社。
江刺昭子・史の会（2005）『時代を拓いた女たち——かながわの131人』神奈川新聞社。
大久保秀子（2008）『「浅草寺社会事業」の歴史的展開——地域社会との関連で』ドメス出版。
小笠原祐次（1994）「解説　社会事業施設の発展と社会事業施設調査」社会福祉調査研究会編『戦前日本社会事業調査資料集成［第9巻］』勁草書房，2-32頁。
奥むめお・久布白落実（1946）『婦選と政治』創建社。
落合恵美子（1989）『近代家族とフェミニズム』勁草書房。
嘉悦康人（1991）『嘉悦孝子伝——明治・大正・昭和三代を生きた女流教育家』嘉悦学園。
神奈川県県民部県史編集室（1980）『神奈川県史　通史編4　近代・現代(1)』神奈川県。
窪田暁子（1992）「解説　母子保健・母子保護・婦人救済について」社会福祉調査研究会編『戦前日本社会事業調査資料集成［第6巻］』勁草書房，1-30頁。
浅草寺社会部（1924）『浅草寺社会事業概要　大正十三年十月現在』。
浅草寺社会部（1928）『浅草寺社会事業年報　昭和三年版』。
副田義也（2007）『内務省の社会史』東京大学出版会。
大日本連合婦人会（1942）『沿革史』。
田子一民（1922）『社会事業』帝国地方行政学会。
東京連合婦人会（1928-1936）『連合婦人（復刻版）』不二出版。
2003オータムフェスティバル実行委員会・横浜市婦人会館（2003）『横浜市婦人会館25周年記念・婦人会館とわたし——出会いかさねて輝いて』横浜市婦人会館。
日本女性学習財団編（2011）『女性の学びを拓く　日本女性学習財団70年のあゆみ』ドメス出版。
二谷利子（2001）「日本近代史における戦争と女性——国防婦人会と婦選運動」『社会評論』第27巻第2号。
楊善英（2005）「関東大震災と廃娼運動——日本キリスト教婦人矯風会の活動を中心に」『国立女性教育会館研究紀要』第9号。

第3章 関東大震災後の「女性の空間」

横浜市社会課（1930）『横浜市社会事業一覧 昭和四年』横浜市社会課。
横浜市中区役所（1977）『横浜のおんなたち』横浜市中区役所。
『よこはまを生きる女たち』刊行委員会（1990）『よこはまを生きる女たち』横浜市婦人会館。
Fraser, Nancy (1992) "Rethinking the Public Sphere: A Contribution to the Critique of Actually Existing Democracy," in Craig Calhoun (ed.) *Habermas and the Public Sphere*, Cambridge and London: The MIT Press.
Garon, Sheldon (1997) *Molding Japanese Minds : The State in Everyday Life*, Princeton: Princeton University Press.
Garon, Sheldon (2003) "From Meiji to Heisei: The State and Civil Society in Japan," in Frank J. Schwartz and Susan J. Pharr (eds.) *The State of Civil Society in Japan*, Cambridge: Cambridge University Press.
Murase, Miriam (2006) *Cooperation over Conflict : The Women's Movement and the State in Postwar Japan*, New York & London: Routledge.
Pateman, Carole (1988) *Sexual Contract*, Stanford: Stanford University Press.

# 第4章

## 誰のためのバースコントロールか
──クラレンス・ギャンブルと戦後日本──

豊田真穂

## 第1節　クラレンス・ギャンブルに注目する意義

　戦後日本は,「人口問題」をかかえてスタートした。植民地を失って領土が狭くなったにもかかわらず，軍役を終えた復員兵が続々と帰還し家庭に戻ってベビーブームをひきおこし，さらに旧植民地からの引揚者が加わり，人口は，まさに目に見えて増加していった。加えて死亡率の低下に食糧事情の逼迫と住宅難も相まって，人口増加は切迫した問題となった。こうした中，出生率を下げるバースコントロールが，唯一の実行可能な解決策と考えられた。ところが，日本政府は当初，バースコントロールを普及するのはあくまで「母体保護」のためとしており，人口抑制のための手段と公言することは決してなかった。

　バースコントロールに関する日本政府の方針は1950年代半ばに大きく転換し，バースコントロールを人口政策の一環として位置づけるようになる。その後は目を見張るスピードで展開し，1960年代までに日本は世界でも有数のバースコントロール推進国となり，出生率を抑えることに成功したのである。

　政府がバースコントロールを人口抑制の手段とする方針に変更した大きなきっかけとなったのは，1955年10月，東京で開かれた国際家族計画連盟（International Planned Parenthood Federation，以下 IPPF）の第5回会議である。そしてこの会議を成功にもたらしたのが，アメリカ人フィランソロピスト，クラレンス・ギャンブル（Clarence James Gamble）と言われている。IPPF 会議の会議録には，1953年に訪日したギャンブルが，第5回 IPPF 会議の日本での開催を示唆し，日本の派閥化したバースコントロール団体を一つにまとめ，全国的連

盟を作って IPPF に加盟するよう促したとある（第5回国際家族計画会議事務局，1955, 1頁）。

　日本におけるこれまでのバースコントロールに関する研究においては，ギャンブルが日本のバースコントロール運動に財政援助したことなどが触れられている（田間（2006, 38-42頁）；荻野（2008, 180-81頁）など）。ところが，ギャンブルがどのような思想を背景にして戦後日本のバースコントロール運動に関与するようになったのかについては，明らかになっていない。一方，アメリカにおけるバースコントロール運動や優生運動の歴史研究においては，ギャンブルの活動が比較的知られており（Reed（1984）；Larson（1995）；Schoen（2005）；Gordon（2007）など），伝記も書かれている（Williams, 1978）。これらの研究によると，ギャンブルはアメリカ国内におけるマイノリティや貧困層などの「不適者（"the unfit"）[2]」の出生率が高いことを懸念し，バースコントロールの推進に心血を注いだ優生思想の持ち主である。さらに彼の独善的な態度のせいで，所属するバースコントロール関連組織の指導者との関係が悪化したことが指摘されてきた。

　以上のように，ギャンブルと日本とのかかわりについては，ほとんど研究されていない。しかし，ギャンブルと日本とのかかわりは，かつて自国内の「不適者」に向けられていた優生学的なバースコントロールのまなざしが，今度は，海外へと向けられた一つの例と見ることができる。日本のバースコントロール運動を，アメリカ国内における運動との連続性の中で理解することは，日本のバースコントロール運動史や人口政策史に新たな視点を与えることになるだろう。

　そこで続く第2節では，ギャンブルがどのようにしてバースコントロール運動にかかわるようになったのか，そして独りよがりの行動をとるようになった経緯を具体的な活動をふまえながら見ていく。また，ギャンブルがアメリカ国内の「不適者」に向けた優生学的な視線を，彼がかかわった具体的なバースコントロール・プロジェクトに注目しながら明らかにする。続いて第3節では，ギャンブルが戦後日本のバースコントロール運動にかかわるようになった過程を概観し，その際に，条件としていた「援助者としての自らの名を伏せるこ

と」の意味を考察する。第4節では，ギャンブルが生涯を通して開発し普及につとめた避妊法「シンプル・メソッド」が，いかにアジアの女性たちに対する侮蔑的な姿勢の現れであったのかを分析し，最後に日本におけるモデル村研究への出資を通じて出会った古屋芳雄との関係にふれる。以上のことを通じて，本章はギャンブルとのかかわりが，日本のバースコントロール運動にどのようなインパクトをもたらしたのかを考えたい。

## 第2節 クラレンス・ギャンブルとバースコントロール運動

### (1) フィランソロピストとして

ギャンブルが，フィランソロピストとして人生を歩むようになった背景には，ギャンブル家の伝統がある。両親はキリスト教のスチュワードシップを信じ，実践していた。スチュワードシップ，つまり神から受けた恵みである自らの資財を責任をもって管理し，必要な時にそれを差し出すことが，「神の恵みに対する応答」であるとの信念の下，ギャンブル家は，寄付活動を熱心に行っていた。主な寄付先は，母メアリ（Mary Huggins Gamble）が長老派教会の牧師の家に生まれ，ミシガン大学の神学者の継娘であったこともあり，長老派教会，長老会が創設したオクシデンタル大学（Occidental College），キリスト教青年会（Young Men's Christian Association：YMCA），中国へのキリスト教ミッショナリなどだった（Reed, 1984, 227-28）。

また，ギャンブル家は資産家だった。父デイビッド（David Berry Gamble）は，現在，世界規模で展開している石けん・洗剤などの消費財メーカー，プロクター・アンド・ギャンブル株式会社（Procter and Gamble Company：P&G）の共同創設者ジェイムズ・ギャンブル（James Gamble）の息子で，その経営にかかわったギャンブル一族の最後の一人である。ギャンブルは，21歳の誕生日に父の資産の一部を相続し，その際，収入の少なくとも1割を教会や慈善事業に寄付するという条件を課せられた（Williams, 1978, pp. 3-19）。

フィランソロピストとしての人生を歩み始めたギャンブルは，相続時の条件

に忠実に従い，生涯にわたって世界中でバースコントロールをすすめる運動に自分の収入の10～30％を寄付した。長老派海外布教団の指導者であった兄のシドニーがキリスト教関係団体への寄付をしていたのとは対照的に，ギャンブルは，出生をコントロールするという「習慣」を，世界中の最下層の人々に広めるために努力し続けた（Reed, 1984, p. 228）。

しかし，ギャンブルがバースコントロール運動や避妊法の開発をすすめようとすると，必ず様々な障害に直面した。それはバースコントロールをすすめる運動を指導した人々との確執であり，ある意味で，フィランソロピーを旨とする社会において富裕層が直面する問題でもあった。一般的に，フィランソロピー活動を行う際，資産家は専門家を中心とした非営利団体を通して資金を提供するべきだと考えられている。そうすれば，たとえ資産家が何らかの意図をもって資金援助をしても，その資金の使途方法に関しては専門家や社会改革家たちに委ねられるため，権力の集中が緩和される。つまり資産家が独善的に行動することが制限され，専門家集団の善意の集大成として資金が使われることになる。フィランソロピーの伝統を有するアメリカ社会では，資産家はこういった行動規範に従うことが期待されていた。

ところが，ギャンブルは専門家集団を擁する組織に資金を提供することを嫌った。というのも，自分は専門家よりもバースコントロールや人口問題に関してよく知っていると考えていたからである。実際，ギャンブルはハーバード・メディカル・スクールを次席で卒業している。その上，他の人々と協力したり相談するよりも先に自らが率先して動き始めることが多く，地道に働いている人たちを差しおいて動いた後で，組織にその行為に許可を求めることがよくあった（Reed, 1984, 226）。

その結果，ギャンブルは，彼の単独行動を苦々しく感じ非生産的であると判断した多くの組織から次々と除名された。たとえば，アメリカ国内のバースコントロール連盟（American Birth Control League：ABCL）等で活動していた1930年代後半にも，ギャンブルの独善的行為が波紋を呼び，1940年代初めには他のメンバーとの関係が悪化していた（Williams, 1978, 270-87）。

ギャンブルがこうした独りよがりの行動をとるのは，それまで自分が始めた事業がことごとく成功したという自負心があったためだ。たとえば，1930年代にギャンブルは，少額の寄付金を提供することでフィールドワーカーを雇い，アメリカ国内の数十ヵ所にバースコントロール・クリニックを設立した。そしてバースコントロール・クリニックの効果を評価した郡政府や州政府は，クリニックに対して公的な資金を投入するようになった。つまり，バースコントロールを公共事業にするための先鞭を付けることに成功したのである。またギャンブルは，市販の避妊薬の効能を評価するプログラムをはじめ，米国公衆衛生局長官を説得して食品医療品局 (Food and Drug Administration：FDA) にコンドームの不要品を回収させ，コンドームの品質の劇的な改善にも貢献した (Mudd, interview, May 21-23, 1974)。こうした経験をふまえてギャンブルは，成功が見込まれる時には自分の考えを強く主張し，それが功を奏さない場合は単独行動をとるようになった。

　ギャンブルは，自分こそが資金を何にどのように使うのが最善なのかを知っており，自分の金が無駄に使われることのないよう把握したかったのだ。実際，ギャンブルは資金の使途について非常に細かい指示を出している。たとえば，日本のバースコントロール運動家として著名な加藤シヅエを通して産児制限普及会に寄付をした際，ギャンブルは，加藤が資金の使途を「誤解している」と指摘している。資金は，バースコントロールの方法や意義を広める相談員を育成するために使われるべきであって，貧困層の女性たちにクリニックに来てもらうために使うというのは「永続的効果はない」ので，やめてほしいと指示を与えている (Gamble to Kato, March 3, 1950)。

　ギャンブルは，単なる金持ちとしてではなく，フィランソロピストとして名を馳せたかったのである (Reed, 1984, p. 257)。自分は信念をもっていて，理想とする社会像があった。それを実現させるための具体的な策を熟知していて，その上自分で使える資金をもっている。そして行動力もあった。だからこそギャンブルは，組織を通じてではなく，自ら率先して動いたのである。たとえそれが組織の中で反感を買っていたとしても，バースコントロールをより多くの

人に普及するという「大義」のためには，自分の信じる道を進むのみだと考えていた。では，一体なぜギャンブルは，ここまでバースコントロール運動に資金と情熱を注ぐようになったのだろうか。

## （2） ギャンブルの優生思想

　ギャンブルがアメリカ国内でバースコントロール運動に乗り出したのは，大恐慌期に福祉費が急上昇したことに対する懸念がきっかけだった。ギャンブルは，社会福祉プログラムが，貧しくて教育程度の低い人びとを増殖させてしまうことに脅威を覚え，ニューディールのような一時しのぎの政策ではなく，福祉に依存する人びとを作り出す根源的な問題，つまりは「不適者」の出生率の高さこそ改めなければならない，と考えたのである（Reed, 1979, p. 138）。

　ギャンブルは，貧困層にバースコントロールを普及すれば福祉予算が削減される。つまり，バースコントロール推進のための資金は，福祉費を減らすための「先行投資」であると論じた。生活保護家庭の子どもに必要な福祉費と，慈善のバースコントロール・クリニックにおける避妊指導にかかる金額を試算し，生活保護家庭の子どもの養育費を寄付するよりも，福祉に頼る子どもを産ませないよう予防策を講じるバースコントロール・クリニックに資金を提供したほうが，ずっと効率的であると論じた（Williams, 1978, p. 98）。

　ギャンブルにとって，バースコントロールをすすめるべき「不適者」とは，主に貧困層の人びとで，中でも人種的なマイノリティが主なターゲットとなった。ギャンブルは，南部諸州において貧困層向けのバースコントロール・クリニックを設立するために補助金を出したが，深南部の諸州はいわゆる「プア・ホワイト（白人の貧困層）」を多く抱えており貧しい白人も対象にしたとはいえ，とくにアフリカ系アメリカ人（黒人）が対象とされた。たとえば，1939年にアメリカ・バースコントロール連盟（Birth Control Federation of America）が州の公衆衛生局と協力して「ニグロ・プロジェクト（Negro Project）」を立ち上げているが，この提案はギャンブルによるものである。ギャンブルは，「黒人大衆」が，とくに南部において「軽率」かつ「破滅的」に子どもを産んでおり，

その結果，黒人の出生率が白人に優る勢いで高まっていると主張した。そのため，黒人の出生率を低くするように，バースコントロールを推進するプロジェクトが必要であると考えたのである（Gordon, 2007, p. 235）。

ところが「ニグロ・プロジェクト」は，白人が黒人の絶滅をねらっていると黒人に受け取られる可能性があった。そこでギャンブルは，バースコントロール・クリニックは黒人自身が運営しているように見せかけなければならない，と述べている。このようにギャンブルは，バースコントロールをすすめながらも，「あなたたちの人口が減れば世界はもっと良くなるのに」と言われて喜ぶ人種や国民はいないということも自覚していた（Larson, 1995, p. 156；Williams, 1978, p. 234）。

「ニグロ・プロジェクト」におけるバースコントロール・クリニックでは，断種／不妊手術をすすめることが多かった。ギャンブルは，1930年代の半ばからノース・カロライナ州において断種法の実証プロジェクトを開始し，1937年，その甲斐あって，ノース・カロライナ州は，全米に先駆けて州の公衆衛生プログラムの中でバースコントロールを実施することになった。その研究成果を見て，その他の南部諸州が州や郡の衛生局を通じて似たような優生断種／不妊のプログラムを実施することになった（Larson, 1995, pp. 156-57；Reed 1979, p. 139）。ギャンブルは，生涯を通して優生学的な断種／不妊手術を熱心に推奨しており，アメリカ国内における優生断種の実態や，「精神薄弱者」に対する予防衛生学に関する論文も多い（Gamble, 1952；1954など）。

しかし，断種／不妊手術にかかるコストはそれなりに高かったため，他のバースコントロールの方法を開発する必要があった。そこで，断種／不妊手術よりも安価で医療的な知識も不要な避妊法であるシンプル・メソッド——簡単な避妊法の開発と推進に，多くの関心と資金を注ぐようになったのだ。ギャンブルがシンプル・メソッドをすすめたのは，貧困地域でこそバースコントロールを広める必要があり，そのためには簡単かつ安価で作製できるシンプル・メソッドが適していると考えたからだった。その傾向は，1950年代以降，ギャンブルがその活動の拠点を国内から第3世界へシフトしていった時に強く現れるよ

うになった。実際、日本で焼灼による断種手術をすすめようとしたが、その際に必要となる焼灼器が日本では高すぎるので、代替となる方法を模索している (Gamble to Family, November 6, 1952)。

後述するように、シンプル・メソッドは安全性が疑われたため、当時のバースコントロール運動家や婦人科医の多くはこれを認めていなかった。ギャンブルがバースコントロール運動において人びとと対立したのは、彼の独善的な態度だけが原因ではなく、ギャンブルが安全性の確立されていないシンプル・メソッドを強力にすすめようとしたこともその要因の一つである。

以上のような様々な理由から、ギャンブルはアメリカ国内でのバースコントロール運動をすすめる中で多くの人々から反感を抱かれ、1940年代の初めにはすでに孤立していた。それ以降、ギャンブルはアメリカ国内でのバースコントロール運動とかかわりを避けるように海外における普及活動に資金を提供しはじめ、その最初の国が日本であった。占領下の日本では、アメリカ占領軍 (General Headquarters, Supreme Commander for the Allied Powers, 以下GHQ/SCAP) がバースコントロールを推進しないことを知ったギャンブルは、アメリカ国内での経験と知識、そして資産を有効に使う場を日本に見つけ、その機会に飛びついた。ギャンブルにとって占領期は、組織を通じてバースコントロール運動に参加していた時代と、自らが組織を作って活動する1950年代後半以降とのちょうど転換期だった。

## 第3節　ギャンブルによる日本のバースコントロール運動への援助

### (1) 日本への援助開始

ギャンブルは、1949年を境に日本のバースコントロール運動に少額ながらも資金援助を行うようになった。そのきっかけは、1949年、母校であるプリンストン大学の第35回同窓会だった。そこでギャンブルは、プリンストン大学人口調査研究所 (The Princeton Office of Population Research) の所長、フランク・ノートスタイン (Frank W. Notestein) と話す機会を得た。ノートスタインは、

1948年9月,ロックフェラー財団人口調査研究所の人口問題調査団として来日し,占領下の日本の人口状況を視察していた(Memo, "Conference on Problems of Public Health and Demography in Far East," September 14, 1948)。ノートスタインの話から,ギャンブルは日本の人口問題を解決するためにはバースコントロールしかないこと,ところがGHQ/SCAPは,日本人の人口を抑制する効果のあるバースコントロールを推進する政策を実施しないことを知った(Gamble to Thompson, June 17, 1949 ; Gamble to Tietze, June 1949)。

ギャンブルは,ノートスタインから人口学者でGHQ/SCAPの人口問題顧問であるウォーレン・トムソン(Warren S. Thompson)を紹介された。トムソンは,当初から戦後日本におけるバースコントロールの必要性を強調していたが,最高司令官のダグラス・マッカーサー(Douglas MacArthur)は,日本の人口コントロールの問題は占領軍の権限にはないこと,その決定は日本人自身に任されていることを強調している(*Nippon Times*, July 2, 1949)。

占領下では,たとえ日本の人口問題の解決策にバースコントロールが有益であっても,GHQ/SCAPはそれを推進しないという方針がとられた。この方針を象徴的に示すかのように,アメリカにおけるバースコントロール運動の第一人者とも言えるマーガレット・サンガー(Margaret Sanger)は,占領期間中をとおして,日本への入国が認められなかった(豊田, 2009)。ギャンブルも,1950年に息子のリチャードとともに来日を試みたが,同じ理由で許可されなかった(Gamble to McCoy, May 24, 1950 ; Gamble to Sams, June 22, 1950 ; Gamble to Kitaoka, June 23, 1950)。

そこでギャンブルは,慎重かつ効果的に日本のバースコントロール運動へ財政援助する道を探り始めた。まず,トムソンに助言を求めたギャンブルは,加藤シヅエと國學院大学教授の北岡寿逸を紹介された(Thompson to Gamble, July 14, 1949)。そこでギャンブルは,加藤に,いかにバースコントロールの情報を広めるかを具体的に相談している。それは,情報が広まることで世論を形成することが重要であると考えたからだった。すでにギャンブルは,日本で発行されていた英字新聞『ニッポン・タイムズ』の社長にバースコントロールの有益

さを説いた記事の掲載を依頼していたが，芳しい答えは得られず，バースコントロールはいかに簡単で価値のあるものなのかを書いた原稿を，日本の新聞社に掲載してもらえるよう加藤に依頼した（Gamble to Kato, February 14, 1950）。

また，来日できなかったギャンブルは，渡米した日本人から日本への援助の方法を模索していった。1950年には，ワシントンDCで人口問題を学んでいた北岡と会い，どのようにしてバースコントロールの情報を新聞に載せるかについて議論している（Gamble to Kato, March 3, 1950 ; Johnson to Sams, May 22, 1950）。さらに，GHQ/SCAPが1950年にアメリカに派遣した公衆衛生使節団のメンバー，国立公衆衛生院の館稔や村松稔と会った。館には，人口問題に関する雑誌を発刊するための資金を援助すること，さらに当該分野の研究を進める研究者に対し研究費を提供することを約束した。館からは，日本の女性たちが政府のクリニックに行くことを嫌がっており，むしろ女性自身が作るクリニックを開設したほうが良いという見解を得て，クリニックを開設するための資金提供を決めた（Gamble to Sanger, February 20, 1951）。

### （2） 条件は，援助者の名を伏せよ

こうして日本におけるバースコントロール推進のための資金援助者という道を歩み始めたギャンブルは，日本にバースコントロールを広めるために寄付しつつ，それを日本人には知られないようにすべきだと考えていた。ギャンブルは，加藤宛てに産児制限普及会に対する寄付を送金した時，寄付元を秘密にするよう求め，以下のようにその理由を説明している。

> この贈り物の出所として私の名前を公にしないでください。アメリカ人からだということも知られないほうが良いでしょう。そうしないと，アメリカ人が日本民族を減らそうとしている，と考えられてしまうかもしれません（Gamble to Kato, September 26, 1949）。

このような考えは，アメリカ国内で推進した「ニグロ・プロジェクト」の時

にも見られたものだった。つまりギャンブルは，貧しくて教育程度の低い人々が避妊しないことによって起こる「逆淘汰」を恐れてバースコントロールの普及に努めたが，その一方で，アメリカ白人が別の人種や国民の人口を減らそうとしていると「誤解」されてしまうことを警戒していたのである。

同じような懸念は，インドへの援助の際にも見られる。ギャンブルは，日本への援助と時を同じくして，インドにおけるバースコントロールの普及にも力を入れていたが，アメリカ人がインドの人口を減らすために行っている運動として理解されないように注意しなければならないと，以下のように論じている。

　　インド人知識層が本当だとわかってはいても，インド人は多すぎるのだよ，と言われたら喜ばない。……今，インドでバースコントロールの普及が決定的に重要であるということを考えれば，子どもは望まれて生まれてくるべきだということや女性や家族が希望しているといった面を強調し，目下のところ人口という側面には触れないでおいた方が良いだろう。……それは人口過多のほかの諸国も同じだ（Gamble to Sanger, November 12, 1952）。

以上のように，ギャンブルは，たとえ優生学的な発想から世界規模の「逆淘汰」を避けるためにバースコントロールを普及させる必要があると考えていたとしても，それを普及される側には知らせないようにする必要があると考えていた。そのため，あくまで母体保護や家族の健康を守るという目的を強調し，援助者として自らの名前を出す必要はないと言明していたのである。

実際，他国にバースコントロールをすすめることがその国の人口を減らすための計画であるということは，日本人の側も考えていた。とくに戦時下では，日本人の多くがバースコントロール運動をアメリカのプロパガンダ，すなわちアメリカが簡単に負かすことのできるように日本を弱体化させるための努力であると理解していた（Memo, "Conference on Problems of Public Health and Demography in Far East," September 14, 1948）。戦後になっても，このような考え方は残った。たとえば，バースコントロールの新薬であるプロゲステロン（開

発途上の避妊ピル)の臨床実験を日本で行おうとした際，日本側は，アメリカからの財政援助が必要だとはいえ，「深刻な誤解」を避けるために，アメリカ人の関与は隠し，日本人が完全な主導権を握らなければならないと強調していた（Koya to Sanger, July 8, 1954）。

ギャンブルにとっては，アメリカ本国における出生率の階級間・人種間格差が社会問題を引き起こしたように，第三世界の人口急増は世界規模での「逆淘汰」を招き，それを防ぐためにはバースコントロールが必要だった。アメリカでは，福祉費増大を根拠にバースコントロールへの支持をとりつけていたが，日本のおかげで，人口過多が戦争を引き起こす原因になるという有力な説がうまれた。この説は，アメリカでバースコントロールへの支持を集めるのに非常に効果的だった（Gamble to Sanger, November 12, 1952）。

## 第4節　シンプル・メソッドの普及

### (1)　食塩水を使った避妊法の開発

アメリカ国内ですすめた断種/不妊手術は，日本をはじめ第三世界で多くの女性たちに普及させるためには高価すぎた。また当時のバースコントロール運動家や婦人科医がすすめたペッサリーは，たしかに安全で効果的ではあるものの，医師による処置が必要だった。そこでギャンブルは，医師の処方を必要とせず，保健師やソーシャルワーカーが簡単に調剤することができ，その上，安価で多くの女性たちが利用できるシンプル・メソッドの開発に力を入れた。

すでにギャンブルは，ウェスト・ヴァージニア州のローガン郡で，戸別に避妊ゼリーを配布する大規模な実験を行い，医師がいなくても安価なシンプル・メソッドを用いることで貧困層の出生率が下がることを実証していた（Reed, 1979, p. 139）。こうした経験をふまえ，ギャンブルはシンプル・メソッドによるバースコントロールの研究に多くの関心と資金を注ぎ込んだ。

とくにギャンブルが強くすすめたのが食塩水を用いた避妊法の開発であった。それは，10％の食塩水に浸したスポンジ，飽和食塩水に綿球を浸したもの，食

塩と米粉ゼリーを混ぜたものなど、食塩水を使ったホームメイドの避妊具だ(ギャンブル、1955、186頁)。しかし、食塩にはたしかに精子の運動を急激に止める作用があることは知られてはいたが、安全性には疑いがあった。

実際、IPPFの医療諮問委員会の委員長で婦人科医のヘレナ・ライト(Helena Wright)は、食塩水を使う避妊法に強く反対していた。1952年のボンベイ会議において、ライトを見つけたギャンブルは、食塩が殺精子剤としての役割があることを認めさせようとしたが、ライトは、食塩は膣組織を乾燥させてしまうから避妊薬としてはあり得ないと単刀直入に答えている。ライトは、世界のすべての女性が最善の避妊法を利用する権利があると考えていた。そして1950年代において、女性が利用できる最善の避妊法はペッサリーだけだった。それにひきかえギャンブルは、最も安価で手軽な避妊法である食塩水の避妊具を浸透させようとしており、ライトに直接否定されたにもかかわらず、シンプル・メソッドの普及のために活動し続けたのである(Reed, 1983, pp. 296-98)。

安全性の疑われる安価な避妊法へのこだわりは、バースコントロールを普及すべき人々に対して、高価な避妊具の提供を惜しんだためといえる。アメリカのフィランソロピストの代表的な組織であるロックフェラー財団やフォード財団に比べると、ギャンブルの資産はほんのわずかなもので、多くの女性たちのために高価な避妊具や医師による処置費用を支払うほどの資金はもちあわせていなかった。

そのためギャンブルは、食塩水を使ったホームメイドの避妊具を熱心にすすめた。それは、バースコントロールを広め、より多くの人たちが手軽に利用できることを願ってのものと考えられる。しかし、ギャンブルが食塩水を使った避妊法を強力に提唱するようになったのは、第二次世界大戦後、国内での事業から離れ海外に乗り出した後である。アメリカ家族計画連盟(Planned Parenthood Federation of America：PPFA)の医長であったメアリ・カルドロン(Mary Calderone)は、アメリカでは食塩水を使った避妊法は膣の炎症を招くおそれがあるため認められないが、他国では有効かもしれないと考えていた(Calderone, Interview, August 7, 1974)。カルドロンは、アメリカ国内でのバースコン

## 第4章　誰のためのバースコントロールか

トロールにのみかかわったが，ギャンブルはそれをアジアで実践した。アメリカでは使えない避妊法でも海外なら広められるという考えは，それをすすめられる側にとってみれば十分に侮蔑的である。

しかも，食塩水を使った避妊法の効果はそれほど明らかではなかった。マーガレット・サンガー臨床研究所（Margaret Sanger Clinical Research Bureau）では，食塩ゼリーを用いた実験で，被験者はたったの3人だったにもかかわらず，ギャンブルは，あたかも食塩水による避妊法が十分に検証済みであるかのように触れまわっていた（Reed, 1984, 299）。さらに，ギャンブルは食塩水を医薬品に見えるように着色したり，食塩ゼリーの避妊効果は IPPF が承認しているとでっち上げたりした（Ferguson, Interview, June 3, 1974 ; Watumull to Gamble, 26 January, 1951）。

だがギャンブルにとっては，世界規模での「逆淘汰」を防ぐためにはバースコントロールが喫緊の課題であった。しかしペッサリーは，多くの貧困女性にすすめるには高すぎた（Gamble to Sanger, January 1, 1953）。そのため，安価で簡単に作ることのできる避妊薬が必要だった。そこで，日本をはじめインドやパキスタンで，あちこちのクリニックをまわって，ペッサリーとシンプル・メソッドの効果（妊娠率）を比較する実験に取り組んだのである（Gamble to Sanger, January 11, 1953）。

### (2)　古屋芳雄というパートナー

日本でも，食塩水を利用した避妊法の実験が行われた。前述のように，1950年に GHQ/SCAP がアメリカに派遣した公衆衛生視察団のメンバーは，ギャンブルと日本でのバースコントロールについて議論を交わしていた。その際，国立公衆衛生院の村松稔は，米糊と食塩ゼリーの避妊薬に強い関心を示し，日本での実験を請け負っていた（Gamble to Sanger, February 20, 1951）。

公衆衛生使節団は，開発が遅れたアメリカ南部諸州に日本の農村との類似点を見出し，そこでバースコントロールに関する様々なプログラムを視察してまわった。すでに見たように，アメリカ南部の中でもノース・カロライナ州は，

ギャンブルが断種／不妊キャンペーンを成功させた州だったし，ウェスト・ヴァージニア州では，ギャンブルのすすめるシンプル・メソッドが普及していた。

1950年，アメリカから帰国すると，国立公衆衛生院の古屋芳雄らは，3つのモデル村においてバースコントロールの効果を確かめる実験に着手した。これに対してギャンブルは，約束通り資金援助するようになった。このモデル村研究では，米作農村の神奈川県上府中村，畑作中心の山村である山梨県源村，そして漁村の神奈川県福浦村という3つのタイプの異なる村をモデル地区として，村の人々に対して避妊法の指導を行った。この避妊指導には，ギャンブルに説得されて古屋が導入した塩・スポンジ法が含まれていた。ギャンブルは，1951年末，10％塩化ナトリウム溶液に浸したスポンジの臨床効果を試したいとして，古屋に具体的な指示を与えている（Gamble to Koya, December 6, 1951）。

モデル村では，まず映画の上映等によってバースコントロールの意義や目的を説明した。この映画は，福浦村で撮影されたもので，ペッサリー，コンドーム，避妊ゼリー，塩・スポンジ法，リズム法など，様々な避妊法を扱っている（Gamble to Sanger, March 16, 1953）。こうした避妊法の中から，利用者の好みに応じて希望のものを供与し，どの程度の効果があるのかを測るというのがモデル村での調査だった。

ギャンブルは，古屋のモデル村研究を高く評価し，日本のバースコントロールの状況を代表するのは古屋の研究であると考えていた。たとえば，1952年に新しく発行される月刊誌『人口バースコントロールニュース』（*Population ── Birth Control News*）の創刊号に掲載される日本の情報は，このモデル村の研究を紹介した記事でなければ意味がないと考えた（Gamble to Koya, December 18, 1951）。

ギャンブルの古屋に対する評価は，研究だけにとどまらない。1951年末に古屋が，政府の外にバースコントロール普及のための組織を作ろうという計画を話すと，ギャンブルは経費の一部負担を申し出た（Gamble to Koya, December 6, 1951）。この申し出は，古屋を勇気づけた。古屋は，自分が調査研究のみを任されているのではなく，日本におけるバースコントロール運動を牽引する人

物として，ギャンブルから支持を得たと感じたからだった（Koya to Gamble, December 24, 1951）。

　ギャンブルにとって古屋は，自分と同じような考えをもつ日本のパートナーとなった。古屋は，戦中は厚生省にいてバースコントロール運動を制限する側の人間だったが，それは教育程度の高い上層階級の人々だけがバースコントロールを実行することで「逆淘汰」が起こることを恐れたからだった。戦後になって，バースコントロールを一般的に浸透させるよう政府に働きかけるなど，古屋がバースコントロールをめぐる態度を一転させたのは，やはり「逆淘汰」を防ぐためだった。古屋にとって，バースコントロールをすすめるべき対象は，ギャンブルと同様，教育程度の低い貧困層の人々であった。

　ギャンブルは，モデル村研究の調査経過をみて援助額を増やし，1950〜57年の7年間で総額2万3500ドルの援助をした（Reed, 1984, p. 295）。モデル村での実験の結果，4年目には，日本全体の平均出生率21.5（1000人比）に対し，モデル村の平均出生率は13.7となった。避妊法については，最も利用率の高いのはコンドーム（48.1％）で，その理由は効果に対する安全感が強いことである。指導が広まると増えるのはペッサリーで（0％から11.3％に増加），塩・スポンジ法については22％の人が試してはみたもののすぐに使わなくなり，多くはペッサリーの使用に転じたという（古屋，1955, 159-61頁；Reed, 1984, p. 295）。ここから，ギャンブルが強く推奨した塩・スポンジ法は，アメリカ国内だけでなく日本においても，利用者から好まれないことがあきらかとなった。

## 第5節　誰のためのバースコントロールなのか

　日本政府は，1950年代半ばを境にして，「人口抑制」の手段としてバースコントロールを推進し，出生率をコントロールすることに成功した。しかし，バースコントロールが広範な支持を得るにいたるまでには，非常に長い時間と多くの労力を要した。その原因には，バースコントロール運動を進めてきた組織における内部対立や主導権争いもあったが，とりわけ，何のためにバースコン

トロールをすすめるのかという点での路線対立が大きかった。1920年代以降の日本では，労働者解放運動や階級闘争の手段とする動きがある一方で，バースコントロールは労働運動には位置づけられないとする立場もあった。また，バースコントロールをすすめるのは，あくまで階級闘争を成功させるためであって，個人の生活充実のためであってはならないとする意見もあった。一方，無産運動の中にも「産む権利，産まない権利の完全なる行使」を女性たちに与えることを主張した女性たちがいた。さらに，階級闘争のイデオロギーからはなれ，「母性保護」や「自主的母性」，「優生学的立場」といった側面を強調する人々もいた。こうした対立は1930年代半ばになっても解消されず，その後は「産めよ殖やせよ」の政策をとる日本政府によって，運動そのものが制限された（荻野，2008，33-57頁）。

戦後になっても，戦前からの路線対立に加え，バースコントロールの目標が国家による人口政策なのか，あるいは母体保護のためなのかといった点で対立は継続した。しかし，女性が自らの身体をコントロールできるようになることを望んだという意味で，フェミニスト的な目標をかかげた女性たちの存在をよそに，日本のバースコントロール運動は，政府が主導する人口政策の一環として収束した。日本政府が人口をコントロールするためにバースコントロールを推進するようになった背景には，IPPF会議の東京開催という国際的な後ろ盾を得たことが大きい。

しかし，IPPF会議の立役者であるギャンブルを通して日本のバースコントロール運動を見てみると，もう一つの流れが見えてくる。それは結局，アメリカ白人エリート層のような「適者」が安心して暮らせるように，世界規模での「逆淘汰」を防ぐためのバースコントロール推進という側面である。そのためにギャンブルは，貧しく教育程度の低い家族が子どもを「軽率に」産まないように，手軽で安価なシンプル・メソッドをすすめた。そしてそれを普及させるための研究調査や事業に資金援助しつつ，誰にバースコントロールをすすめるべきなのかを明確にしていた。古屋は，その点で同じような考えをもつパートナーだった。ギャンブルが日本ですすめたバースコントロール運動は，教育程

度の低い貧困層の家族を減らすという点において，アメリカで支持をあつめた優生学的な「家族像」の日本への輸出と言えよう。

　その後ギャンブルは，1957年にギャンブル一族の経営によるパスファインダー基金（Pathfinder Fund）を設立し，発展途上国への開発援助と一体化した形でバースコントロールの推進に邁進していく。「パスファインダー」という名のごとく，ギャンブルの目的は，バースコントロールの必要な地を見つけだし，普及の糸口をつくることだった。その対象国は，プエルトリコ，メキシコ，ブラジルなどの中南米諸国，インド，パキスタン，フィリピンなどのアジア諸国，ガーナ，ナイジェリア，ウガンダなどのアフリカ諸国と幅広い。こうしたギャンブルによる第三世界における人口抑制をすすめる活動において，日本は最初の「優等生」と言える。

　　［付記］　本章は，日本学術振興会科学技術研究費（若手研究B）の助成による研究成果の一部である。

**注**
(1) バースコントロール（Birth Control）という表現は，マーガレット・サンガー（Margaret Sanger）が1914年に創刊した『女性反逆者（*Woman Rebel*）』のなかで，初めて使ったと言われている。バースコントロールは，意図的に妊娠を避けて出産を減らすこと全般を指し，その手段としては，道具（避妊具）や薬品（避妊薬）を用いる方法や，不妊手術などがある。本章では，便宜上，これらを使い分けずに広い意味で生殖をコントロールする方法を指して「バースコントロール」とする。ただし，固有名詞や引用文においてはこの限りではない。
(2) 本章においては，現在では差別的とされるような表現も，歴史的な用法として，「　」内に入れた上でそのまま使用する場合がある。

**参考文献**
有賀夏紀（1988）『アメリカ・フェミニズムの社会史』勁草書房。
太田典礼（1976）『日本産児調節百年史』出版科学総合研究所。
荻野美穂（2003）「反転した国策——家族計画運動の展開と帰結」『思想』第955号，175-195頁。
荻野美穂（2005）「家族計画援助と白人性——強制された近代家族」藤川隆男編『白人とは何か？——ホワイトネス・スタディーズ入門』刀水書房，2005年，221-226

頁。

荻野美穂（2008）『「家族計画」への道——近代日本の生殖をめぐる政治』岩波書店。

ギャンブル，クラレンス・J.（1955）「インド及びパキスタンにおける避妊法採用期間中の妊娠率」『人口過剰と家族計画——第5回国際家族計画会議録議事録』（採録，*International Medical Abstracts and Reviews,* June, 1955, pp. 186-187）。

第5回国際家族計画会議事務局編（1955）『人口過剰と家族計画——第5回国際家族計画会議録議事録』。

田間泰子（2006）『「近代家族」とボディ・ポリティクス』世界思想社。

豊田真穂（2009）「アメリカ占領下の日本における人口問題とバースコントロール——マーガレット・サンガーの来日禁止をめぐって」『関西大学人権問題研究室紀要』第57号，1-34頁。

豊田真穂（2010）「戦後日本のバースコントロール運動とクラレンス・ギャンブル——第5回国際家族計画会議の開催を中心に」『ジェンダー史学』第6号，55-70頁。

ノーグレン，ティアナ／岩本美砂子監訳，塚原久美・日比野由利・猪瀬優理訳（2008）『中絶と避妊の政治学——戦後日本のリプロダクション政策』青木書店（Norgren, Tiana（2001）*Abortion Before Birth Control : The Politics of Reproduction in Postwar Japan,* Princeton: Princeton University Press）。

藤目ゆき（2005）『性の歴史学——公娼制度・堕胎罪体制から売春防止法・優生保護法体制へ』不二出版。

古屋芳雄（1955）「日本農村の家族計画指導5カ年の成績」第5回国際家族計画会議事務局編『人口過剰と家族計画——第5回国際家族計画会議録議事録』159-161頁。

古屋芳雄（1957）「農村，炭坑及び生活保護世帯の家族計画に関する研究」『国立公衆衛生院研究報告』第6巻第3号，1957年7月，74-86頁。

Gamble, Clarence（1952）"Population Control by Permanent Contraception," *Annals of the New York Academy of Sciences,* 54: pp. 776-777.

Gamble, Clarence（1954）"Human Sterilization and Public Understanding," *Japan Planned Parenthood Quarterly,* 5: pp. 7-8.

Gordon, Linda（2007）*The Moral Property of Women : A History of Birth Control Politics in America,* 3rd ed., Urbana: University of Illinois Press.

Larson, Edward J.（1995）*Sex, Race, and Science : Eugenics in the Deep South,* Baltimore: Johns Hopkins University Press.

"Pathfinder International."（http://www.pathfind.org/ 2008.10.20）

Population Reference Bureau（1954）"College Study Report," *Population Bulletin,* 10: pp. 41-56.

Population Reference Bureau（1955）"College Study Report," *Population Bulletin,* 11: pp. 45-63.

Reed, James（1979）"A Birth Control Entrepreneur," *Family Planning Perspec-*

*tives*, 11(2): pp. 138-139.
Reed, James (1984) *The Birth Control Movement and American Society : From Private Vice to Public Virtue*, Princeton: Princeton University Press.
Schoen, Johanna (2005) *Choice & Coercion : Birth Control, Sterilization, and Abortion in Public Health and Welfare*, Chapel Hill: The University of North Carolina Press.
Williams, Doone and Greer (1978) *Every Child a Wanted Child : Clarence James Gamble, M. D., and His Work in the Birth Control Movement*, Boston: Harvard University Press.

## 一次資料

Calderone, Mary Steichen, Interview, August 7, 1974, Family Planning Oral History Project. OH-1; T-25; M-138; A1-3. Schlesinger Library, Radcliffe Institute, Harvard University 所蔵（以下，FPOH と略）。
"Correspondence and Related Materials pertaining to Countries," Boxes 58-127, Clarence James Gamble Papers, The Center for History of Medicine, Countway Library of Medicine, Harvard Medical School 所蔵（以下，CJGP と略）。
Ferguson, Frances Hand, Interview, June 3, 1974, FPOH.
Gamble, Clarence, to Warren S. Thompson, June 17, 1949, Box 94, Folder 1530.
Gamble, Clarence, to Christopher Tietze, June 1949, Box 94, Folder 1530, CJGP.
Gamble, Clarence, to Shidue Kato, September 26, 1949, Reel S31, The Margaret Sanger Papers: Documents from the Sophia Smith Collection, Smith College (series 2), Microfilm. 関西大学図書館所蔵（以下，MSP と略）。
Gamble, Clarence, to Shizue Kato, February 14, 1950. Reel S31, MSP.
Gamble, Clarence, to Shizue Kato, March 3, 1950, Reel S30, MSP.
Gamble, Clarence, to Frank McCoy, May 24, 1950, Box 94, Folder 1532, CJGP.
Gamble, Clarence, to Crawford F. Sams, June 22, 1950, Box 94, Folder 1532, CJGP.
Gamble, Clarence, to Juitsu Kitaoka, June 23, 1950, Box 94, Folder 1532, CJGP.
Gamble, Clarence, to Margaret Sanger, February 20, 1951, Box 196, Folder 3097, CJGP.
Gamble, Clarence, to Yoshio Koya, December 6, 1951, Box 94, Folder 1535, CJGP.
Gamble, Clarence, to Yoshio Koya, December 18, 1951, Box 94, Folder 1535, CJGP.
Gamble, Clarence, to Family, November 6, 1952, Box 25, Folder 492, Sarah Merry Bradley Gamble Papers, Schlesinger Library, Radcliffe Institute, Harvard University 所蔵。

Gamble, Clarence, to Margaret Sanger, November 12, 1952, Reel S40, MSP.
Gamble, Clarence, to Margaret Sanger, January 1, 1953, Reel S40, MSP.
Gamble, Clarence, to Margaret Sanger, January 11, 1953, Reel S40, MSP.
Gamble, Clarence, to Margaret Sanger, March 16, 1953 Reel S41, MSP.
Johnson, Harry. to Crawford F. Sams, "Birth Control," May 22, 1950, PHW 02609-12 Box 9344 Folder 5, GHQ/SCAP Records, Microfiche. 国立国会図書館憲政資料室所蔵（以下，GHQ/SCAP Records と略）。
Koya, Yoshio, to Margaret Sanger, July 8, 1954, Reel S44, MSP.
Koya, Yoshio, to Clarence Gamble, December 24, 1951, Box 94, Folder 1535, CJGP.
Memo, "Conference on Problems of Public Health and Demography in Far East," September 14, 1948, CIE01750-51, Box. 5247, Folder 28, GHQ/SCAP Records.
Mudd, Emily Hartshorne, Interview, May 21-23, 1974, FPOH.
Thompson, Warren S., to Gamble, July 14, 1949, Box 94, Folder 1530, CJGP.
Watumull, Ellen, to Clarence Gamble, 26 January, 1951, Box 196, Folder 3097, CJGP.

第 2 部

「第 2 の近代」と新たなジェンダー秩序の模索

# 第5章

# 女性たちのベーシック・インカム
―― 福祉権フェミニズムの歴史と現在 ――

山森　亮

「家事労働に賃金を」，1970年前後のイタリアで唱えられたこの言葉は，家事を労働と認知させていくことの端緒となり，様々なフェミニズム運動の主張の一環としてあったことは，一部ではよく知られている。他方でまた，この主張は，すべての人に所得を保証するベーシック・インカム（以下BI）の主張につながっていった。実は1960年代から1970年代にかけては，イタリアだけではなく，あちこちでBIが要求されていたのだ。

ではそれは実際にどのような運動だったのか，アメリカ，イタリア，イギリスでの経過をざっと見てみよう（第1節）。次に運動の中から，どのような理論が紡ぎだされたのか（第2節）を整理しよう。最後に，そうした運動の現在について簡単に整理しておきたい（第3節）。本章で触れたような女性たちの運動が，現代のフェミニズム理論に投げかける問いについて触れる（第4節）。

## 第1節　運動：女性たちのベーシック・インカム要求

### (1) アメリカの福祉権運動

1966年6月，「まともな福祉」を求めて，オハイオ州を10日間かけて歩いた35人の人たち（そのほとんどが女性と子ども）は，「乞食（bums）」と罵られ，「働け，働け，働け」というシュプレヒコールで迎えられたという（Nadasen, 2005, p. 1）[1]。一方では数百人の仲間が35人を暖かく出迎えた。福祉権運動と呼ばれる運動は1960年代後半に大きな広がりを見せる。各地で当時の公的扶助制度であるAFDC (Aid to Families with Dependent Children) の受給者を中心としながら，ソーシャルワーカーの恣意的な審査，嫌がらせなどに抗議すると同時に，

よりまともな制度を求めた。オハイオの行進と同じ1966年には、全国福祉権団体（The National Welfare Right Organization：以下NWRO）と呼ばれる全国組織も誕生する。この運動の雰囲気をよく伝えているように思われる文章を以下に抄訳しよう。

　私は女。黒人の女。貧しい女。太った女。中年の女。そして福祉で生活している。
　この国では、これらのどれかにあなたが当てはまるなら、人間以下にしか数えられない。もしすべてに当てはまるなら、あなたはまったく数えられない。統計を除いては。
　私は統計。
　私は45歳。6人の子どもたちを育ててきた。
　……
　福祉は交通事故のようなもの。誰にでも起こる。でもとくに女性に。
　……
　AFDCとはまるで超性差別主義者との結婚。あなたは一人の男（a man）の代わりに、〈男〉（the man）を手にする。彼があなたにひどい仕打ちをしても、あなたからは離婚できない。彼からは離婚できる。もちろん。いつでも彼がしたい時に。でもその場合、彼が子どもを得ることになる。あなたではなく。
　〈男〉はすべてを支配する。普通の結婚では、セックスはあなたの夫のためのもの。AFDCではあなたは誰ともセックスしてはいけない。あなた自身の体をコントロールすることをあきらめなきゃ駄目。それが援助の条件。福祉から外されないようにするためだけに、不妊手術にすら同意しなくちゃいけないこともある。
　〈男〉、福祉の仕組みは、あなたのお金をコントロールする。何を買うべきか、何を買ってはいけないか、どこで買うか、そしていくらするか、すべて彼があなたに言う。もしたとえば家賃が、実際には彼が言うより高かったら、

第5章　女性たちのベーシック・インカム

だだもうどうしようもない。
　……

　福祉にも良いことが一つある。それはあなたについて，そしてこの社会についての幻想を打ち砕く。……あなたは闘うことを学ばなくてはならない。……もし福祉受給者として生き延びられるなら，あなたはどんな苦境も生き延びることができる。それはあなたにある種の自由，すなわちあなた自身の力と，他の女性たちと一緒にいるという感覚を与える。
　……

　他の福祉受給者たちと一緒に，運動をしてきた。だから私たちは声を挙げることができる。私たちの団体はNWROと呼ばれている。私たち自身の福祉プランとしてともに掲げているのは，適切な保証所得（Guaranteed Adequate Income: GAI）。GAIなら福祉から性差別を取り除くことができる。
　そこでは，男，女，子ども，独身，既婚，子持ち，子ども無し，なんていう「分類」はない。ただ援助を必要とする貧しい人々がいるだけ。必要と家族規模だけに応じて支払われる。……
　もし私が大統領だったら，……女性に生存賃金（a living wage）を支払い始める。私たちがすでにしている仕事──子育てと家事──への報酬として（Tilmon, 1972）。

　これはフェミニズムの雑誌 *Ms. Magazine* の1972年春の創刊準備号（preview issue）に，同年NWROのExecutive Directorに選ばれたジョニー・ティルモン（Johnnie Tilmon）が寄せたものである。AFDCの受給者の多くも，またNWROに結集した人たちの多くも黒人の女性たちであった。文中GAIとして言及されているのはBIに他ならない。そしてまたそれは彼女たちがすでに行っている労働へのまっとうな支払い──生存賃金──でもあった。彼女たちの多くはひとり親として子どもを育てていた。注目すべきは，だからといって「子育てや家事を条件として支給せよ」とは要求していないことである。逆にそうした審査，ソーシャルワーカーの介入を断固として拒否しているのである。

NWROに結集したような各地の福祉権団体は，すでに福祉を受給している人たちへの恣意的で不当な嫌がらせなどに抗議するだけではなく，適格であるにもかかわらずこれまで受給申請をしていなかった人々を申請へと誘った。実際には多くの人々が貧困に喘いでいるにもかかわらず，福祉制度は少数の人々しか対象者として想定していない，という制度の矛盾に行政当局を向き合わせ，また人々の注意を喚起することとなった。そこから先に，どのような対案を構想するかについては，様々な意見があったようだが，1969年頃までに，ティルモンの文章にあるようなBI的な方向性が優勢になったと言われている。

アメリカでは1970年前後，負の所得税やBIなどの従来とは異なる福祉制度の導入に向けた議論が経済学者，政治家，官僚などの間で左右を問わず議論されていた。このことはワークフェアの起原などをめぐる最近の研究の中で，日本でも再発見され始めている。しかしながら，その背景に今紹介したような草の根の動きがあったことについてはあまり知られていないように思われる。公民権運動で有名なキング牧師も，彼の最後の著作で以下のようにBIを支持していたが，充分周知されていない。[2]

　　私がここで考察したいと思う一般的な計画が，一つだけある。なぜならそれ［保証所得］は，この国家のなかでの，貧困の全廃を取扱い，それは必然的に，国際的な規模での貧困についての，私の最終的な議論を導き出すことになるからである。
　　……
　　私はいま，最も単純な方法が，最も効果をあげるようになるだろうと確信している――貧困の解決は，いま広く議論されている方法，すなわち保証所得という方法で，直接それを廃止することである，と。
　　……
　その保証所得が，たえず進歩的な法案という形で生かされてくるのを確実にしようと思ったら，次の二つの条件を欠くことはできない。
　第一に，その所得は最低の水準にではなくて，社会の中間の水準にあわせ

て定めなくてはならない。……第二に，保証所得は……社会の総収入が増大したら，自動的に増加するものでなければならない。……

　この提案は，いま普通に使われている意味での「公民権」計画ではない。その［保証所得の］計画によれば，全貧困者の三分の二を占めている白人にも，利益を及ぼすのだ。私が黒人と白人の両方が，この変化を遂行するために連合を結んで行動するように希望する。なぜならば，実際問題として，われわれが予期しなければならない猛烈な反対にうち勝つためには，この両方の結合した力が必要になるからである（キング, 1999, 172-176頁：ただし訳文一部変更）。

　そして実際，人種を横断した「貧者の行進」をワシントンで決行しようとしていた（King, 1967, 邦訳viii頁）。BI要求を旗印に，黒人と他のエスニック・マイノリティ，そして白人貧困層とが手をつなぐことこそ体制の恐れるところだったということなのか，1968年4月，行進の準備中にキング牧師は凶弾に斃され，2ヵ月後遺志を継ぐ者たちの呼びかけに応えた10万人のワシントンへの結集は，非常事態宣言によって鎮圧されることとなる。

（2）イタリアの「フェミニストの闘い」とアウトノミア運動
　こうしたアメリカの動きを注視していた人物の一人に，イタリアのフェミニスト，マリアローザ・ダラ・コスタ（Mariarosa Dalla Costa）がいた。彼女がこれらの動向をどのように理論づけようとしていたかは次節で見ることにして，ここでは，彼女たち自身の運動「フェミニストの闘い（Lotta Femminista）」やアウトノミアと呼ばれる運動がイタリアでどのような要求を出していたかをまずは追ってみよう。
　イタリアの1969年は「熱い秋」として記憶されている。550万人の労働者がこの年ストライキをし，1万3000人が逮捕され，3万5000人が解雇された[3]。この年のストライキによる損失労働時間は，1968年フランスのゼネスト，1926年イギリスのゼネストに次いで史上3番目の大きさと言われている。きっかけは，

1968年春の年金問題についてのデモであった。この後数年，1969年の秋（秋はイタリアでは賃金をめぐる労使交渉の時期）を大きなピークとして，工場・街頭で様々な闘争が行われる。中でも有名なのがトリノのフィアット自動車工場の占拠である。多くの労働者は南部からの移住者であり，彼らの運動に，学生や市民が工場の外から参加した。フィアットのトリノのみならず，ミラノで，ベネツィア近郊の工業地帯で，デモ，ストライキ，減産，怠業，占拠など，様々な形態をとる闘争が，既存の組合に頼らず，民主的な開かれた場での議論の結果として生み出された。こうしたゲリラ的な戦術を象徴するのが，「工場は我々のヴェトナムである」という当時のスローガンである。直接的な要求は，賃上げのような従来からの要求の場合でも，平等な賃上げ，出来高賃金への反対，経営側による恣意的なボーナス給付の拒否など，その平等主義的傾向が以前とは異なり，また経営側の経営権の拒否など，次々とこれまで労働運動があまり要求してこなかったラディカルな要求を突きつけるようになる。工場内の労使関係にとどまらない，様々なことが議論される。たとえば，ミラノのシット・ジーメンス（Sit Siemens，イタリアで大手の電信会社）で働く女性たちは，彼女たちが1969年4月に作成したリーフレットで以下のような声を挙げている。

　　工場での8時間の労働の後に，女性たちは家で働く。夫や子どものための洗濯，アイロンがけ，針仕事。だから彼女たちは，主婦や母としてさらに搾取されている。本当の仕事と認知されることのないまま。

ここでストライキが起こった時，事務職の90％が参加し，賃労働の廃絶を掲げることとなる。工場の門には「ここで自由が終わる」と書かれたという。
　イタリアの「熱い秋」をパリの五月革命や他の蜂起と区別するのは，運動の大衆的規模での持続性である。このため「持続する五月（maggio strisciante）」と呼ばれたりもする。工場での運動は比較的早期に弾圧され「正常化」されていくが，工場の外に広がった運動は1970年代後半まで続く。インフレに対抗して大衆的に行われたのが，自己値引き（autoriduzione）運動である。たとえば

## 第5章　女性たちのベーシック・インカム

トリノとピエモンテでは，15万世帯が，電気代を自分たちで値引きして支払った。この運動が工場の中での運動戦術の一つ，減産闘争（autoriduzione）と同じ名前で呼ばれたことは，興味深い。イタリア南部からの北部への移民労働者たちの空家占拠も行われた。占拠運動はしばしば女性たちによって担われたという。工場の外での運動は，1977年にもう一つのピークを迎えるが，アウトノミア運動の簡潔な全体像は，小倉（1985）などに譲ることにして，ここではBIに直接つながる要求として，以下の二つを紹介しよう。

まずは「熱い秋」に先行した学生たちの動きから見てみよう。1967年2月にピサで大学学長たちの会合が開かれたが，これに抗議する学生たちが集まり，そこで以下のような「ピサ・テーゼ」が出される。すなわち，資本主義は先進技術にもとづく生産を必要としており，高等教育を受けた学生は，そうした生産を担う，未来の労働者である。したがってもはや学生は特権的なエリートではなく，労働者階級の一員である。したがって要求すべきは「学生賃金」であると。

パドアの「女の闘い（Lotta Femminile）」（後に「フェミニストの闘い（*Lotta Feminista*）」として知られることになる）は，「家事労働に賃金を」という要求を始める。彼女たちが1971年7月に出した『地域における主婦の闘いのための綱領的宣言』を見てみよう。

　　家事労働は資本主義社会内部に未だ存在する唯一の奴隷労働である。
　　……
　　いわゆる「家庭内」労働が女性に「自然に」帰属する属性であるという考え方を私たち女性は拒否する。それゆえ主婦への賃金の支払いのような目標を拒否する。反対に，はっきりと言おう。家の掃除，洗濯，アイロンがけ，裁縫，料理，子どもの世話，年寄りと病人の介護，これら女性によって今まで行われてきたすべての労働は，他と同様の労働であると。これらは男性によっても女性によっても等しく担われうるし，家庭というゲットーに結び付けられる必然性はない。

私達はまた，これらの問題（子ども，年寄り，病人）のいくつかを，国家によるゲットーを作ることで解決しようとする資本主義的あるいは改良主義的試みも拒否する。
　……
私達の闘いの当面の目標は以下の通りである。
(a) 家々の*掃除*すべては，やりたいと思う男女によって担われるべきである。そしてそれは地方自治体あるいは国によって支払われなくてはならない。
　……
(b) 男女とも洗濯とアイロンがけのできる，完全無料のランドリー・サービスつきの社会センターを，すべての地域に作ること。
(c) そこで働く男女が（国ないし自治体から）支払われ，食べたい人だれもが無料で食べることができる地域食堂を作ること。
　……
　女性の明確な目標を具体的に挙げたあとで，主婦としてまた賃労働者として私達は，労働者階級とプロレタリアート全体の以下の事柄を求める闘いの一翼を担う。
(a) 生産性や労働時間とは切り離された，保証賃金
　　……（Movimento di Lotta Femminile, Padova (1971)，イタリックは原文，傍点は著者による）。

　ここで，保証賃金と呼ばれているものは BI に他ならない。職場での「労働の拒否」の結果としての保証賃金要求は，家庭・地域での「不払い再生産労働の拒否」の結果としての家事労働への賃金要求と結びついている。該当箇所に傍点をふったように，彼女達は当初から「主婦業への支払い」ではないことを強調していた。しかし残念ながらこの点は誤解されることが多かった[4]。女性をかえって家事に縛り付けることとなるというフェミニズム内部での論争に多くの労力を割くことになる。また労働者階級に分断をもち込む利敵行為だ，という男性中心の運動からの誹謗もあった。こうした中で，再生産にかかる費用は

支払われるか、無料であるべきだ、というBIと連なる要求や、ケアにかかわる労働や、ケアの受け手の生活が家庭や施設（国家によるゲットー）に閉じ込められるべきではなく、地域に開かれて行くべきだという主張は、(綱領に誤解の余地なく書かれているのだけれども残念ながら) 広く理解されたとは言いがたい。しかし少なくとも、今まで労働と認知されていなかった家事労働を労働として認知させていく大きなきっかけに、彼女たちの主張がなったことだけは間違いない。

こうして工場の中と外との運動が、連動していく中で、「政治賃金」あるいは「社会賃金」と呼ばれる要求がでてくる。当初その意味は職場での平等な賃金しか意味しない場合もあっただろうが、工場内外の運動の連鎖の中で、私たちが今日BIとして知っているものとなっていく。たとえばアウトノミアと呼ばれる運動は「労働の拒否」を唱えつつ、社会そのものが工場と化しているとして賃労働に関係なく、「社会賃金」を支払うべきだと理論化していくことになる。

### （3） イギリスの要求者組合運動

要求者組合 (claimants union) は1968年から翌年にかけて、バーミンガムで最初に形成されたといわれている[5]。ここで「要求者 (claimants)」とは、様々な社会政策、福祉サービスの受給者、請求者である。老齢年金受給者、障害者、病者、公的扶助受給者、一人親、失業者などである。のちに学生が加わる。これらの人たちは、それまで共通の利害をもつとは見なされていなかったが、国家の社会政策、福祉サービスをめぐって、同様の要求をもっているという点で結びつこうとしたのが、要求者組合であった。

そしてそのような「要求者」という集合概念が自明であったのではなくて、彼（女）らがそれを作り出そうとしていたことは、当時の出版物などから読みとることができる。たとえば一老齢年金受給者向けのパンフレット[6]の冒頭には、「あなた」(がた) や「彼（女）ら」ではなく、「われわれ」という言葉を使うことについて注意書きがあり、その「われわれ」とは老齢年金受給者のみではな

く，上述したような様々な集団からなる「要求者」であることが記されている。そして「われわれ」という用語法が，当局という共通の敵に直面する，すべての要求者の連帯と団結の精神を伝えることを強調している。

　そのパンフレットは性別役割分業における女性の不払い労働の問題などをとりあげながら，賃金労働と結びついた労働倫理を問題化する。この倫理は当局や社会によって押しつけられるだけでなく，当事者によっても内面化されている。そして社会保障当局の官僚的態度や，慈善団体やボランティアなどの「貧困産業」をも批判し，「要求者憲章」として，以下の四つの要求を掲げる。

①すべての人に，ミーンズテストなしでの適切な所得への権利。
②すべての必需品が無料で提供され，人々によって直接的に管理される，社会主義社会。
③かくしごとの廃止と完全な情報への権利。
④いわゆる「救済に値する者」と「値しない者」の区別の廃止。

　このうちの最初の要求がBIであることは言うまでもない。そしてこれはそのパンフレットの呼びかけの対象である老齢年金受給者の要求として掲げられる13項目の中でも第1のものとして挙げられている。すなわち「権利として個人に適切な所得を保障する，自由な福祉社会」[7]である。自由な福祉社会，社会主義社会が目指されるべき社会として提示されるが，その前提として現状の福祉国家は「不自由」なものとして，そしてその目的は「国家による管理」に他ならないと把握されている。

　さてそれではこのような要求を掲げる要求者組合はいったいどのようなものだったのだろうか。まず当事者のあいだでの議論を重視していたようである。彼（女）たちは当局によって自らの表明する必要を否定されてきていたからである。すべての要求者が参加する会議を毎週もち，そこでは専門家による「ケースワーク」が存在しないことが強調されている。そして従来の運動が「雇用」を目標にしていたのに対して，「要求者」として尊厳のある生活をしてい

## 第5章 女性たちのベーシック・インカム

くことが対置される。そのような要求者組合は自然発生的に各地にでき，最盛期では120くらいあったと言われている。それらは「要求者組合全国連（the national federation of claimants union)」という全国組織を構成していた。しかしそれは単なるネットワークで，年4回の大会をもつものの，各組合の自律性を阻害するものではないとされていた。彼（女）らが批判する，当局や既存の運動団体の相似形となってしまうことを拒否したのである[8]。

1972年頃の組合文書にBIについての記述を見つけることができるが，残念ながらこの運動のどの時点で，どのように最初にBIについて語られたかについての正確なところは明らかではない。そのかわりにとある要求者組合におけるエピソードを紹介したい。ここで取り上げるのは，ニュートン・アボット（Newton Abbot）というイギリス南西部の町で1971年頃結成され，1975年くらいに自然消滅した組合である。この組合はいくつかの点で典型的な要求者組合とは異なるようである。まず，当時の多くの組合が中産階級出身者をそれなりに含んでいたのに対して，この町には大学がないということもあって，そういった階層の当事者をほとんど含んでいなかったという点である。また最盛期には400人を超えたという規模の大きさの点である。家庭菜園などを運営し，賃金労働を批判するだけではなく，別の仕事の形を模索した点などである[9]。

さて運動の初期のとある日，週次ミーティングで，「すべてのひとにミーンズテストなしでの所得を」という他の要求者組合の主張について議論することとなった。この主張について事前に話し合った中心的活動家の数人のメンバーは，当初懐疑的であったが，話し合いの末，これは自分たちの運動に必要な主張だと考えるようになったという。それでもこの主張がメンバーに受け入れられるかどうかについては，確固たる見通しがあったわけではないという。ところが実際のミーティングでは，即座に共感をもって支持されたというのである[10]。なぜ支持したのかについて当時のメンバーに数年前にインタビューをしたところ，病者であったり障害者であったり，失業者であるというだけで（雇用にアクセスできないというだけで），人間としての生活を奪われることは許されないという強い信念を繰り返し語っていた[11]。

要求者組合が基本所得構想を唱えることができた一番の理由は，なんと言っても「労働」からの排除という共通点を構成員がもち，しかも「労働」に従事することのできる可能性についてはバラバラであったことが上げられよう。そのため一方では従来の労働組合の反失業運動のように雇用への復帰を目標とするのではなく，また他方で社会政策の個別の領域での給付（の改善）を最終的目標とするのではなく，「普遍的な」基本所得を要求することとなったと言いうるだろう。[12] 彼らにとって社会的な分断線は資本家と労働者のあいだ（のみ）にあるのでなく，資本家・労働者と要求者のあいだに（も）あるのである。労働者が資本家にならなくてはいけないわけではないように（「ならなくてはいけない」という言説が幅を利かせつつあるけれども），要求者が労働者にならなくてはいけない訳でもない。

　もちろんそのような共通利害が，言いかえるなら「要求者」としての集合性が必ずしも安定的なものではなかったことは，運動のその後を見れば明らかである。ニュートン・アボットの組合は，1975年頃，比較的若い短期的失業者たちが雇用に復帰していくことによって，組合の活動的な構成員の多くを失い，自然消滅へと向かう。比較的若い短期失業者たちが雇用に復帰していく中で，もともと組合活動に中心的な位置を占めていたシングルマザーの女性たちの役割が，1970年代後半にはさらに大きくなっていったようである。全国連に結集する要求者組合の数は十指に満たなかった結成時から，1972年には90前後となり，1970年代はほぼ同水準で推移した。BIの要求は1987年まで維持されていたが，1980年代に入って，組合の数は減っていったようである。また当時のいくつかの組合は地域における福祉権擁護団体へと変貌を遂げて今でも活動している。

## 第2節　理論：ダラ・コスタのアメリカ福祉権運動のユニークな解釈と「労働の二重の拒否」

　今日はここまで，運動の中でBI要求が出現したことを，アメリカ，イタリ

ア，イギリスの事例で追ってきた。この中でやはりイタリアの事例が一番有名だろう。その理由の一つとして，1970年代に入って運動は持続するものの，イタリア以外では規模の面では小さくなっていったのに対して，イタリアでは比較的長期にわたって，体制の側から「もう一つの社会」と呼ばれるほどの規模で様々な取り組みが続いたことが挙げられるだろう。そうした物質的基盤の上に，狭義の運動と，より広範な人々の生活上の変化とを結ぶ，一貫した抵抗の論理を発見しようとする理論家たちの作業があった。

　先述のダラ・コスタは，自ら家事労働への賃金要求やBI要求を含む，フェミニストの運動に関与すると同時に，アメリカの福祉権運動にも注目していた。イタリアにおけるその紹介が，運動の担い手が女性であることを見落としていることを指摘すると同時に，福祉権運動以前の「闘い」にも着目する。すなわち，第2次世界大戦後一貫して増大していく，家事代替的な市場サービスや社会サービスの展開，市場サービスの購入が標準化されればその結果生計費は増大し，それが福祉給付額をも押し上げる。また社会サービスの展開は当然のことながら財政支出を増大させる。こうした動向を，女性の「家事労働の拒否」という闘いの結果と位置づけるのである。福祉権運動におけるBI要求は，一方で行ってきた家事労働への支払い要求であると同時に，家事労働を拒否することによって標準化しつつある家事代替サービスの購入のための必要経費でもあるというのだ。このことは後述するように「社会賃金」としてのBIが生産への支払いであると同時に，賃労働の拒否でもあるという論理に対応している。つまり賃労働の拒否と家事労働の拒否という，労働の二重の拒否の帰結として，BIがある。

　またダラ・コスタは自分たちの運動の「家事労働へ賃金を」というスローガンに対して，それを性別役割分業の肯定であるとか，女性の家庭外での労働を軽視しているという批判を退ける。

　　家事労働への賃金要求闘争は，女たちに共通しているこの第1の労働に対して，コストを支払わせる運動であるかのように装いながら，また，各々の

労働はすべて賃金労働であるのだと主張しているように装いつつ，実際には，女たちが，家庭外労働の諸条件（もし，私が，家事労働で15万リラもらっていれば，7万リラで秘書として身売りする必要はないのだ）を，そしてまた，サービスの諸条件（もし，家庭内で展開されているのが，労働の名に値するなら，私は，あらゆる労働者たちと同様，この二次的な労働との引き換えということではなく，現在行っている労働の時間を短縮し，労働の耐えがたさを軽減するためにこそ，無料のサービスを受ける権利をもつと考える）提示しうるような力を構築するための，最初の段階を作り出しているのだ（ダラ・コスタ，1986，115頁）。

このように家事労働と賃金労働の双方を貫く要求として，家事労働への賃金要求があるということは，女性の賃金労働の多くは，それが女性によって担われている故に安く買いたたかれているという，世界中いたるところに存在する現実への的確な視線があるだろう[13]。その点で，後に，たとえば看護婦と消防士の仕事を比較し，看護婦の給料が不当に安いことを問題化していくことになる，コンパラブル・ワース（comparable worth），同一価値労働同一賃金を求める運動の萌芽でもあると言えよう[14]。

## 第3節 「やられたらやりかえせ（under attack, but fighting back）」：福祉権運動のその後

さて，1960年代から1970年代にかけての運動と，そこから生み出された理論から，一足とびに私達の現在へと目を転じる前に，簡単に第1節で取り上げたアメリカの福祉権運動のその後を概観しておこう。「貧困との闘い」という言葉に象徴されるような，貧困を無くしていこうとする社会の熱気は1970年代半ばから急速にしぼんでいき，NWRO 自体も1975年に解散してしまう。こうした中で福祉権運動の研究は，たとえば1960年代から1970年代にかけての黒人女性の「歴史」という語り口でなされることが多い（ex. Nadasen (2005), Kornbluh (2007))。1981年に出版された福祉権運動についての1983年の書評が，「権

利としての福祉」という運動の名前からして，すでに当時の政治的環境に位置づけられなくなってしまっていると書き出されているように，こうした断絶史観は運動の動員数の減少や運動に呼応する社会の側の熱気の消滅など，一定の事実にもとづいていよう。他方で，福祉権運動そのものが全くなくなってしまったわけではないのも事実である。その運動の持続を以下では駆け足で辿っておこう。(15)

　1960年代のNWRO内部には女性と男性のあいだの路線対立があったが，1972年に前述のようにティルモンがexecutive directorになったことに見て取れるように，女性たちのヘゲモニーが確立していく。1960年代に福祉権運動に参加した女性たちのほとんどが黒人だったのにたいして，1970年代には白人女性たちの福祉権運動への参加も増大していく。Coalition of Labor Union Women, National Congress of Neighborhood Women, Housewives for the Equal Right Amendmentといったメインストリームの女性団体が，1976年にはカーター政権の福祉改革法案が，女性の家事労働の価値を評価していないとして，抗議運動を組織した。

　しかしながら主流派のフェミニズム運動と，NWROなどの福祉権運動の間には，1970年代を通じて，看過しえない対立があったと言われる。それは政府による就労促進政策に対する態度である。主流派のフェミニズムはこれを女性の自立を促すものとして歓迎したのに対し，福祉権運動では，賃労働か家事労働かについての女性の自由な選択を阻害するものと批判された。

　福祉権運動のこの点での立ち位置は現在に至るまで一貫しているように思われる。たとえば1987年の「母の日」に，南カリフォルニアの福祉受給者たちはワークフェアという「男性中心の視点で設計された政策によってひとり親たちが家族責任を放棄せざるをえなくなる」事態を回避すべしと，抗議行動を行った。1986年よりボストンで活動しているAdvocacy for Resources for Modern Survivalの機関紙 *Survival News* の1994年の記事には，「福祉依存が問題なのではなく，貧困とケア労働の価値を正当に認識しないことが問題なのだ」と指摘されている。彼女たちは短期的には適切な福祉給付を，長期的にはすべ

ての人へのBIを求めていた。1987年に設立された全国福祉権組合（the National Welfare Rights Union: NWRU）のマリオン・クラマー（Marion Kramer）は同じく1994年に，「家の外で働きたいすべての女性は，彼女たちの家族のすべての必要を満たすことのできる賃金を稼ぐ機会をもつべきである。私たちはまた，家で子どもたちを育てる選択をした全ての女性たちの権利を尊重する」と述べている。

1990年代に左右を問わず主流派の立場となった「私たちの知っている福祉は終わりにしよう」という掛け声のもとに顕著となったワークフェア的「福祉改革」潮流への抗議行動によって，前述の主流派フェミニズムと福祉権フェミニズムの距離を多少なりとも縮めたようである。1993年にはNational Organization of Women（NOW）の代表パトリシア・アイルランド（Patricia Ireland）は，前述のNWRUのクラマーとともに，「福祉改革」への抗議行動の中で逮捕されている。1994年には著名な女性芸術家，作家，学者，労働組合活動家などからなるThe Committee of One Hundred Womenはニューヨークタイムズに「貧しい女性への戦争は，すべての女性への戦争！」という広告を出した。残念ながらフェミニズム陣営が福祉改革への抗議で一枚岩だったわけではない。1996年には個人責任・就労機会調整法（Personal Responsibility and Work Opportunity Reconciliation Act：以下PRWORAと表記）が成立するが，ヒラリー・クリントンに代表されるような，いわゆる「リベラル・フェミニスト」たちは，これに賛同した。この結果，AFDCはTANFへと置き換えられ，1935年以来認められてきた福祉への権利（entitlement）は廃止されてしまう。この法律の成立をメルクマールとする一連の福祉改革は，福祉受給における就労要件の強化という点でワークフェア（workfare）と特徴づけることができるのは，周知の事実である。同時に本章で強調しなくてはならないのは，福祉受給における家父長制的システムへの同調要求の強化，ティルモンの言葉を借りるならすでに「超性差別主義」であった制度をさらにその方向で強化することをPRWORAが行ったことである。ティルモンの時代には，シングル・マザーの世帯に同居あるいは出入りする成人男性がいればそれを扶養義務者と想定する"substitute father rule"（そのために深夜にケースワーカーが受給者宅を訪問したりもした）や，受給者に婚外子の出産を禁じるなどの介入があったが，いずれも法に明記されてはいなかった。ところが PRWORA では，その条文に目的として，結婚の奨励，婚外子妊娠の予防，二人親家族の形成と維持の奨励などが明記されている。これらを実現するため，たとえば20以上の州で，TANF 受給者が子どもを生んでもその子どもの分の給付は受けられない "family cap" と呼ばれる制度が導入されている。

　ワークフェア的要素も家父長制的規範への屈服要求も，ティルモンの文章が私たちに知らせてくれるように，AFDC においてもなかったわけではない。しかしながら「福祉改革」の主唱者たちにとっては事実は全く逆に見えたらしい。(AFDC の受給にあたって彼女たちは)「自活できるかどうかについてほどんど何も聞かれない」(Mead and Beem, 2005, p. 1)。社会政策は政治的力関係で決まり，したがって何が事実かではなく，多数派が何を事実と思いたいかで決まるとするならば，現状はなかなか厳しいということなのかもしれない。多くの論者が指摘するように，AFDC 受給者が "Welfare Queen" と否定的に表象されバッシングを受けてきた背景に，人種差別（と性差別，階級差別の複合）を見て取ることは容易い。そしてそれらは容易には変わらない。こうした状況下で，二つの方向がある。一つは多数派にとっても容認しやすい対案，意を尽くして説得していけば（たとえば人種差別主義的な）多数派にも「救済に値する」と納得してもらえる人たちへの政策を，実行可能なものとして充実させていこうという立場である。もう一つはそうした「救済に値する」「救済に値しない」という分断の政治を拒否する方向性である。本論文で言及してきた福祉権運動の側からすれば，この分断を拒否する方向性の先に，BI あるいは BI 的な要求が位置づくことになる。

## 第4節　運動から理論は何を学ぶべきか

　ジェンダー平等とのかかわりで，現在 BI の主張をしているのは，福祉権運

動だけではない。たとえばいくつかの国の緑の党でBIが主張されている。管見の限り，アメリカ，イギリス，アイルランド，フランス，フィンランド，スウェーデンの緑の党ではBIが実現すべき政策として綱領などの中で掲げられている。ニュージーランドやカナダの緑の党でも議論が行われている。これらはBI研究においては，「環境にやさしい」社会保障，あるいは環境と福祉の統合といったスタンスで言及されることが多いが，BIが環境にやさしいかどうかということよりも，女性運動あるいはフェミニズム運動と緑の党との連続性にこそ注目すべきではないだろうか。その証拠に，上記の緑の党のうちいくつかではジェンダー平等の文脈で，ペイエクイティとならんでBIが要求されている。

　これらの運動レベルでのBI要求は，現在のフェミニズム理論とどのように関連するだろうか。ナンシー・フレーザー（Nancy Fraser）は家族賃金に代わる所得保障のあり方について，以下のような議論をしている。家族賃金が想定してきたのが「男性稼ぎ手・女性家事従事者モデル（male breadwinner/female homemaker model）」であるとすれば，それへの対案としては三つのモデルが考えられる。一つは「普遍的稼ぎ手モデル（univeral breadwinner model）」であって，男女ともフルタイムで働くという想定である。アメリカの（主流派）フェミニストとリベラルが想定しているのがこのモデルであるとフレーザーは指摘している。第2のモデルは，「ケア提供者同等モデル」（caregiver parity model）であって，性別役割分業はそのままに，女性にケア提供者手当（caregiver allowances）を給付しようという方向性である。フレーザーによれば，西欧のフェミニストと社会民主主義者が想定しているのがこのモデルだという。家族賃金が想定してきたモデルである。第3の，フレーザー自身が提唱するものは，「普遍的ケア提供者モデル（universal caregiver model）」である。ここではすべての人の労働時間が現在のフルタイムのそれよりも短くなる。ケア労働は普遍的稼ぎ手モデルのように社会サービスにすべて置き換えられるのではなく，世帯内および世帯外で担われることになる（Fraser, 1997, ch. 2）。

　このフレーザーの議論に従って，本章で概観してきたシングルマザーたちの

運動とそこでのBI要求を分類すると，一見ケア提供者同等モデルの論理で展開されたと位置づけることがさしあたりできるかもしれない。なぜならベーシックインカムを要求した彼女たちの論理は，このモデルにおけるケア提供者手当と類似しているからである。とはいえ，よく考えるとそうとは言い切れないことに気づく。彼女たちはたしかにケア提供を理由にはしたが，求めたのは「ケア提供者手当」ではなくBIである。このことの意味を真剣に考えれば，単純にケア提供者同等モデルとは言えなくなる。

ここでは（フレーザーの議論に福祉権運動を当てはめるのではなく）逆に，彼女たちの運動から，フレーザーの議論を吟味してみよう。フレーザーは普遍的稼ぎ手モデルにおいては賃労働に従事できない者が，ケア提供者同等モデルにおいてはケア労働できない者が排除されてしまうとする一方で，彼女の提唱する普遍的ケア提供者モデルではそのような排除がないかのように語られる。たしかにこのモデルでの賃労働は量的には普遍的稼ぎ手モデルにおける賃労働とは異なるだろうが，とはいえ賃労働に従事できない者は残るだろう。またとりわけ福祉権運動の文脈から重要なのは，フルタイムのケア提供者となることを選んだ者がどうやって食べていけるのかは全く明らかではない，ということである。フレーザーはこのモデルにおける世帯は異性愛核家族とは限らないと述べているが，それでもやはり世帯内に複数の大人がいることを前提としているのではないか。その限りで世帯に1人の稼ぎ手しかいなくても生活できることを要求した福祉権運動からは，このフレーザーのモデルは彼女自身が考えるほどには魅力的なものではない。フレーザーのモデルは四つともすべて世帯内に複数の大人がいることを前提にしている。このこと自体を乗り越えていくようなモデルが必要である[16]。とりあえずフレーザーの普遍的ケア提供者モデルをそうした方向に組み替えていくとすれば，そこにケア提供者手当またはBIを組み込むことが最低限必要となってこよう。前述のいくつかの緑の党においてBI要求がペイエクイティや労働時間短縮とならんで要求されていることは，研究者の類型提示に先んじて，すでに運動の領域ではこうした方向性が現れているということなのかもしれない。その要求や方向性の理論化はまだ運動の領域では十

第2部 「第2の近代」と新たなジェンダー秩序の模索

分にされていないとしたら、それを理由に無視するのではなく、理論化を行うことが研究者に課せられた課題のように思われる。

[謝辞] 本章の内容の多くは、山森（2009）の2章、3章、6章の一部と重複している。重複する部分の利用を快諾して下さった光文社新書編集部の小松現さんに感謝する。同書出版以降に明らかになった内容については、その研究の遂行は、以下の二つの科学研究費助成なしには困難であった。ここに記して謝意を表したい（「福祉権フェミニズムにおけるベーシック・インカム要求とケアの社会化要求の関連の研究（研究課題番号：22710266）」、「全英女性解放会議におけるジェンダー／人種／階級：「第五要求」形成過程を中心に（研究課題番号：26360054）」）。イギリスの要求者組合について、Lyn Boyd 氏（Newcastle）、Heather Bristow 氏（Newton-Abbot）、Roger Clipsham 氏（Birmingham）、Jane Downey 氏（East London）、Jack Grassby 氏（South Shields）、Julia Mainwaring 氏（Birmingham, East London）はじめ、ここで名前を挙げることのできない多くの元組合員への聞き取り調査に主に依拠している。彼ら彼女らからの励ましなしには本章が書かれることはなかった。謝意を表したい。

注
(1) アメリカの福祉権運動の BI における重要性について喚起したのは、筆者が2005年にイギリスで開かれた「非物質的労働」をめぐる会議で、本章のアメリカ以外の部分についての報告を行った時の、アメリカからの参加者たちである。会議中の彼らとの議論から多くを教わった。この節の内容は主に、この時の教示と、Nadasen (2005) とによっている。
(2) NWRO やティルモンとキング牧師との間の関係については興味深いエピソードがある。キング牧師は NWRO に「貧者の行進」キャンペーンに参加するよう呼び掛けたが、以前に NWRO の女性のリーダーたちがキング牧師に会おうとしても断られていたという経緯もあり、キング牧師に直接 NWRO の会合にくることを支持の条件とした。キング牧師は実際にやってきたが、会場からの質問にほとんど答えられず、福祉の実際についてほとんど知らないことは明らかだった。ティルモンはいう。「キング博士、もし知らないのなら、知らないと言うべきです」。これに対してキング牧師は「ティルモン夫人。そうです。福祉について知りません。学びに来たのです」と答えたという（Nadasen, 2005）。
(3) Katsiaficas (1997, p. 38). 下の記述のうち事実に関する部分は同書、Lumley (1990) および前述のケンブリッジ会議での参加者からの教示による。なおイタリアのアウトノミア運動や戦闘的なフェミニスト運動は日本でも注目されてきた。小倉利丸、伊田久美子、伊藤公雄らの一連の仕事を参照。

⑷ イタリアのフェミニズム思想を英語で概括できる Bono and Kemp(1991)は便利な本だが,彼女たちの闘いを,「家庭における女性：主婦への賃金」という章に押し込めている。

⑸ この節の記述は,山森(2003),Yamamori(2006)と重なる。なおそれらの文献では資料上の制約から,要求者組合はロンドン地域で始まったとしていたが,Roger Carlingrove氏の教示によりバーミンガムの試みの方が先に始まったことを知ったので,ここで訂正したい。なおバーミンガムの要求者組合は1985年頃まで続いたという。

⑹ The National Federation of Claimants Union 発行のパンフレット "Pensioners Struggle : A Handbook from the Claimants Union Movement"。発行年は1974年頃と推察できるが正確なところは不詳である。

⑺ その他の項目は以下の通り。②仕事,給付,年金,その他いかなる点に置いても年齢や性別にもとづく差別をしない。③稼得ルールと,国家年金への所得税の廃止。④退職者への,一つの普遍的な所得または年金。⑤早期退職の名の下に解雇をしない。⑥権利としての死亡手当。⑦すべての高齢者に社会サービスとしての無料の燃料の割り当て。⑧「年老いて寒い」(old and cold)はもうやめにしよう。⑧地方自治体の給付での資力調査の廃止。無料の旅行。老齢年金受給者のための無料の電話。無料の休日。テレビ受信料の無料化。⑨地域共同体の保健センターと,包括的な社会主義的保健サービス。私的診療の廃止。⑩無料の住宅。家賃の廃止。それを望むすべての老齢年金受給者のために特別に設計された共同体住宅。⑪慈善のための特別報酬。⑫60歳での男性女性双方の選択的退職。⑬社会主義社会のための闘いにむけて行動をするための,すべての要求者と労働者の団結。そこ(社会主義社会)では生活の必需品(人々自身が何が必需品かを定義する)が無料で提供され,人々によって直接に管理される。

⑻ 本章脱稿後の調査で,①1969年の段階で,バーミンガム要求者組合のシングルマザーたちを中心とした経験の中で,すでにBIの要求が形作られたこと,②114頁でふれた要求者憲章の第一要求は,それが採択された1970年3月の全国連結成集会で,BIとして解釈されたこと,③3000人近くの女性たちが結集した第9回全英女性解放会議(1977年4月,ロンドン)にて,要求者組合の女性たちは,BIを全英女性解放運動全体の要求とするよう要請する動議をだし,可決されたことが明らかとなった。詳細は,Yamamori(2014)を参照されたい。

⑼ 加えて当時地域のソーシャルワーカーであったB.ジョーダンがSecretaryとして組合にかかわっていた点である。この点が当事者主義を掲げる組合の理念からの逸脱であると,そして家庭菜園の運営が,労働倫理批判を掲げる組合の理念からの逸脱であると,全国大会などでは厳しく批判されたという。なおこの組合について彼の視点からの説明は,Jordan(1973)に詳しい。この本の中にbasic incomeという言葉が数度でてくるが,実際の運動の中でその言葉が使われたかどうかについ

ては，本人も私がインタビューした2人の活動家も記憶していなかった。ただし2人ともその理念自体は当然のものとして主張していた。なお運動の中では guaranteed income という言葉の方が多く使われていたようである。
⑽　B. ジョーダンへのインタビューによる。仲間に受け入れられるか不安があった自分をむしろ恥じたという。
⑾　夫が病者であることから組合に参加した女性や，労働災害による怪我による失業者として組合に参加した男性へのインタビューから。
⑿　もちろんそのような要求を可能にした諸条件を挙げることは容易い。たとえば公的扶助や社会手当など国家による現金給付を受給する人口が，他の福祉国家に比べて比較的大きかったこと，1960年代末～70年代初頭にかけての時代の雰囲気など。South Shields Claimants Union で1970年代活動していたジャック・グラスビー（Jack Grassby）によれば，ケースワークや既存の NPO の援助相談などで，個人化，客体化される状況から抜け出して，自分たちの実存を賭けた能動的な活動をしようという熱気があったという。
⒀　たとえば，日本の福祉関係者向けの雑誌を紐解くと，「お母さんには休みはないのだ。施設の保母は母親の役を果たしている。だから24時間勤務で，休日のないのも当然だ。私は他の人達にそう話して廻っているのに何事だ」と週休を願い出た保母の願いを蹴った施設長の言葉が記録されている（後藤，1959，66頁）。
⒁　この運動については，Blum（1991）参照。
⒂　本節以下でのアメリカの福祉権運動の叙述は，特記のない限り，Abramovitz（2000）の記述に依拠している。
⒃　成人が一人の世帯を政策のモデルとした場合に，複数いる場合の「規模の経済」の得利が誰に帰属するかというのは興味深い検討課題である。この点については久保田裕之（大阪大学）が興味深い問題提起を行っている（2007年12月7日同志社大学での「ベーシックインカムを考える会」での報告）。

**参考文献**
小倉利丸（1985）『支配の「経済学」』れんが書房新社。
関西青い芝の会連合会常任委員会（1975）『関西青い芝連合』第2号（http://www.arsvi.com/0m/k0102.htm　2007年9月2日アクセス）。
倉本智明（1997）「未完の〈障害者文化〉――横塚晃一の思想と身体」『社会問題研究』第47巻第1号。
後藤正紀（1959）「児童収容施設における人事管理について」『社会事業』第42巻第1号。
立岩真也（1998）「一九七〇年」『現代思想』第26-2巻，青土社。
ダラ・コスタ，マリアローザ／伊田久美子・伊藤公雄訳（1986）『家事労働に賃金を――フェミニズムの新たな展望』インパクト出版会。

山森亮（2003）「基本所得――多なる者たちの第二の要求によせて」『現代思想』第31-2巻, 青土社。

横塚晃一（1981）『母よ！ 殺すな［増補版］』すずさわ書店。

Abramovitz, Mimi (2000) *Under Attack, Fighting Back : Women and Welfare in the United States*, Monthly Review Press.

Blum, Linda M. (1991) *Between Feminism and Labor : The Significance of the Comparable Worth Movement*, Berkeley: University of California Press. (森ます美・川東英子・川島美保・伊藤セツ・居城舜子・津田美穂子・中川スミ・杉橋やよい訳（1996）『フェミニズムと労働の間――コンパラブル・ワース運動の意義』御茶の水書房)。

Bono, Paola and Sandra Kemp (1991) *Italian Feminist Thought : A Reader*, Oxford: Blackwell.

Fraser, Nancy (1997) *Justice Interrupts : Critical Reflections on the "Postsocialist" Condition*, London and New York: Routledge.

Hardt, Michael and Antonio Negri (2000) *Empire*, Cambridge, Massachusetts: Harvard University Press. (水嶋一憲・酒井隆史・浜邦彦・吉田俊実訳（2000）『帝国』以文社)。

Hardt, Michael and Antonio Negri (2004) *Multitude : War and Democracy in the Age of Empire*, London: Penguin Books. (幾島幸子訳（2005）『マルチチュード――〈帝国〉時代の戦争と民主主義（上・下）』NHKブックス)。

Jordan, Bill (1973) *Paupers : the making of the new claiming class*, London: Routledge & Kegan Paul.

Katsiaficas, George (1997) *The Subversion of Politics : European Autonomous Social Movements and the Decolonization of Everyday Life*, New Jersey: Humanities Press.

King, Martin Luther, Jr. (1967) *Where Do We Go from Here : chaos or community ?*, Boston, Mass.: Beacon Press. (猿谷要訳『黒人の進む道――世界は一つの屋根のもとに』明石書店, 1999年)。

Kornbluh, Felicia (2007) *The Battle for Welfare Rights : Politics and Poverty in Modern America*, University of Pennsylvania Press.

Lumley Robert (1990) *States or Emergency : Culture of Revolt in Italy from 1968 to 1978*, London: Verso.

Mead, Lawrence M. and Christopher Beem (eds.) (2005) *Welfare Reform and Political Theory*, Russel Sage Foundation.

Movimento di Lotta Femminile, Padova (1971) "Programmatic Manifesto For The Struggle of Housewives in the Neighbourhood," in *Socialist Revolution*, No. 9, 1972.

Nadasen, Premilla (2005) *Welfare Warriors : The Welfare Rights Movement in the United States*, New York: Routledge.

Negri, Antonio (1989) *The Politics of Subversion : A Manifesto for the Twenty-First Century*, Cambridge: Polity Press.（小倉利丸訳（2000）『転覆の政治学――21世紀へ向けての宣言』現代企画室）。

Negri, Antonio (1989) *Du Retour:abécédaire biopolitique*, Paris: Calmann-Lévy.

Paper presented at Immaterial Labour, Multitudes and New Social Subjects conference held on 29-30 April 2006 at King's College, University of Cambridge, and printed in Studies in Urban Humanities, 2, 2011, pp. 145-167.

Tilmon, Johnnie (1972) "Welfare is a Women's Issue," *Ms preview issue*, Spring 1972.

Yamamori, Toru (2014) "A Feminist Way to Unconditional Basic Income: Claimants Unions and Women's Liberation Movements in 1970s Britain," *Basic Income Studies*, 9 (1-2), pp. 1-24.

# 第6章

## フェミニズムとジェンダー政策の日独比較

イルゼ・レンツ／山本耕平・左海陽子訳

## 第1節 日本とドイツにおける福祉ジェンダー・レジームと女性運動

　近代の現段階において，公私の相互関係と境界が再編成されつつある (Ochiai, 2010)。女性運動はこの親密圏と公共圏の再編成に寄与してきたものの，その影響力は今日までほとんど研究されていない。フェミニズムが制度や法の変革に与えた影響についての研究は，一層遅れている。いかにして，またどの程度，女性運動は新たな法や制度的規範――いわば親密性と公共性をつなぐ新たなジェンダー秩序の土台――に変化を惹き起こしたり，影響を与えたりできたのだろうか。別の言い方をすれば，女性運動は，女性や母親の労働市場への参加といった重要な社会的変化を導いてきたわけだが，こうした新しいライフスタイルや生活実践は，新たな法によって制度化され支援されたのだろうか。それとも，政治や利益団体といった強固な壁ゆえに，そのような制度上の変化はかなわなかったのだろうか。そして，立法によって制度上の変化がもたらされたなら，女性運動はそこでどのような役割を果たしたのだろうか。本章では，1980年代から今日に至るまでの女性運動と，それが立法に与えた影響を日独で比較し，以上のような問題を追究していきたい[1]。

　ドイツも日本も，労働市場および社会保障における「稼ぎ手／主婦モデル (breadwinner/housewife model)」(男性稼ぎ主／女性主婦モデル [male breadwinner/female housewife model] とも言う) を制度化した，保守的な福祉ジェンダー・レジームの典型と見なすことができる (大沢, 2007)。本章では，そうした似通

ったケースが作られる過程を追いつつも，共通点だけではなく相違点にも着目したい。本章で採用する枠組みは，福祉ジェンダー・レジーム論にもとづく比較枠組みである。なぜなら，それによって，様々な近代社会におけるジェンダー不平等の基本的メカニズムを解明するためのモデルが得られるからだ。福祉ジェンダー・レジーム論はまた，これらのメカニズムの変化——たとえば，将来起こりえる稼ぎ手／主婦モデルから共稼ぎモデルへの変化——をたどるのにも使うことができる。

以下ではおもに，次の二つの問いを扱う。第1に，日本とドイツにおける新しい女性運動は，いかにして法的・制度的変化を惹き起こし，親密圏と公共圏の再編成に寄与したのか。第2に，新たな女性運動が，稼ぎ手／主婦モデルという両社会の保守的な福祉ジェンダー・レジームをどれほど変えることができたのか。すなわち，女性運動は，主としてこの稼ぎ手／主婦モデルという枠組みにおさまる運動だったのだろうか。それとも，何らかの点でこれを乗り越えたのだろうか。第1の問いは，法律の変化一般にフェミニズムが与えた影響にかかわるものだが，第2の問いは，そもそもそうした変化が保守的な福祉ジェンダー・レジームの抜本的変革と言えるのかという，複雑で厄介な問題にかかわるものである。

## 第2節　日独における保守的な福祉ジェンダー・レジーム

ドイツでも日本でも，近代化の過程で保守的な福祉ジェンダー・レジームが発展した。どちらの社会においても，その過程では国家が主導的な役割を果たし，男性の稼ぎ手と主婦という不平等な分業を伴う近代家族を，法と規制により制度化した。しかし，日独では発展の経路や近代化のスピードが異なるため，共通点だけでなく相違点もある。

ドイツの福祉システムは，Bismarckが男性の稼ぎ手を社会保障制度の主たる貢献者・受益者に据えた当初から，稼ぎ手／主婦モデルの上に構築されてきた。さらに，1896年のドイツの家族法は，夫を家長でありかつ稼ぎ手であると

第6章　フェミニズムとジェンダー政策の日独比較

定義する一方で，主婦を家政と育児に責任を負い，経済的には従属的地位にあるものとした。西ドイツでは1949年の憲法が男女間の法的平等を宣言したものの，家族法における性別役割分業の条項は，基本的には有効なまま存続した。女性は母性やケア・ワークで家族や社会に貢献する主婦であり，労働市場に参入するには夫の許しが必要であるとされたのである。1976年の家族法改正においてようやく，こうした家事の女性への直接的な割り当ては撤廃され，賃金労働と家事労働をパートナー間で選択する自由が形式上は認められた。しかし，様々な制度は依然として稼ぎ手／主婦モデルに適合したままであり，母親は無償のケア・ワークに専念し続けることとなった。たとえば，幼稚園は最低限のレベルしか供給されず，税制によって結婚しているカップルは2分2乗方式で優遇される，といった状況は，女性が無償の家事労働に従事することを促す要因であった。

　ドイツにおける変化の根本要因は，女性が高等教育や職業訓練へアクセスすることが可能になり，1970年代以降には労働市場への長期的な参加，そして政治権力へのアクセスを獲得したことである。1990年代には女性は高卒の半数を占めるようになり（今日では54％），大卒者でも男女の割合は同じになった。こうした女性の高学歴化は，中間管理職に占める女性の割合の増加にも見てとれる。つまり，専門職および管理職に占める女性の割合は，1970年の9.8％から，2000年の36.5％へと上昇した（Lenz, 2010a, p. 35）。さらに，男女間の賃金格差は，1960年の54％から，2010年の23％へと縮小している。18歳未満の子どもがいる女性就業者の割合は，1990年に50％の壁を超え，2005年には59.6％にまで上昇した。しかしながら，女性労働者の増加の大部分を占めるのは，パートを中心とした非正規雇用である。実際のところ，女性就業者全体に占めるパートの割合は，劇的に増加した。さて，こうした展開と新しい女性運動の台頭とは並行している。しかし，運動が労働市場への女性の参加を促したのだとして，正確にどのような影響があったのかと言えば，いまだ明確な答えはない[2]。政府や議会における女性の増加は，明らかに新しい女性運動の結果であると言えるが（後述），労働市場における女性の増加については，1980年代以降の経済の

サービス化という構造的変動や，グローバリゼーションも重要な要因である。つまり，国際競争が高まるにつれて，女性の熟練労働者とともに，流動的な労働力も必要とされるようになり，稼ぎ手モデルを掘り崩す一因となったのである。

　さらに言えば，1990年の東西ドイツ統合もまた，ジェンダー関係の急激な変化を促した要因の一つである。社会主義政策をとっていた東ドイツでは，女性も（母親であっても），教育と雇用という側面で完全に社会に統合されていた。また，国家によって包括的な育児ケアも提供されていた。こうした東西ドイツの対照的なあり方からは，母親／主婦という理想像が，「ドイツの国民文化」ではなく制度的・法的システムの問題だったことがわかる。

　さて，ドイツ民主共和国（東ドイツ）のジェンダー政策の基盤となっていたのは，社会主義構築のために女性の熟練労働者を動員するとともに，公的な賃金労働への参加を通じた人間の解放を提唱する，社会主義のイデオロギーであった。つまり，家族法が家事労働を男女で分担することを禁ずる一方で，東ドイツのジェンダー・レジームは，フルタイムで共稼ぎをし，国家管理の下でケアを担う母親という社会主義モデルに支えられていた。当時はもちろん，労働市場で進行する性別分離待遇や，社会主義的な母親イデオロギーに対して，フェミニストの立場から公然と批判を繰り広げることはできなかった。しかし，大規模な公的育児ケアや，女性のフルタイム労働と経済的独立といった東ドイツの遺産は，統一後も重要性を失っていない。東ドイツでは，女性の労働市場への参加は西ドイツに比べて盛んで，およそ80〜90％の子どもに公的な育児ケアが供給されていた。こうして東西ドイツ統一が，ジェンダー関係とジェンダー政策の進展をもたらしたのである。

　日本では，1898年の家族法により，家長としての男性と，それに経済的にも従属する妻という地位が制度化された。しかし同時に，女性は産業労働者の中では大きな割合を占め，小企業や農場でも経済活動に従事していた。1946年の憲法，および1947年の家族法改正をもって，家族のみならず社会においても男女の法的平等が確立された。しかし，こうした法の成立後もなお，1960年代半

ば以降に「企業中心社会」が一般化し（大沢，1993），近代的な母親・主婦の理想像と「マイホーム主義」が広まるにつれて，稼ぎ手／主婦モデルが支配的になっていった。1972年以降の「日本型福祉社会」への転回は，社会福祉を低いレベルに保ち，様々な義務を家族と女性のアンペイド・ワークに依存させることを特徴としたが，これはまさに稼ぎ手／主婦モデルを基盤として成立しえたものである。そこでは，既婚女性の受ける控除は保持・拡大された（大沢，2007）。また，配偶者控除制度では，パートナーの（この文脈では，妻の）所得に上限が設けられており，妻をパートタイム労働につかせる誘因となった。パートタイム労働法や1986年7月の労働者派遣法といった，労働の流動化に関する新たな法律は，この状況に適合したものだった。つまり，女性は妻として保護されている，という稼ぎ手／主婦モデルの前提に立って，流動的でほとんど保障のない，きわめて女性化された労働形態を合法化した，ということである。こうして，女性の賃金労働者は増加したものの，そのためにかえって稼ぎ手／主婦モデルは保持される結果となったのである。1985～2008年の女性の雇用成長はおよそ779万人だが，このうち732万人は流動的な雇用形態で働いていた。2003年には，正規雇用の女性の割合は50％を切り，2008年では46.4％にとどまっている。これらの非正規労働には，パートタイム[3]の非熟練・半熟練労働者だけではなく，一部の派遣労働者や契約社員・嘱託職員に見られるように，熟練労働者も含まれている。

　変化の根本要因は，高等教育を受ける機会の増加と，女性の価値観の変化——「労働市場でもっとスキルを活用したい」「結婚市場のみにとらわれていたくない」という願い——であった。制度の強固な障壁はあるものの，長期雇用の熟練労働者も増えている。2008年には，女性被雇用者のうち，10年以上雇用されている女性の割合が32.2％，20年以上雇用されている女性の割合は11.2％へと増加している（厚生労働省雇用均等・児童家庭局，2009，139頁）。このように，大多数はますます非正規雇用に従事していく一方で，稼ぎ手／主婦モデルを乗り越え，自立したキャリア形成を狙う女性も，重要な一群として存在している。

以上の概観をふまえて，以下では，新しい女性運動がジェンダー政策に与えた影響についての既存のアプローチに触れた後，日本とドイツにおける女性運動を比較という観点からまとめよう。

## 第3節　比較的観点から見るフェミニズムとジェンダー政策

　新しい女性運動がジェンダー政策に与える影響についての研究は，近年では進展しつつあるものの（Lenz, 2007；Tanaka, 2009），まだ萌芽的な段階にある。
　本章では，ジェンダー・ポリティクスという文脈における諸アクターについて，より広い視野から検討する。というのも，女性運動という文脈でジェンダー政策ネットワークの形成を眺めてみると，フェミニストの活動家，専門家，フェモクラット，政治家たちが，めいめい異なる立場からこうしたネットワークに参加し，協調関係を結んでいることが見えてくるからである。そして，男女平等・共同参画に向けた日独の立法プロセスにおける，これら諸アクターの配置について考察する。
　もう一つの重要な論点は，グローバリゼーションや，女子差別撤廃条約（Convention on Elimination of All forms of Discrimination Against Women: CEDAW）のような国際的なジェンダー規範が，国の法令に対してどのような意味をもつかである。言い換えれば，グローバリゼーションと新自由主義，そして女性運動の間にどのような関係があるか，という論点である（Banaszek, Beckwith, Rucht, 2003）。こうした観点から Lenz（2007）は，ドイツ，英国，日本，米国の様々な福祉ジェンダー・レジームにおける国際的規範の影響を比較している。

## 第4節　日独における新しい女性運動：比較の概観

　ドイツと日本において，新しい女性運動は，保守的なジェンダー・レジームという類似した状況の中で発展した。ともに新左翼学生運動に起源をもちつつ

も，しだいにそれぞれの考えやメンバーシップ，組織のあり方は変わってきた (Mae and Lenz, 2015)。両社会で運動が形成されたのは1960年代後半から1975年にかけてで，この時期が第1段階と言えるだろう。学生運動の中で若い女性たちが独自に声をあげ，小規模なフェミニスト・グループを結成したのである。1970年代半ばから1990年代初頭までの第2段階は，運動の多元化と制度化として特徴づけられよう。女性団体は様々な問題をとりあげ，社会の様々な領域に進出していった。また，次第に政府や政治・社会組織，メディアからも認められるようになった。1990年代初頭から今日にいたる第3段階では，女性運動は，「女性」から「ジェンダー」に視点を転換し，男女平等のための法制定も成し遂げた。では，両社会におけるこれらの運動の展開を簡単に見ていこう。

（1） 第一段階：運動の形成（1960年代後半〜1975年）
　①日本のリブ運動

　1970年から展開した日本の「リブ」運動は，男女平等をめぐる政治に，二つの面で新しくラディカルな転回をもたらした。まずリブは，当時の新左翼学生運動に見られた教条主義や暴力，男性優位主義に異議をつきつけた。さらに批判の矛先は，しばしば体制的な左派政党や労働組合に接近していた当時の母性運動や主婦運動にも向けられた（Mackie, 2003, 120-144）。

　リブの活動家たちは，国家によるヘゲモニー的な「女らしさ（femininity）」の表象が，女性が主婦や母，客体（object）として従属的な地位に置かれることを正当化しているとして，これに徹底的に挑んだ。しかしリブの指導者たちは，そうした女らしさの概念を拒絶する一方で，出産や母性，そして女性のセクシュアリティを，女性のポテンシャルとして称揚してもいた。また彼女たちは，資本主義にも，国家の家父長制的・帝国主義的なあり方にも強く反対した。これらの資本主義批判や家父長制批判は，基本的にはジェンダーの差異と国際的不平等への着目から生まれたもので，こうした差異の思考と「体制批判」が，リブを新旧左翼の統制を超えた独自の批判的勢力たらしめ，自律的なフェミニストの意識と運動を生み出す上で，非常に重要な役割を果たした（溝口・佐

伯・三木,1992-1995)。

　しかしこうした動きによって,運動の急進派が公式の政治過程やロビー活動からむしろ遠ざかることになったのも事実である。運動の中心メンバーは周縁的な立場の人々,つまりたいていは日雇労働で生計を立て,全精力を女性解放に注ぎ込んでいる学生やフェミニストたちだったからである。

　他の社会におけるフェミニスト運動と同じように,リブも,平等主義にもとづく小規模な団体のネットワークを発展させた。これは草の根的に結束したタイプの組織で,メンバー全員が発言権をもち,決議に加わることができた。たいていのメンバーにはきちんと責任が与えられ,政治的指導力を磨くトレーニングや専門的知識を得る機会もあったが,一方で戦略立案や大規模な組織形成にはあまり有効でなかった。こうしたネットワークを通じて,リブは,家父長制的な家族制度に反対するいくつかの重要なキャンペーンを繰り広げた。優生保護法における中絶条項の改悪阻止運動においては,全国的なネットワークが形成された。メディアやエリート層からは,リブは観念的で非合理的であると烙印を押されたが,それでもその影響は,女子学生（未来の専門家）や女性労働者,一部の主婦や批判的な知識人にまで及んだ。

　②ドイツにおける新しい女性運動の始まり

　同じくドイツでも,新しい女性運動は1968年に新左翼学生運動から始まった。しかし,日本とは対照的に,ドイツの運動にはエンパワーメントと排除という矛盾する立場が併存していた。彼女たちはジェンダー・ステレオタイプを経験し,しばしばビラのタイピングやお茶くみを命じられる一方で,それでもなおラディカルな平等主義や社会主義的解放の理念にこだわっていたのである（Lenz, 2010a）。こうして,ドイツのフェミニストの一部は,学生運動内で,のちに市民団体へと至る長期的なネットワークをはぐくんできた（Lenz, 2010a）。一方でこの新しい女性運動は,既存の女性団体に対しては,その序列的な構造を批判して距離を置いていた。

　新しい女性運動は,社会主義的な恋人たちと母親たちの運動としてスタートを切った。女性たちは,公的な育児ケアとともに,男性とのパートナーシップ

や子育てにおける平等を要求した。また，東欧のソヴィエト型社会主義と資本主義の父権主義の下で女性が従属的な立場に置かれていることを批判した。

女性の身体に対する自己決定，とりわけ「産む・産まない」の選択の自由という問題は，1971年から1976年にかけての，主婦や働く女性たち，学生を巻き込んだ最初の大衆運動において，主要な論点となった。他の論点としては，職場での平等や，家庭内での平等があった（後者については，当時の西ドイツではまだ家政が女性の主要な義務とされていたことを思い出されたい）。ここでの女性運動の議論は男性との関係についての，いわばカップルを準拠枠とした議論であり，自立した母親を軸とした日本のそれとは対照的である。

草の根的な小規模グループは，ドイツにおいても主要な組織化のあり方だった。協議会や運動のための共闘が，日本と同じく中絶の問題を扱う中で発展し，グループ間のコミュニケーションと協調を促した。

1975年以降には，社会においてフェミニズムへの共感が増してゆき，政党や労働組合，教会も女性問題を取り上げ始め，女性部門が設立されたり，再活性化されたりするようになった。中絶法改正のための交渉がきっかけで，政府や政党も，女性運動の力を認識するようになったのである。

## （2） 第二段階：多様化と制度化（1970年代半ば〜1990年代初頭）

①国際的な舞台とメディアへの参入：日本のフェミニズム

「国連女性の10年」（1975〜1985年）によって，女性運動の国際的な舞台が切り開かれ，それによって女性運動に正統性と信頼が与えられた。日本の女性運動は，国内外の機会を利用しそれらを結びつけるという戦略を立てた。「国連女性の10年」を密接にフォローし，会議に出席して，台頭しつつあったグローバルな女性運動とのネットワークを育んだのである。

日本政府は，女性団体によるキャンペーンを受けて，1980年に国連の女子差別撤廃条約（CEDAW）に批准した。これにより，日本初の領域一般的な WPA（Women's Policy Agency，すなわちある機関内の女性関連部局の政策担当者や担当部局）として総理府に婦人問題担当室が置かれ，徐々にではあるが整備されてい

った（Tanaka, 2009）。前身のWPAとしては、米国指導下での戦後改革において1947年に設けられた、労働省の婦人少年局があった。地方自治体も女性センターを設置し始め、女性グループが会合に使ったり、催しを開いたりするようになっていった。

　新しい女性運動は、社会的・政治的活動グループ（たとえば、「国際婦人年をきっかけとして行動を起こす女たちの会」、1985年に「行動する女たちの会」に改称）や、主婦のローカルなエコロジー・ネットワーク、東アジア女性の連帯ネットワークといった、複数の潮流へとまとまっていった。種々の活動グループが、職場での平等、教育の平等、家族における平等、エコロジー、メディアにおける女性像、平和、女性学といった様々な問題に取り組み、運動のスペクトラムを形成した（横浜フォーラム、1992）。1970年代後半以降、フェミニズムは、教育や性別役割分業、日本とアジアの関係について、変革と改正を求める重要な社会的・政治的運動として目立つ存在になった。また、日本におけるジェンダーの不平等と疎外に対して文化的観点からの根強い批判を展開し、その鋭敏で革新的な言説によって公衆の心をつかむことに成功した。これらの流れをまとめれば、活動グループが人々の動員と変化への働きかけを行い、主婦のネットワークがこの変化を地域の草の根組織やコミュニティにもち込み、女性学者が軽い読み物やメディアを用いて、一般の聴衆向けにフェミニズムを説明した、ということになろう。

　社会的・政治的活動グループの中で指導的な役割を担ったネットワークの一つが「国際婦人年をきっかけとして行動を起こす女たちの会」である。このグループは、「国連女性の10年」という機会を活かして日本に変化をもたらそうと切望する若い女性フェミニストたちによって結成された。彼女たちは、政府へのロビイングのために、既存の女性団体や何人かのフェモクラットとも協力した。赤松良子らのフェモクラットは、体制の内部で改革に向けた動きを進めるとともに、こういった新たな団体からの外圧にも頼っていたわけである。

　しかし、政府の要職や政党、企業中心の労働組合といった組織は、新しい女性運動に対して閉ざされたままだった。女性運動は、政治体制や、資本主義的

企業や日本的企業社会における男女の不平等への批判を展開したものの,それらの体制へ参加したり意思決定に加わったりすることはできなかったのである。こうして,ジェンダーの平等に向けた政策ネットワークは,一部のフェモクラットや,体制側との交渉を望む活動グループ,女性学およびジェンダー研究に携わる専門家や学者によって構成される,範囲の限定されたネットワークにとどまることになった。

②ドイツにおける多様化,専門化,制度的統合

ドイツにおいてもまた,1970年代半ばから新しい顔ぶれの団体が生まれ,取り扱われる問題も幅広くなっていった。働く女性,レズビアン,母親,移民の女性,教師やジャーナリストなどの職業集団が,下位集団レベルの運動を展開していた。こうした運動団体の多様化とともに,扱われる問題も多様化した。つまり,家事の賃金労働化,教育や仕事における平等,そして家庭内性暴力の撲滅などが,運動の主たるテーマだった(Lenz, 2010a)。

とくにメディアと反暴力の領域で,フェミニストたちは,雑誌の自主発行や被害女性のためのシェルター設立といった,独自のプロジェクトを開始した。こうして活動家たち(法学や社会福祉を専攻する学生もしばしば含まれていた)は,独立した組織をサポートしたり政府と交渉したりするための専門的知識を身につけていった。フェミニストたちは,反暴力事業への公的資金の供与や,児童への性的虐待,夫からのレイプ,女性の人身売買に関する法改正を要求した。1976年以降は女性学も発展して,フェミニズムにかかわる問題への研究を進めるとともに,海外から新しい概念や考えをもち込んだ。こうして女性運動に,著しい専門化と職業化が見られるようになった。

ドイツの場合,女性運動の戦略はおもに国内志向であり,国際的なジェンダー規範は,1990年代に至るまでどちらかと言えば周縁的な扱いを受けていた。これは,既存の社会組織や地方自治体内で当時始まっていた,ドイツ型の企業福祉国家への統合のせいかもしれない。労働組合や教会の女性部門は新しい女性運動に協力し始め,1980年以降は,連邦政府や市庁に機会均等担当のポストが設けられるようになった。

ドイツにおいてフェミニストの政治参加が増大する契機となったのは，彼女らが重要な役割を果たした1980年の緑の党結成である。緑の党は，エコロジー運動や新左翼，市民運動，フェミニスト運動の同盟関係から生まれた政党で，1980年の結党大会では，自発的クォータ制が可決され，1986年には，50%を義務とするクォータ制が確約された。その躍進ぶりや人気に刺激されて，他党も追随路線をとった。1988年には，ドイツ社会民主党（Sozialdemokratische Partei Deutschlands，以下SPD）が「男女両性」最低40%のクォータ制を打ち立て，キリスト教民主同盟は，女性の定足数を自発的に割り当てることを可決した。1990年までに，議会における女性の割合は30%以上へと急上昇した。緑の党およびSPDの女性部門は，男女平等に関する計画を政党綱領に組み込むことに成功し，性別役割分業の廃止と，教育・技能訓練・労働・政治における完全な平等を要求した（Lenz, 2010a）。

制度的統合により，男女平等のための政策ネットワークは拡大した。こうしたネットワークには，市民社会の側からはフェミニストの活動家やジェンダーの専門家・研究者，政治体制の側からは，改革に向けて動いているフェモクラットや政治家が参加していた。これらの集団は，言わば「ビロードの三角形」（velvet triangles）（Woodward 2003）[6]もしくは「ビロードの四角形」（政治家が参加する場合）をなし，法改正に向けて結集したのである。

(3) 第三段階：ジェンダー，国際化，法改正（1990年代初頭以降）
①グローバル化する日本社会における女性活動家と専門家

1990年代初頭，日本の女性運動は，ふたたびいくつかの局面で変化を迎える。第1の変化は，女性問題という女性と差異に焦点が集中する視点からジェンダーへの視点の転換である。フェミニストたちは，ジェンダーを社会的に構築されたものとし，人生はジェンダー規範や性役割によって決定されるべきではなく，個人の能力や希望によって決められるべきである，という意味での「ジェンダー・フリーな社会」を主張した。さらに，被差別部落出身者とともに，[7]在日韓国人やアイヌという日本のポストコロニアル／エスニック・マイノリティ

の女性たちも声を挙げ始めた。こうして,日本でも,ジェンダーと「人種」,移民の交差が議論の俎上にのぼるようになった。

日本の女性運動は,「国連女性の10年」に関与するなど,1970年代から強い国際志向をもっていたが,ここに至って主流派は東アジアに目を向け,アジアのフェミニスト・ネットワークとの協調関係を開拓し始めた。これは,1995年に北京で行われた,国連の第4回世界女性会議を活用するための準備であった。会議では,都市からも地方からも,数千人の日本人女性が北京のNGOフォーラムに赴き,日本政府や地方自治体との交渉材料として,北京行動綱領 (World Action Platform) をもち帰った。そして,フェモクラットや著名な活動家,学術界の専門家たちは,北京JAC (Japan Accountability Caucus for the Beijing Conference) を立ち上げ,北京行動綱領,とくに男女平等法の施行のための政府へのロビー活動を展開した。

つまり彼らは,女性運動およびその潜在的支持者たちを動員するとともに,官僚制の内部機構をも利用して,立法のためのロビー活動を行ったのである。北京行動綱領および女子差別撤廃条約に則って男女平等を実現することは政府の国際的義務である,というのが彼女たちの主張であったが,一方でこの運動は,国内の女性の要求やニーズ,政治力に支えられていたわけだ (Tanaka, 2009;堀江,2005)。

②1989年以降の東西ドイツ統一とグローバル化におけるフェミニストの結集

1990年代のドイツでは,女性運動は二重の難題に直面していた。一つは,1989年のいわゆる社会主義指導体制崩壊後の急激な東西ドイツ統一の渦中で,女性の権利と平等のためにいかにして人々を動員すればよいか,という問題である。もう一つは,グローバリゼーションや,国連・EUにおける機会構造の変化に,いかに対応するべきかという問題であった。

すでに1989年秋の東ドイツ独裁政治崩壊時には,女性たちは,社会主義的フェミニズムとエコロジーを要綱とする独立婦人同盟 (Unabhängiger Frauenverein: UFV) を設立していた。それは,西ドイツの相互に独立した小集団のネットワークとは対照的な,地方のグループを結びつけた新しい大規模なフェミニ

スト組織として初のものだった（Lenz, 2010a, pp. 865-895）。

そして，東西ドイツ統一を迎え，包括的なフェミニスト政策ネットワークが結集し始めた。これは，大規模なUFVから，より小規模なフェミニスト団体，ジェンダーの専門家や研究者，あらゆる政党出身の政治家たちまでをも含むネットワークだった。このように，東西ドイツ統一において女性運動は経済的・社会的変化によって問題を突きつけられていた。しかし，その一方である程度の影響力をもちえていたことにも注意しなければならない（Lenz, 2010a）。たとえば，議会に占める女性の割合が比較的高かったため，国家主義者のバックラッシュを阻むことは，少なくとも可能だった。さらに，国家の責任としてジェンダー政策の施行を求める憲法改正，さらに平等や反暴力，同性愛者や移民者の市民権に関する立法を成功に導いてきた（後述）。

「ジェンダーの社会的構築」という考えやポストモダン的転回が運動に広まっていったのは，ドイツでも同じである。様々な移民団体やアフリカ系ドイツ人団体が，一般社会のみならずフェミニズムにおいてさえ差別が存在することを糾弾した。ジェンダーのカテゴリーは，他のカテゴリーとの交差によってさらに細分化され，フェミニスト移民や反レイシスト，働く女性の団体によって，ジェンダーは移民や階級といった文脈に置き直されるようになった。さらにジェンダーの概念は，クィア理論や，あらゆるジェンダーに市民権を与えることをめぐる論争などを経て再構成され，その内容を充実させていった（Lenz, 2010a）。

実践のレベルでは，日本と同様，女性と差異に焦点を当てていた従来のアプローチに代わって，ジェンダーが重要なカテゴリーとされた。これは1995年の北京行動綱領を受けて主流となった。さらに1997年のEUのアムステルダム条約によって，ジェンダーの平等にはアキ・コミュノテール（acquis communautaire, EU法の総体系）における法的地位が付与され，EUの基本原則として認められるようになった（なお，ここでは平等をめぐる問題に男性も組み入れることを目指していた）。また，年齢，移民，ハンディキャップ，ジェンダーといった問題を捉えるために，多様性（diversity）という概念が，「ジェンダー主流化（gender mainstreaming)」に続いて登場した。ただし，以上のようにジェンダー主流化の第1波は広範囲に影響をもたらしたのだが，様々な組織において必ずしも持続可能なやり方で確立されたわけではないのも事実である。緑の党は，男性もフェミニズムに取り込もうと，ジェンダー民主主義を政治理念に掲げた。

　③日独における女性運動の軌跡を比較する

　ここまでで，日本とドイツにおける新しい女性運動の発展をたどり，両者がどこで異なりどこで収斂したのかを示してきた。これらの動きを，言説と政策ネットワークの進展に注目しつつ，以下に簡単にまとめておこう。

　日本でもドイツでも，新しい女性運動は，新左翼学生運動という文脈において展開してきた。その言説には，個人の解放の強調や反権威主義的レトリックといった国際的新左翼の影響が見られる。そのため，女性運動の言説においては，個人とくに女性の解放が訴えられ，男女間の権力関係が強調されていた。日本の運動では，差異と母性がより重視されていたが，1990年代半ばには，社会的に構築されたジェンダーへと重心が移った。男性の問題も議論の俎上にのぼり，同時に女性の中での階層やエスニシティの差異も，深く追究されるようになった。

　フェミニスト政策ネットワークの形成過程は，日本とドイツで異なる軌跡をたどっている。以下では，前述の「ビロードの四角形」を構成する4つの点——活動家，フェモクラット，政治家，ジェンダー研究者——に注目して，その違いを示そう。

　ドイツでは，女性はいくつかのルートで正式な公的地位に就くことができた。つまり女性は，地方自治体や州，政府といったレベルで WPA に入り，行政に対して限定的ながらも影響力をもちえた。また，労働組合や教会，種々の組織の女性部門も活発になっていった。1980年代以降は，クォータ制や有権者の支持によって女性も議会に参入し，大臣や官僚として政府にも加わった。こうして，政治家／議員およびフェモクラットは，ビロードの四角形の強力な二つの角を形成していたのである。政治家たちは政策を止める力をもっていただけでなく，とくに党派を超えた連合によって立法を促しもした。国家レベルでは

WPAはむしろ脆弱であり，緑の党やSPDの政治家が重要な役割を果たしていた。したがって，立法においては政治家や大臣が主たる影響力をもっていたと言ってよい。

　こうして政治参加が増えた結果，ドイツでは政党政治家の役割がより大きく，日本ではフェモクラットのほうが主導権を握っている，という相違が生じた。日本ではいまだに，労働組合や宗教団体，社会組織において女性が権力のある立場につくのは難しく，政府においても，また議会や政党においてはなおさら，女性の地位は周縁的である。こうした構造的な周縁化にたいして，日本のフェミニストたちは，フェモクラットや既存の女性団体と連携し，国連の，あるいは国際的な規範をもち込むことで対応してきた。こうして日本では，男女平等を求める政策ネットワークは，国内の動きと国際的な義務や外圧とを結びつけたのである。一方ドイツでは，男女平等のための政策ネットワークは国内や自治体レベルに集中しており，国内外の動きを結びつけるような戦略があらわれるのは1990年代になってからだった。

## 第5節　日独において女性運動が均等法制定に与えた影響

　さらに，日本とドイツでは，ビロードの四角形を構成する諸グループは異なるアクターの配置へと統合されていった。ここで述べる「アクターの配置」（actor constellation）という概念によって，フェミニスト政策ネットワークがジェンダー政策の制度的領域においてどのような位置を占めるかに着目し，諸アクターがもつ権力へのアクセスや，政治制度や利益集団，社会組織に占める位置を示すことができる。官僚やフェモクラットは，政治体制の内部で働いているため，立法プロセスを引き起こし調整できる立場にある。それゆえ，日本の審議会のように概して閉鎖的な諮問機関にも，利益集団や（場合によっては）様々な運動を「公共の利益」という名目で組み込んでしまえる（Hausman and Sauer, 2007；堀江, 2005）。フェミニスト議員は，議会や政党内でジェンダー・プログラムを代表し，発展させる。そして活動家は，二通りのやり方で政府官

僚や議員に影響を及ぼす。すなわち，一つには1970年代以降に国際的な広がりをみせている女性運動の半公共的な空間を利用して，公的な支持を動員する。もう一つには，十分な公的支援を集めた上で，審議会や公聴会のような政策審議に加わる。専門家が提供する知識や概念は，特定の問題や法案を正統化して，立法に影響することができる。専門家はまた，立法プロセスへの参入も可能である。

以上をふまえて，日独のジェンダーにかかわる立法に着目し，制度上の変化や法改正にたいするフェミニズムの影響を比較しよう。以下では異なるアクターの配置について考察し，とくに以下の二つの問題に焦点を当てる。すなわち，フェミニストの言説と，ジェンダーにまつわる国際的規範と圧力の用いられ方である。以下では，賃金労働における男女の平等と，男女平等の基本法について考察する。それぞれのケースについて，まずフェミニストの言説と国際的規範についてまとめた後，立法プロセスにおけるアクターの配置について概略を述べる。ただし，紙面の都合上，以下の記述はあくまで概観にとどまることをお断りしておく。

（1） **ドイツにおける労働均等法**

ドイツでは，労働に関する女性団体やフェミニストの言説は，「家父長制的資本主義」における性別役割分業を強調していた。賃金労働と家庭における無償のケア・ワークとの関係から不平等が生ずるというのが要点であり，それらの関係は，生物学的機能ではなく社会的機能として再定義された。よってこれらの言説は，女性に対する均等雇用や職業訓練，雇用促進とともに，男性の家事参加と満足できる公的育児施設も要求していた。このような平等の考え方においては，男性中心の雇用基準に女性を適合させることではなく，育児参加によって男性の意識を変えることで，構造的な不平等を取り去ることが意図されていた。けれども，差異という概念が，社会貢献としての母親業や，男性とは異なる女性のライフサイクルを尊重するという考え方も運動の中にはあった（Lenz, 2010a）。1970年代の女性団体や活動家たちは，労働組合や業界連合とい

った利益集団とは距離を置いていたが，1980年あたりを皮切りに，労働組合の女性部門や女性の職業者ネットワークが，独立の活動家たちと協働するようになった。

　前述のように，SPDや緑の党の女性組織は，男女平等，そして有償／無償の区分をはじめとする性別役割分業の廃絶を主張していた。さらに彼女たちは，クォータ制のような具体的な目標ないし法案を含むフェミニスト・プログラムを展開させていた。しかし，1980年代には，保守派の女性たちは，稼ぎ手／主婦モデルにもとづき差異に着目する初期のアプローチを脱し，個人の選択の自由という近代的なモデルへと移行した。穏健派ブルジョアの女性運動の伝統においては，稼ぎ手／主婦モデルや安定した結婚が女性や母親を守る礎と見なされていたのだが，いまや，クォータ制のような強制的な規則による構造的変化なしで個人の自由な選択を尊重する，という選択肢が認められたのである。実際これは，稼ぎ手／主婦モデルの独占状態から稼ぎ手／パートモデルへの移行という，ある特定の発展だったと言える。

　国際的規範について言えば，ドイツにおける法制定に女子差別撤廃条約が果たした役割は小さい。より重要だったのは，男女同一賃金指令（1975年）および男女均等待遇指令（1976年）のEU指令（EU Directives）によって，新法制定が義務と定められたことだった。その後もEUは熟慮を重ね，まず2000年，続いて2002年に，男女均等待遇指令および反差別指令を改正したため，再び国内法の施行が必要となった（McRae, 2006）。

　ドイツ社会民主党・自由民主党連立政権は当初，1975年と1976年のEU指令通過を妨害，あるいは，少なくとも弱化しようとしていた。具体的には，それらの指令が採択された際に，指令が求める内容はすでにドイツ憲法によってカバーされている，と主張していた。しかし欧州委員会はこれを否定し，ドイツ政府のコンプライアンス違反を示唆した。こうした経緯を経て，1980年にドイツ政府はドイツ労働法をEC法に順応させるいわゆる準拠法（*Arbeitsrechtliche EG-Anpassungsgesetz*）を可決した（McRae, 2006）。しかし，国際的な規範に消極的な態度を示していたのは，政府だけではない。女性運動もまた，おもに国

第6章　フェミニズムとジェンダー政策の日独比較

内政治の枠組みで事態を捉えており，EU あるいは世界的なレベルに対してはほとんど関心も連携をとる姿勢ももっていなかった。

　ドイツにおけるアクターの配置の中で主導的な位置を占めたのは労働省であり，ドイツ的なコーポラティズム・モデルに従って，雇用者組合や労働組合と協調して条項を取り決めていた。WPA としては1979年7月に家族省に設けられた女性政策タスクフォースが存在したが，立法にたいして大きな役割を果たすことはなかった。政府は，急成長しつつあった女性運動を無視しており，労働に関して彼女らに意見を求めるどころか，その要求を考慮することさえしなかった。法は公的部門にも民間部門にも適用され，雇用における差別を禁じてはいたが，罰則はきわめて弱かった。経営者に義務づけられる賠償は履歴書の郵送料など応募にかかる費用のみであったため，「郵便切手法」と皮肉られたほどである。これは，伝統的に女性を意思決定の場から排除してきたドイツ的コーポラティズムという文脈で EU 指令が施行されたもの，と見ることができよう。

　それから約15年後の1994年，保守中道派の Helmut Kohl 政権下で女性・青少年問題相を務めていた Angela Merkel の下，公共部門における平等の権利のための法律が可決された。しかしここでも，法制定を促したのは，国際的規範ではなく東西ドイツ統一である。つまり，東ドイツの女性たちは，統一以前に享受していたフルタイムの職や公的育児，中絶に関する権利が失われることを恐れており，そのために左右両派の女性からの抗議が巻き起こる中で，男女平等のための法制定は急務となっていたのである。さらに，いくつかの連邦州ではすでに雇用機会均等法が可決されていたため，国内法の制定も必須だと思われていたという事情もあった。

　この新法では，公共部門における管理職・中間管理職の女性数の増加や，パートタイム労働の正規化が定められはしたが，クォータ制や有効な罰則規定は盛り込まれなかった。つまりこの新法は，近代的な保守フェミニズムとその「個人の選択の自由」という思想に，おおむね一致したものだった。アクターの配置で見ると，主要な WPA としての女性（・青少年）問題相が各アクター

を調整する役割を果たした。ドイツキリスト教民主同盟 (Christlich-Demokratische Union Deutschlands: CDU) の保守派フェミニストや，雇用機会均等を担当する役人は，いくらか意見を求められることもあったが，この時は女性団体のみならず，経営者や労働組合もたいした役割を担うことはなかった。

しかしながら，フェミニストの専門家たちは，ジェンダーに関する知識を提供することで，この立法過程に影響を与えることができた。予防介入によって従業員をセクシュアル・ハラスメントから守ることを公的部門にも民間企業にも義務づけたのは，その一例である。Merkel 自身も，あるフェミニストの調査チームによる包括的な研究結果にもとづいた法的措置の必要性を指摘した (Holzbecher et al., 1990)。その研究によれば，被雇用者の女性の大多数が過去にセクシュアル・ハラスメントを受けたことがあり，さらに無視できない数の女性が性暴力の被害を受けていた。これらの結果を受けて，法的措置の必要が認められたのである。

女性運動団体に加え，SPD や緑の党に所属する議員やフェミニストたちも，公的部門および民間部門における雇用・配属のクォータ制を含む均等法の実現に向けて，ロビー活動を展開した。これらの要求は通らなかったが，SPD や緑の党に所属していた女性政治家の一部は，SPD 与党の，あるいはノルトライン＝ヴェストファーレン州など赤緑連合 (SPD と緑の党の政党連合) 与党の州政府で，女性問題担当の大臣に就任した。こうしてそれらの州では，公的機関において，クォータ制のような構造的変革の義務を定めた男女平等法の制定，およびジェンダー主流化 (gender mainstreaming) への動きが始まった。ただし，この動きは民間まで拡張されたわけではなく，あくまで公的部門にとどまった。

1998年には，Gerhard Schröder 政権下で赤緑連合内閣が力を握るようになり (同政権は女性票に支えられてもいた)，SPD や緑の党の議員に加え，独立系のフェミニストや法律の専門家，それに労働組合も，公共および民間部門における均等法を目指して動き始めた。フェミニストの法律専門家たちは，労働組合や女性団体とも協力して，雇用機会均等法を提言した (Pfarr, 2001)。この提言にあたって彼女らは，これらの支持者 (労働組合や企業も含む) の存在と，2000

年・2002年の改正 EU 指令（男女均等待遇指令）に対応する必要性を主張した。しかし Schröder 政権は，労働市場の自由化および規制緩和をとり，民間における均等法に強く反対していた雇用者組合との協調を図った。Schröder 政権は，従来の（おもに男性の）コア・ワーカーへの失業対策を廃止することで，ドイツ資本主義とそこに組み込まれた稼ぎ手／主婦モデルの自由化に着手した。2004年ハルツ改革（ハルツ第 IV 法）は，男性も女性も労働市場に押し込み，失業の1年後には社会福祉を最低レベルにまでカットするという，労働力の商品化を目指したものだった。さらに政府は，税金面や最小限の福祉負担といった面でインセンティヴをもつ低賃金部門を作り出すことで，女性の非正規化を促進した。2001年に Schröder は，EU 指令は立法によってではなく雇用者と労働組合との自由な合意によって実施されるべきである，との声明を発表した。実際にそのような合意協定が結ばれていたのは企業の約8％に過ぎず，事実上，自由化志向の赤緑連合政権は，民間セクターにも効力のある均等法を制定する機会を閉ざすことになってしまった。

## （2） 日本における機会均等法

　新しい日本のフェミニズムの特徴は，女性のポテンシャル――限界ではなく――としての（男性との）差異と母性に寄せる強い関心だった（溝口・佐伯・三木，1992-1995）。多くのリブ・グループによって，差異は女性の身体やそのポテンシャルと結びつけられていた。労働の領域においては，差異は，とくに出産と母性というポテンシャルを保護するものと見なされていた。生理休暇をめぐる論争に見られるように，差異はあらゆる女性にとっての母性保護へと翻訳されたのである。生理休暇は，米軍占領下の1947年に，同一賃金と母性保護を定めた労働基準法により制度化された。それはまた，過酷な労働条件から女性の生殖器官を守るための措置であり，したがって母性保護において重要なものであると考えられた。リブ運動の女性だけでなく，労働組合の女性団体も差異を強調し，来たる労働基本法改正に備えて，生理休暇の維持を要請していた（Molony, 1995；溝口・佐伯・三木，1992-1995）。

もう一つの潮流として，女性の人権と十全な労働，そして男女ともに人間らしく仕事をすること，という意味での平等を求める声があった。重要な団体の一つが，「国際婦人年をきっかけとして行動を起こす女たちの会」の周囲で1978年9月に結成された「私たちの雇用平等法をつくる会」で，平等と保護を強く主張していた。彼女たちにとって「平等」とは，罰則規定つきの均等法によって，雇用・配置・昇進における差別をなくすことだった。また，「保護」は，差異と，万人の労働条件の改善による平等という二つの概念と結びつけられることで，二重の意味をもたされた。すなわち，一方で，母性保護によって女性労働者に子どもがもてるようにし，他方で，よりよい労働条件と短い労働時間によって男性も子育てに参加できるようにし，労働を全体として人間らしくするべきだ，ということである。「私たちの雇用平等法をつくる会」は，男性の厳しい労働条件と長い労働時間を女性にもあてはめようとする，男性中心主義的な平等概念を批判した（行動する会記録集編集委員会，1999，129ff；Molony, 1995）。

　日本のフェミニストたちは国際的規範を考えに入れて行動しており，「国連女性の10年」への参加，そしてとくに女子差別撤廃条約の日本への導入において，重要な役割を果たした。彼女らは女子差別撤廃条約署名へのロビー活動において，日本は自らが国連の重要な一員であると示すべきであること，近代的で文明的な国家の規範には従うべきであること，そして条約に批准しなければ国際的な評価が地に堕ちることを主張した。権威ある女性団体から独立系の団体までが，そして著名な参議院議員の市川房枝も，大衆運動を起こし，政府と交渉した。働く女性の運動は，機会均等法に均等条項を組み込むよう，手紙やはがきを送ったり会合を開いたりしてロビー活動を続けた（堀江，2005；Tanaka, 2009）。

　女子差別撤廃条約に署名した場合，1985年の批准までに，たとえば労働基本法などいくつかの法改正が必要であることを，政府は理解していた。女性運動やメディアによる支持は，官僚機構内部の社会関係資本によって補完された。つまり，労働省が批准の可能性について問われた際も，担当職員たちは元同僚

第❻章　フェミニズムとジェンダー政策の日独比較

である高橋展子の邪魔をしたくはなかったのである。高橋は、メキシコで開かれた国連の第1回世界女性会議にも出席したことがあり、当時は、女性として初のデンマーク大使を務めていた。さらにデンマークは、女子差別撤廃条約にとって重要になるであろう第2回世界女性会議が1980年に開かれる予定の地だった。労働省は、経営者連合（日経連）や労働組合から広く意見を聞きはしたが、少なくとも経営者側は、平等のための法改正を義務づける条約がいかに重大かを、明らかに理解していなかった（堀江、2005、241-2頁）。しかし、労働基本法の改正は、すでに1970年代初頭から労働省において検討されており、1974年には、東京大学の著名な労働経済学者・大河内一男を長とする「就業における男女平等研究会議」が発足していた。つまり機会均等法は、女子差別撤廃条約という国際的規範の影響と、国内における法改正への動きとの、双方の結果として生まれたのである。

　日本の場合、アクターの配置における主役は労働省、とくに労働省婦人少年局だった。婦人少年局は1947年の労働基本法により設置されたWPAであり、労働基本法改正を担当してきた部局でもある。局のトップは女性で、9人中4人が女性という当時では考えられない構成の均等法審議会を組織することができた。日経連は、最初はこの審議会入りを拒否し、続いて法案の阻止・弱体化に動いた。一方、日本労働組合総評議会（総評）は、罰則規定つきで、さらに母親と働く女性の保護を定めた、強力な均等法を要求した。

　ここでおもに議論の対象となったのは、「均等」や「平等」という概念が何を意味するのかということと、法を義務的なものにするか、勧告的なものにするかということだった。1978年、有泉亨東大教授が委員長を務める労働省の専門家委員会（労基研）は、妊娠中や産後の保護を除いては女性への特別な保護はなくすべきである、と提言した。平等の前提条件として、時間外労働や夜間勤務、危険有害業務、坑内労働、生理休暇などに関する保護規定は廃止されるべきであり、身体的な差異にもとづく規則の違いは最低限におさえるべきだ、ということである（堀江、2005、251頁）。つまり、ここで考えられている平等とは、男性の労働条件そのものには疑問を挟むことなく、それに女性を適合させ

ることであった。主婦によってケア・ワークから解放された男性の稼ぎ手の労働パターンが、社会のジェンダー規範に従って賃金労働とケア・ワークを両立しなければならない女性にも一般化された、ということである。このような機械的な男性との平等化は、社会的なジェンダーの差異を全く認識せず、労働市場における個人の効率性最大化という自由主義的規範に順応している。

婦人少年局のフェモクラットたちもまた、この個人の効率性追求による平等を志向しており、母性保護を妊娠や授乳といった生物学的機能に限定したいと考えていた。つまり彼女らは、企業の雇用・トレーニング・昇進・賃金に関する義務的で罰則つきの均等法を制定することで、女性保護と引き換えに労働における平等を達成しようとしたのである。しかし、経営者側の抵抗に直面し、フェモクラットたちは、とにかく1985年の女子差別撤廃条約批准に間に合うよう、1984年の法案通過を優先した（堀江, 2005, 288-92頁）。欧米のフェミニスト学者はしばしば、国際的規範を参照することで「外圧」をかけるのが法案通過への有効な戦略だと考えている（Gelb, 2003）。しかし日本の均等法のケースからは、このフェミニストの把握に反する重要なポイントを二つ指摘することができる。まず、このケースでは、国際的規範のみでは法制定は不可能で、それが国内の動き——労働省審議会や、労働における男女平等という1970年代のフェミニストの訴え——と結びつくことで可能になった、という点である。もう一点は、フェモクラットや重要なフェミニストたちにとって、国際的規範は制約にもなったという点である。つまり彼女らは、女子差別撤廃条約の批准を優先したために、あらゆる差別の法的禁止といった本質的な要求を譲らざるをえなかったのである。

男女雇用機会均等法は、1985年5月17日に成立し、1986年4月1日に施行された。これにより、職業訓練、住宅手当などの福利厚生、定年退職および解雇、結婚・妊娠・出産などにかかわる差別が禁止された。しかし、企業に課されたのは、雇用・配属・昇進の機会均等への「努力義務」であり（赤松, 1985；堀江, 2005；Molony, 1995）、説明責任や罰則を伴う規範として男女平等が確立されたとは言いがたい。働く女性の保護という意味での差異は切り詰められ、妊娠・

母性のみが保護の対象として保持されたが，政府は，将来的にはさらなる法改正もありうることを示唆していた。雇用機会均等法を強化した野党修正案は，議会で数回否決された。野党は労働省の草案を強く批判していたものの，期限内に女子差別撤廃条約に批准できるよう，最終的にはこれに同意したのである（堀江，2005）。

労働組合や女性団体の圧力の下，1997年6月11日（1999年4月1日施行）の法改正で均等待遇はさらに強化された。この改正では，雇用・配属・昇進における性差別が禁じられたが，その対価として，妊娠・母性以外の点での女性保護が打ち切られた。また，セクシュアル・ハラスメントへの予防介入や，一部のアファーマティヴ・アクションも認められた。

日本の場合，コーポラティズムの牙城である労働省のWPAによって機会均等法の調整が行われ，結果として事後勧告的な性質の均等法が公共および民間部門向けに採択された。一方ドイツでは，民間部門向けの均等法は採択されず，WPA（この場合，政府の女性省）ですら，公共部門向けの弱い均等法を通過させただけだった。2000年および2002年のEU指令を受けてやっと，政府は2006年に個人の差別を禁ずる平等待遇法を可決したのである（次節参照）。しかしながら，セクシュアル・ハラスメントへの予防介入を経営者が行うべきである，ということが法律で定められた点は，両社会で共通している

### (3) 日本とドイツにおける男女平等基本法

日本でもドイツでも，国内外からの様々な刺激を受けて，1990年代には男女平等にかかわる基本法や条項が制定された。[9]

ドイツでの大きな刺激は東西ドイツ統一であった。東西ドイツ統一は，東欧やロシアのいわゆる社会主義諸国の体制崩壊が起因となっていることからして，純粋にドイツ国内の出来事ではなく，むしろ国際的に引き起こされた出来事である。そしてこの文脈で，ドイツ憲法をめぐる広範囲の議論が巻き起こった。東ドイツの組織化された市民運動や女性運動出身の活動家たちは，協議事項に男女平等を盛り込むことに成功した。1990年のドイツ統一条約は，男女平等や

持続可能性といった国家の目標は向こう2年間の憲法改正において議論されるものとする，と定めていた。

　フェミニスト間の議論で当時批判の対象となったのは，女性の労働や社会権にたいして東西ドイツ統一がもたらす壊滅的な帰結であった。独立婦人同盟（UFV）は，平等と持続可能性に向けた構造改革を訴えるマニフェストを出し，女性を被害者と見なすことを拒否して，東西ドイツ統一とその政治への平等な参加を主張した。

　1990年初春，UFVは，独裁体制崩壊後のドイツ民主共和国（東ドイツ）政府の円卓会議に参加した。当時女性省大臣を務めていたUFVメンバーのTatjana Böhmは，リベラル左派のドイツ民主連合委員会議長となった。西ドイツでは，フェミニストたちが「女性に最高の憲法／体質（constitution）を」という構想を打ち出し，1990年9月29日のフランクフルト・マニフェストには，平等と差異という二つの視点を結びつけた憲法改正案が謳われていた。権威のあるフェモクラットや，議会や教会や政党の女性指導者たちも，こうした取り組みを支持していた（Lenz, 2010a, pp. 872-873）。レズビアンや移民の権利を主張するものたちもまた，自らの要求を述べるようになった。もっともそういった要求は，男性——たいていは保守派の政治家たち——の抵抗によって実現を阻まれたのだが。

　つまり，この憲法改正のプロセスにおいては，フェミニストの活動家や専門家，フェモクラットや議員たちの間に協調関係があったのである。議会両院の憲法委員会には，すべての党から議員が参加し，連邦州の政治家たちも加わっていた。憲法委員会は1994年に，憲法の基本法部分における平等条項の拡大と改良を決議し，これを積極的な政治的取り組みによって実施すべき国家の目標とした（Rudolph, 1996）。こうして（連邦州法におけるクォータ制などの）積極的なジェンダー政策やアファーマティヴ・アクションは，憲法に取り入れられることで法的な支えを得たのである。

　ここでのアクターの配置を見てみると，女性運動や市民運動が，専門家や男女入り混じった超党派の連合と協調しつつ主導的な役割を果たした，という特

徴が見てとれる。中央および連邦州のフェモクラットは，ここでは補佐的な役割を担ってはいた。

次の包括的法案である2006年の一般平等待遇法は，2000年（人種・エスニシティ）および2002年（雇用における男女平等）のEU反差別指令に応答するかたちで採択された。ここでは，人種，エスニシティ，性別，宗教，価値観，障害，年齢，性的指向に関係なく，個人を差別せず平等な待遇をすることが定められた。経営者側には，企業内における差別をなくす義務があり，苦情担当部署（Beschwerdestelle）の設置も課せられている。差別の被害者は，補償を求めて訴訟を起こすことができる。一般平等待遇法成立において主要な役割を果たしたアクターは政府，とくにAngela Merkel首相であった。彼女は2005年に，欧州司法裁判所からEU指令の施行に不備があるという判決を受けていたのである。女性弁護士協会などの女性団体はより徹底的な法の制定を訴えたが，女性運動はそこまで強く結集することはなかった。

日本では，1999年に男女共同参画社会基本法が成立した（英語ではBasic Law for a Gender Equal Societyと称される）。ここにおいて，女性政策からジェンダー政策への転回が明らかとなった（大沢, 2000, 41；Osawa, 2003；Tanaka, 2009）。

フェミニスト間の議論では，ジェンダーは差別の構造的カテゴリーとしても取り上げられ，個人のチャンスや成長は（この差別のカテゴリーという意味での）ジェンダーによって決定されるべきではない，という主張が展開された。つまり，ジェンダーの最小化もしくはジェンダーからの自由として，ジェンダーの平等が理解されたのである（Osawa, 2003, 6；上野, 1995）。この考えは，女性と差異に重きを置いていたリブの思想からはほど遠い。

また主流派のフェミニストは，国際的な平等規範とそれが日本のジェンダー政策に対してもつ意味に注目していた。1995年に北京で開かれた第4回世界女性会議には，約5000人の日本人女性が参加した。北京JACは，日本政府が署名した北京行動綱領における規範と要求をフォローアップするために，東京や他の地方からの活動家たちが結成したものである。市民社会の側からジェンダー政策を監視および支援することに注力していたのである。

ここでのアクターの配置は，政府と総理府の男女共同参画審議会を中心としたものだった。このような政府の強さは，一つには，行政改革・社会改革を掲げた橋本龍太郎首相ひきいる自由民主党の改革路線によって説明可能である。橋本首相は，出生率低下や高齢化社会，労働市場と経済の活性化といった基本的な社会問題の解決にとって，ジェンダー政策が必要であることを認識していたのである。もう一つの側面として，当時の自民党が日本社会党（のちに社会民主党）および新党さきがけと協力関係を結んだことを挙げることができる（1994～1998年）。この両党とも，男女平等を支持する女性党首を擁していた時期があり，男女共同参画に関する立法を強く主張していた。彼らの要求に譲歩するかたちで，自民党は1990年代の大改革にジェンダー・ポリティクスを含めることになったのである。しかし2000年以降，党内の国家主義的ネオリベラル勢力や，その他の国家主義団体によって，男女共同参画へのバックラッシュが巻き起こったため，法の完全な実施は国レベルでも自治体レベルでも妨げられた（Holdgruen, 2013）。

　男女共同参画社会基本法は，専門家や利益代表者を配した行政寄りの委員会によって，伝統的な審議過程を経て準備された。橋本首相は，1994年に総理府に設けられた男女共同参画審議会に助言を求めた。審議会では，研究者やジェンダーの専門家たちが男女を問わず重要な役割を果たしており，コーポラティズムにおける経営者側の影響はいくらか相対化された。1996年の最終報告書「男女共同参画ビジョン――21世紀の新たな価値の創造」は，日本の男女共同参画（というのはつまり，「ジェンダーから自由な」）社会というイメージを基盤としており，明らかにフェミニズムの議論からの影響が見られる（Osawa, 2003, 6頁）。「参画」という用語じたい，十全に情報をもった上で個人が対等に政策決定やその他の社会的意思決定に参加すること，という意味でフェミニストの樋口恵子が使い始めたものである（鹿野，2004）。ビジョンの基本的なコンセプトは，以下の通りである。「男女共同参画――それは，人権尊重の理念を社会に深く根づかせ，真の男女平等の達成を目指すものである」（「男女共同参画ビジョン――21世紀の新たな価値の創造」p. 1; cf. Osawa, 2003, 4, 17）。男女共同参画社会

基本法は1999年7月に可決されたが,この法律は,上記のビジョンに則りつつもより慎重な内容になっていた。同法では,個人の尊重,法の下での平等,男女共同参画が強調され,市民団体や女性団体との協調の下,国や地域レベルで男女共同参画への取り組みが始まった。

　以上のように,日本とドイツにおいては立法の過程に様々な違いがあるが,紙幅の都合から,ここでは最も顕著な点を指摘するにとどめたい。すなわち,日本では,基本法は脱ジェンダー化（ジェンダー拘束からの自由）を強調し,個人の人権,尊重,そして社会参画を前面に出すことで可決され,政府と審議会が調整役となっていた。一方ドイツでは,構造的なジェンダー概念を引き合いに出し,ドイツ憲法の基本法が改正されるのみであった。ドイツの場合,アクターの配置において指導的な役割を担ったのは,政府と議会,そして市民団体と女性運動だった。

## 第6節　比較的観点から見る女性運動と制度変容

　本章の目的は,日本とドイツにおいて,立法および制度的変化に女性運動が与えた影響を評価することであった。そのために,ここまでの議論では,女性運動の進展を大まかに比較した後,労働における平等と基本法という政策領域における立法プロセスを,三つの観点——立法におけるアクターの配置,フェミニズムの議論,男女平等の国際的規範——から検討してきた。本章の主たる問いは,女性運動は,法的・制度的変化を惹き起こすことによって,どのように親密圏と公共圏の再編成に寄与してきたのか,そして,稼ぎ手／主婦モデルという両社会の保守的な福祉ジェンダー・レジームに,女性運動はいかほどの変化をもたらしえたのか,という問いであった。

　フェミニズムの議論は,女性へのアファーマティヴ・アクション（ドイツではクォータ制も）を含めた「平等と差異」をめぐる議論から,ジェンダーをめぐる議論へとシフトした。日本では,ジェンダー拘束からの自由と個人の人権,男女共同参画が強調されるようになったのにたいし,ドイツでは,ジェンダー

はおもに社会的不平等のカテゴリーとして理解され，脱構築的なアプローチが政治や立法の過程に取り入れられることはあまりなかった。

国際的規範はどちらの社会でも重要な役割を果たしたが，「外圧」という言葉で説明される時に想定されているように (Gelb, 2003)，それが唯一決定的な要因として影響力をもったわけではなかった。日本では，女子差別撤廃条約および「国連女性の10年」，とりわけ1995年の第4回世界女性会議（北京）が，国内のジェンダー・ポリティクスに，国際的な規範や概念がもち込まれる契機となった。ドイツでは，EUの国際的ジェンダー規範の影響が大きく，1990年代半ば以降に限って言えば，ある程度はドイツ国内に影響力をもつようになった。

どちらの社会でも，アクターの配置は政策によって多岐にわたっていた。日本では，政府や連立与党，男女共同参画審議会が，男女共同参画社会基本法の制定において中核的な位置にあった。ドイツでは，女性運動だけでなく，議会や連邦政府，民主主義連合などが，ドイツ憲法における基本法の改正を押し進めた。どちらの社会でも女性運動のうねりは大きく，日本ではジェンダーの専門家たちが，運動に学術的な正統性を与えるとともに，社会が押しつける規範としてのジェンダー拘束からの自由，という概念をもたらした。

さらに，どちらの社会でも，性暴力を禁止する法律の制定においては，連立与党の下での議会が主導的な役割を果たした。ドイツでは，1997年に全会一致で新レイプ法が可決された。ここでレイプは，個人の性的自己決定権という観点から再定義され，従来とは異なり婚姻内でのレイプが犯罪として認められるようになった。日本では，男女共同参画審議会・女性に対する暴力部会による事前検討を経た上で，2001年に「配偶者からの暴力の防止及び被害者の保護等に関する法律」が連立政権下の参議院で可決された。同年，ドイツでも，赤緑連合政権や政党幹部会，同性愛者団体や女性団体が，ライフ・パートナーシップ法を成立させた。これらの事例からわかるように，ジェンダーの専門家や女性運動の支持を受けた政府や政党，というアクターの配置は，基本法や親密なシティズンシップといった領域において決定的な重要性をもつ。また，こうし

たアクターの配置には，産業界や労働組合の利益を相対化することで，コーポラティズムを乗り越えていく傾向もあった。しかしながら，ジェンダーと労働の領域では，経営陣や労働組合の女性代表者だけでなく，フェモクラットやジェンダーの専門家たちも，一定の関与はしたもののコーポラティズムの枠内に閉じ込められていた。

　こうした過程を見ていくと，新しい女性運動が，親密圏と公共圏の再編成における制度的変化にたしかに寄与してきたことがわかる。新しい女性運動は，私的存在（つまり母や主婦）としての女性像を解体し，社会や政治，労働市場における公的な女性像の作り出すことに強い影響を与えた。やや誇張して言えば，新しい女性運動は，平等の達成には成功しなかったが，公的な女性像を確立することはできたと言えるかもしれない。この公的な女性像は，ドイツでは支配的な規範となり，日本では，母親や主婦という規範も根強く残る一方で，多様なライフスタイルの中での問題含みではあるが可能な選択肢の一つとなった。さらに，以前なら私的なこととして片づけられていた性暴力も，今日では政策課題として公的な問題となり，セクシュアル・ハラスメントや家庭内暴力，さらにドイツの場合には婚姻内でのレイプが違法とされた。ドイツではまた，結婚制度に準ずるものとして，ライフ・パートナーシップ法が同性愛者のために制度化されている。こうして，親密圏は公共圏に向けて再び開かれ，私的な問題とされてきた性暴力は法的に禁止されるようになり，男女共同参画社会基本法などによって，女性の尊厳や人権，社会参画が，公私の両面において認められるようになった。ただし，こうした再編がどのくらい実施され生きた現実となるのかは，また別の問題である。

　こうして公的な女性像が確立された一方で，ジェンダーにまつわる労働法の制定は，グローバル化と雇用の流動化という現代的文脈の中で，民間企業における個人の差別を禁止するにとどまった（均等法，一般平等待遇法）。そのため，正規雇用・終身雇用についている女性が少数存在する一方で，柔軟な雇用形態（パートや派遣労働）につく女性がますます増加する，という二極化がより鮮明になっている。ライフスタイルに関しては，ドイツでは共稼ぎ志向が見られ，

日本にも若干その傾向がある。大まかに言うと,「稼ぎ手／主婦モデル」は,「脆弱な稼ぎ手／柔軟な労働者・主婦モデル (fragile breadwinner-flexible worker/housewife model)」に姿を変えつつある。しかし,労働の柔軟化によって,稼ぎ手としての男性の位置づけもまた再編成と崩壊の道をたどっており,ますます時代遅れとなっていく社会保障制度におけるかたちだけの主役に成り果てている。働く男性の不安定性も増したという,このような社会的文脈において,今後いかなる制度的解決がなされるのかが待たれる。

さらに,「脆弱な稼ぎ手／柔軟な労働者・主婦モデル」は,出生率低下や高齢化社会といった問題への解決になるわけではない。一部の論者によれば,現代は資本主義のグローバル化と柔軟化の真っ只中であり,そこではジェンダーの非対称性が様々な形式で現れている (Aulenbacher, 2010; Lenz, 2013)。よって,ジェンダーに関する正義と社会正義を制度として築き上げる努力は,次代の社会運動と女性運動の喫緊の課題となろう。

注
(1) 本章は,著者が2009年冬にグローバルCOEプログラム「親密圏と公共圏の再編成をめざすアジア拠点」に滞在した際の成果である。落合恵美子,原ひろ子,姫岡とし子,伊藤公雄,前みち子,大沢真理,上野千鶴子の諸兄諸姉,そして京都で出会った学生たちに,ジェンダー・ポリティクスと女性運動について実り多い議論ができたことを深謝する。紙面の都合上,いくつかの関連する問題には軽く触れるにとどめ,重要な文献を参考文献に含めることにする。
(2) フェミニズムのような社会運動が構造的な変化にどのような影響を与えるか,というのはきわめて複雑な問題であり,いまだ十分な研究がなされてはいない。
(3) 2008年では,雇用下にある全女性のうち40.3%がパート雇用,3.8%が派遣労働者,6.3%が契約社員・嘱託などであった(厚生労働省雇用均等・児童家庭局,2009,130-131頁)。
(4) femocratという語は多義的であるが,本章ではfeminist bureaucratの省略表現として,つまり「フェミニズムの信念にコミットしている官僚」というくらいの意味で用いられている。女性の官僚がすべてfemocratであることはないので(保守派の女性官僚も存在する),「女性官僚」と訳すのは不適切であり,原語が省略表現であることを活かして「フェミ官僚」などと訳すのも,「フェミ」という略称に時おり込められる軽蔑的なニュアンスを考慮するとためらわれる。以上の理由から,

また femocrat という語を読者に広めるという目的も兼ねて，ここでは「フェモクラット」と訳しておくことにする（訳注）。
(5) フェミニズムの影響を受けた多くの政党が推進した法改正により，夫婦間のレイプは1997年に初めて法的に禁止された。
(6) ビロードの三角形とは，ジェンダー政策の形成プロセスにおける，フェモクラットと学術界と女性運動という三者間の密接な関係を描くために，Alison E. Woodward が提唱している説明図式である（Woodward, 2003, pp. 77-8）。この図式には二つの源泉がある。まず「三角形」の部分は，アメリカの政策決定における官僚と議会と産業界との密接な関係を指す，「鉄の三角形（iron triangle）」（McCool, 1995, p. 252）に由来する。そして「ビロード」の部分は，企業組織における広報課のあり方を表現するために Beth W. Ghiloni（1987）が用いた，「ビロードのゲットー」に由来する。Ghiloni はこの表現によって，女性の割合が相対的に高い広報課には，他の課には認められない裁量・特権が認められている一方で，他の課と評価基準が異なることなどにより昇進などのチャンスが制限されている，という二つの側面があることを指摘した。Woodward は，ジェンダー政策に取り組む諸アクターが従来から男性中心の政策ネットワークにおいて周縁的な立場にある，という点に「ビロードのゲットー」との共通点を見出しているようだが，Ghiloni が考えていたような何らかの裁量・特権という意味合いが Woodward における「ビロード」にも含まれているかどうかは，あまりはっきりしない（参照：Ghiloni, B. W.（1987）"The Velvet Ghetto: Women, Power, and the Corporation," G. W. Domhoff and T. R. Dye eds., *Power Elites and Organizations,* California : Sage, pp. 21-36, McCool, D. C.（ed.）（1995）*Public Policy Theories, Models, and Concepts : An Anthology,* New Jersey : Prentice Hall.）（訳注）。
(7) 上野（1995），Osawa（2003）を見よ。「ジェンダー・フリー」の概念は，2000年以降，自民党のみならず宗教系・右翼系の国家主義・保守主義陣営から強い抵抗を受けている。
(8) 女子差別撤廃条約への批准や雇用機会均等法制定にいたる過程については，堀江（2005）による詳細で優れた研究の他，赤松（1985），Molony（1995）などを参照せよ。
(9) 紙幅の都合上，基本法の詳細と立法に至るまでの政策プロセスについてここで詳述することはできないことをご了承願いたい。

**参考文献**
赤松良子（1985）『詳説 男女雇用機会均等法及び改正労働基準法』日本労働協会。
伊藤公雄（2009）『「男女共同参画」が問いかけるもの——現代日本社会とジェンダー・ポリティクス』インパクト出版会。
上野千鶴子（1995）「差異の政治学」井上俊・上野千鶴子・大澤真幸・見田宗介・吉

見俊哉編『岩波講座　現代社会学11　ジェンダーの社会学』岩波書店，1-26頁．
大沢真理（1993）『企業中心社会を超えて――現代日本を「ジェンダー」で読む』時事通信社．
大沢真理（2007）『現代日本の生活保障システム――座標とゆくえ』岩波書店．
大沢真理編（2000）『21世紀の女性政策と男女共同参画社会基本法』ぎょうせい．
厚生労働省雇用均等・児童家庭局編（2009）『女性労働の分析――大卒女性の働き方』財団法人21世紀職業財団．
行動する会記録集編集委員会（1999）『行動する女たちが拓いた道――メキシコからニューヨークへ』未來社．
鹿野政直（2004）『現代日本女性史――フェミニズムを軸として』有斐閣．
進藤久美子（2004）『ジェンダーで読む日本政治――歴史と政策』有斐閣．
堀江孝司（2005）『現代政治と女性政策』勁草書房．
溝口明代・佐伯洋子・三木草子編（1992-1995）『資料日本ウーマン・リブ史』（全3巻）松香堂．
横浜女性フォーラム編（1991）『新版 女のネットワーキング――女のグループ全国ガイド』学陽書房．
横山文野（2002）『戦後日本の女性政策』勁草書房．
Aulenbacher, Brigitte (2010) "Rationalisierung und der Wandel von Erwerbsarbeit aus der Genderperspektive," Fritz Böhle, G. Günter Voß, Günther Wachtler (eds.), *Handbuch Arbeitssoziologie*, Wiesbaden: VS Verlag, pp. 301-331.
Banaszek, Lee Ann, Karen Beckwith and Dieter Rucht (2003) *Women's Movements Facing the Reconfigured State*, New York: Cambridge University Press.
Gelb, Joyce (2003) *Gender Policies in Japan and the United States : Comparing Women's Movements, Rights, and Politics*, New York: Palgrave Macmillan.
Haussman, Melissa and Birgit Sauer (eds.) (2007) *Gendering the State in the Age of Globalization : Women's Movements and State Feminism in Post Industrial Democracies*, Lanham: Rowman and Littlefield.
Holdgruen, Phoebe (2013) Gender Equality. Implementierungsstrategien in japanischen Präfekturen, Munich: Iudicium.
Holzbecher, Monika, Anne Braszeit, Ursula Müller and Silbylle Plogstedt (1990) *Sexuelle Belästigung am Arbeitsplatz*, Schriftenreihe des Bundesministers für Jugend, Familie, Frauen und Gesundheit 260, Stuttgart: Kohlhammer.
Lam, Alice (1992) *Women and Japanese Management : Discrimination and Reform*, London, New York: Routledge.
Lenz, Ilse (2007) "Globalization, Varieties of Gender Regimes, and Regulations for Gender Equality at Work," Sylvia Walby, Heidi Gottfried, Karin Gottschall

第❻章 フェミニズムとジェンダー政策の日独比較

and Mari Osawa (eds.), *Gendering the Knowledge Economy : Comparative Perspectives*, London : Palgrave, pp. 110-140.

Lenz, Ilse (2009) *Die Neue Frauenbewegung in Deutschland : Abschied vom kleinen Unterschied : Ausgewählte Quellen*, Wiesbaden : VS Verlag.

Lenz, Ilse (2010a) *Die Neue Frauenbewegung in Deutschland : Abschied vom kleinen Unterschied : Eine Quellensammlung*, 2nd Edition, Wiesbaden : VS Verlag.

Lenz, Ilse (2010b) "Das Private ist politisch !? Zum Verhältnis von Frauenbewegung und alternativem Milieu," Sven Reichardt and Siegfried Detlef (eds.) *Das Alternative Milieu : Antibürgerlicher Lebensstil und linke Politik in der Bundesrepublik Deutschland und Europa 1968-1983*, Göttingen : Wallstein Verlag, pp. 375-405.

Lenz, Ilse (2010c) "Gender, Inequality, and Globalization," Ulrike Schuerkens (ed.) *Globalization and Transformations of Social Inequality*, London : Routledge, pp. 175-203.

Lenz, Ilse (2013) „Geschlechterkonflikte um die Geschlechterordnung im Übergang. Zum neuen Antifeminismus" Erna Appelt, Brigitte Aulenbacher and Angelika Wettererx (eds.) *Gesellschaft - Feministische Krisendiagnosen*, Münster, Westfälisches Dampfboot, pp. 204-227.

Mackie, Vera (2003) *Feminism in Modern Japan : Citizenship, Embodiment and Sexuality*, Cambridge : Cambridge University Press.

MacRae, H (2006) "Rescaling Gender Relations : The Influence of European Directives on the German Gender Regime," *Social Politics*, 13(4), pp. 522-550.

Mae, Michiko, and Ilse Lenz (2015) *Die Frauenbewegung in Japan. Gleichheit, Differenz, Partizipation*, Wiesbaden : VS Verlag.

Molony, Barbara (1995) "Japan's 1986 Equal Employment Opportunity Law and the Changing Discourse on Gender," *Signs*, 20(2) : pp. 268-302.

Ochiai, Emiko (2010) "Reconstruction of Intimate and Public Spheres in Asian Modernity : Famiallism and Beyond," *Journal of Intimate and Public Spheres*, Pilot Issue : pp. 2-23.

Osawa, Mari (2003) "Japanese Government Approaches to Gender Equality since the Mid-1990s," Wayne State University, Occasional Paper Series Nr. 9.

Pfarr, Heide, (ed.) (2001) *Ein Gesetz zur Gleichstellung der Geschlechter in der Privatwirtschaft*, Düsseldorf : Hans-Böckler-Stiftung.

Rudolph, Clarissa (1996) *Einflusspotentiale und Machtbarrieren : Frauenpolitik in der Verfassungsdiskussion*, Baden-Baden : Nomos.

Tanaka, Hiromi (2009) *Japanische Frauennetzwerke und Geschlechterpolitik im*

*Zeitalter der Globalisierung,* München: Iudicium.

Woodward, Alison (2003) "Building Velvet Triangles: Gender and Informal Governance," Simona Piattoni, Thomas Christiansen (eds.) *Informal Governance and the European Union,* London: Edward Elgar, pp. 76-93.

# 第7章

# 「家族の価値」が意味するもの
――アメリカにおける同性婚訴訟――

小泉明子

## 第1節　多様化する家族

　本章は，アメリカ合衆国に存在する家族理念が政策や立法にいかなる影響をもたらしているかを，1990年代以降アメリカで政治問題化している同性婚訴訟を中心に見ていこうとするものである。アメリカでは1960年代のカウンター・カルチャーと性解放，1970年代の家族法改正（破綻主義の導入，婚外子差別規定の削除など）により離婚の増加，シングルマザー世帯の増加といった家族の多様化が進行してきた。同性婚は2004年にマサチューセッツ州で初めて認められ，2013年の連邦最高裁判決をきっかけに認める州が増大した。2015年現在では，コネティカット州，ヴァーモント州，ニューヨーク州などの37州とコロンビア特別区（ワシントンD.C.）で同性婚が認められている[1]。またギャラップ調査によれば，同性婚の承認をめぐり2000年以降世論は二分されていたが，2014年には同性婚を支持する率が55％となり，過去最高となった[2]。この近年における変化はどのようにしてもたらされたのだろうか。またなぜ，アメリカにおいて同性婚問題は白熱化するのだろうか。

## 第2節　アメリカにおける同性婚訴訟

　本章で検討する同性婚訴訟を主に牽引してきたのは，同性愛者（より広義の性的マイノリティというカテゴリーから，LGBTと称される場合も多い）の権利擁護団体である。アメリカで1950年代から始まる同性愛者の権利運動は，時系列順

に三区分される。すなわち，1950年代の（男性）同性間の性行為を罰するソドミー法廃止や，社会への同性愛者の同化を求めた穏健なホモファイル運動，1969年のストーン・ウォール事件を機に，異性愛社会への異議申し立てを前面に押し出したゲイ・リベレーション，そして1990年代以降に同性婚の承認を主たる目標として展開されたゲイ・ライツ運動である。ゲイ・ライツ運動の特徴は，同性愛者の権利に特化した権利擁護団体が訴訟をリードしていくという点にある。たとえば1999年に出された同性婚の承認が争点となったベイカー判決は，同性愛者権利擁護団体 GLAD 弁護士らによる，同性婚訴訟に適切な原告（同性カップル）の選択，弁護士の指示にもとづく婚姻許可証の申請といった経緯を経て提起された訴訟の判決であった（Hull, 2006, pp. 165-166）。ヴァーモント州最高裁は，婚姻により州から付与される利益とその重要性に照らせば，同性カップルが州法の下で婚姻に伴う利益や保護から排除されていることは州憲法に違反すると判断した。具体的な救済方法は立法者に委ねられたため，ヴァーモント州議会は同判決にもとづき，2000年に婚姻と同等の法的利益・保護を同性カップルに付与するシビル・ユニオンを制定した（のち2009年に同性婚を承認）。

　また，2003年のグッドリッジ判決も GLAD の主導によるものである。GLAD は，先例での同性愛者の扱われ方，同性愛者の権利を認める州法や条例の存在，同性婚を認める判決が出た場合それを覆す州憲法修正手続はどのようなものかといった点を考慮し，マサチューセッツ州を訴訟地として選択した（チョーンシー，2006, 182-183頁）。また原告に関しては，お互いのコミットメントの程度が検討され，婚姻できないことから生じる不利益が明白な7組の同性カップルが原告として選択された（Stein, 2006, pp. 11-12）。同判決でマサチューセッツ州最高裁は，婚姻から生じる利益，保護，義務を異性カップルに限定することは，州憲法の法の下の個人の平等および個人の自由という基本前提に違反すると判断した。2004年3月，マサチューセッツ州議会は婚姻を男女間のものと定義する州憲法修正案を通過させるが，州憲法修正手続には召集された議会2期にわたっての承認，および州民投票が必要とされた。そのため，2004

年5月17日に同性カップルへ婚姻許可証の発行が開始された。

## 第3節 「家族の価値」という言説：バックラッシュに見るアメリカの家族理念

### (1) バックラッシュの担い手：宗教右派（Christian Rights）

　1970年代以降に進んだ同性愛者の可視化および権利運動は，様々なバックラッシュを生じさせることとなった。なぜならば，キリスト教において同性愛は，不道徳な罪（sin）であると認識されてきたからである。そして国民の約8割がキリスト教を信仰するアメリカの場合，反同性愛（homophobia）の認識が強く政治に影響を及ぼし，様々なポリティクスを生み出してきた。バックラッシュの主な担い手は，宗教右派（Christian Rights）と呼ばれる保守勢力である。政治学者のJ. グリーンによれば，宗教右派とは，「特に福音派プロテスタント（Evangelical）を中心とした，公共政策における"伝統的価値観（traditional values）"の回復のために尽力する社会運動」である（Green, 2000, p. 124）。

　1970年代末に伸張する宗教右派団体としては，1979年にJ. ファルウェルにより設立されたモラル・マジョリティが有名である。新自由主義の活動家P. ワイリック（保守系シンクタンクのヘリテージ財団設立者）は，全米に数多くいる福音派プロテスタントが共和党の膨大な票田になることを見越して，テレヴァンジェリスト（テレビ伝道師）のファルウェルに団体の設立を呼びかけた。モラル・マジョリティはプロライフ（中絶反対）や「家族の価値」を主張して急速に伸張し，1980年には予算5600万ドル，会員数30万人の団体となる。こうした宗教右派団体はその後金銭スキャンダルや神がかった過激な発言などにより支持を失い，解散や団体の縮小に追い込まれた。だが宗教右派は1990年代に再び勢力として復活し，共和党の政策に影響を及ぼすこととなった。

　1990年代の代表的な宗教右派団体として挙げられるのは，テレヴァンジェリストで元共和党大統領候補のP. ロバートソンが代表を務めたクリスチャン連合（Christian Coalition），小児科医のJ. ドブソンが設立したフォーカス・オン・

ザ・ファミリー（Focus on the Family），レーガン元大統領の国内政策顧問であったG.ボイヤーが代表を務めた家族研究評議会（Family Research Council）などである。宗派も支持層も様々であったこれらの宗教右派団体を結びつけた共通項の一つが，「家族の価値（family values）」と呼ばれるスローガンであった。

「家族の価値」とは，アメリカが好況であった1950年代に定着した，ブレッドウィナー（稼ぎ主）の父，家庭を守る母およびその子からなる家族像を，健全な社会道徳を培う社会の基本的単位として擁護しようとするイデオロギー言説である。1960年代の性解放や家族法改正により，伝統的に理想とされてきた社会の基盤となる家族がいまや失われつつあるという宗教右派の主張は，シングルマザー世帯の増加や同性愛者の可視化に社会秩序・道徳の衰退を見出し，懸念を覚える保守層にアピールするものであった。こうして1980年代以降，「家族の価値」は，「保守派の包括的イデオロギーのシンボル的標語」として幅広く使われるようになっていく（近藤，2005，40頁）。

宗教右派による同性愛者批判が初めて明確化したのは，1977年にフロリダ州で行われた「子どもたちを守れ（Save Our Children）」キャンペーンである。このキャンペーンは，フロリダ州デイド郡で成立した同性愛者差別禁止条例を撤回させようとするものであった。先頭に立った歌手のA.ブライアントは，同条例が不道徳を認め，健全でまっとうなコミュニティで育つという子どもの権利を妨げると主張した。数週間のうちに条例撤回のための住民投票に必要とされる1万名をはるかに超える6万名の署名が集まり，条例は撤回された（Klarman, 2013, pp. 26-27）。また1992年，その名もコロラド州家族の価値（Colorado for Family Values）という保守派団体により指導された「コロラド州憲法修正案Amendement 2」は，いかなる同性愛者に対する差別を禁止しようとする条例，法律，規則も公的機関が採用してはならず，無効とするという内容であった。連邦最高裁は1996年のローマー判決において，Amendment 2は，「性的指向という単一の特色を持つ集団に不利益を負わせようとするものであり，合理的な立法目的があるものとはいえない」として，違憲と判断した。[8]

1990年代以降，ゲイ・ライツ運動が平等保護の観点から同性婚の実現を求め

ていく一方，宗教右派は異性婚にもとづく家族像（家族の価値）を強調することで，同性婚に反対した。宗教右派団体は共和党への支持を動員する勢力として働くことにより共和党最大の支持勢力となり，共和党の政策形成に自らのアジェンダを盛り込む影響力をもった。

(2) DOMA（婚姻防衛法）について

　1993年，ハワイ州最高裁はベアー判決において，同性カップルに婚姻許可証を与えないことは婚姻の相手方を性別によって区分するものであり，州憲法の平等保護条項に違反する可能性があるとして判決を原審に差戻した。全米に衝撃を与えたこの判決をきっかけに，1996年婚姻防衛法（The Defense of Marriage Act 以下，DOMA）が，同性婚阻止のために制定されることになる。なお，1996年当時は宗教右派団体の後押しで共和党が連邦議会両院の過半数を占めており，DOMAは「家族の価値」を色濃く反映している連邦法である。

　1996年9月21日，クリントン大統領の署名により制定されたDOMAは主として以下の2条項からなる。

　第2節「合衆国のいかなる州，準州，領地，あるいはインディアン地区も，他の州，準州，領地あるいは地区の法の下で婚姻として扱われる同性カップルの関係に関するいかなる公的行為，記録，司法手続，あるいはそうした関係から生じる権利もしくは主張について，効力を与えるよう求められることはない[10]」

　第3節「連邦議会のあらゆる法令，あるいは連邦行政諸機関および局の決定，規定，解釈の意味を決定するにあたり，「婚姻」という言葉は夫妻としての男女間の法的結びつきのみを指し，「配偶者」という言葉は，夫または妻である異性の人間についてのみをいう[11]」

　DOMA第2節は，ある州で行われた同性婚の有効性およびその婚姻にもと

づく法的利益や義務につき，他州は認める必要はないとする内容である。また第3節は，連邦法上の婚姻の定義を男女間のものに限定する内容をもつ。DOMA 制定以降，各州では婚姻の定義を男女間のものに限定する州法の改正や州憲法修正が相次いだ。しかしながら，DOMA は審議過程の段階ですでにその合憲性が疑われてきた。アメリカでは連邦法上，社会保障や税金など婚姻にかかわる権利利益は1138あると言われ[12]，連邦法上婚姻を認められない同性カップルは，実質的に婚姻した異性カップルと同様の状況にあるにもかかわらず社会保障や税金などの点で様々な不利益を被ることとなる。それゆえ DOMA は性的指向にもとづく差別を助長するものであり，連邦憲法違反の可能性が示唆されてきた（Strasser, 1997, p. 303）。

## 第4節　二つの連邦最高裁判決：Proposition8 と DOMA

### （1）　Proposition8 をめぐる訴訟

2013年6月26日，連邦最高裁は前節でみた DOMA を違憲と判断した。また同日，「カリフォルニア州憲法修正案 Proposition8（以下 Prop. 8）」についても判断が下された。本節では，これら二つの最高裁判決までの経緯はいかなるものであったかについて整理してみたい。

Prop. 8をめぐる経緯は，2008年のカリフォルニア州最高裁判決（In re Marriage Cases）[13]にさかのぼる。2004年1月，ブッシュ大統領は一般教書演説で，「活動家の裁判官（activist judges）」が伝統的な婚姻の定義をその政策的判断によって変更しようとしているとし，「(裁判官が)恣意的な意思を市民に押しつけることを防ぐために市民に残された唯一の代替策は，憲法手続である」として，連邦婚姻修正（Federal Marriage Amendment）による伝統的婚姻の保護を主張した[14]。サンフランシスコ市長の G. ニューサムはこの演説に憤り，独自に同性カップルへ婚姻許可証の発行を始めた。しかし，この時発行された4000通以上の婚姻許可証は，後に市長の権限逸脱であるとしてカリフォルニア州最高裁により無効とされる[15]。同性婚に反対する保守派は，市長の婚姻許可証発行差

止めを求めて訴えた。また，同性婚支持派も，同性婚の否定は州憲法違反であると訴えた。これら 6 件の訴えの併合審理が，In re Marriage Cases である（Cain and Love, 2010）。カリフォルニア州最高裁は，州婚姻法が同性カップルに異なる取り扱いをしていることは，（異性カップルと）同等の尊重および尊厳を認められる公的な家族関係を形成するという，同性カップルの基本的なプライヴァシーの利益を侵害していると判断した。この州最高裁判決にもとづき，同州では2008年 6 月から同性カップルへ婚姻許可証が発行されることとなった。

判決直後，宗教右派団体を中心とする保守派は，住民投票による州憲法修正でこの判決を覆すための署名活動を始めた。婚姻を男女間のものと規定するカリフォルニア州憲法修正案 Prop. 8は，2008年11月の大統領選と同時に住民投票にかけられた。Prop. 8の是非を問う 2 週間のキャンペーンでは，反対派（同性婚賛成派）は4300万ドル，賛成派（同性婚反対派）は4000万ドルの資金を投じて住民投票への投票を呼びかけた。Prop. 8は賛成52.5％，反対47.5％の僅差で可決され（宍戸，2013，158頁），カリフォルニア州での同性カップルへの婚姻許可証発行は半年で中断された。反対派は州裁判所へ訴えたものの，2009年に州最高裁は Prop. 8を合憲と判断した（ただし，これまでに同州でなされた 1 万8000組の同性婚の効力については有効であるとした）。

Prop. 8の合憲性を問う訴訟はその後，連邦裁判所に提起されることになった。このペリー事件には二つの興味深い点がある。第一に，著名な弁護士である T. オルソンと D. ボイエスが原告である同性カップル側の代理人としてついたため，同性愛者の権利をめぐる訴訟が連邦最高裁にまで係属するのではないかという期待が高まった点である。第二に，被告として訴えられた行政（カリフォルニア州知事および州司法長官）が訴訟の継承を拒んだために，Prop. 8の公的提案者（official proponents）が訴訟に参加し，被告の立場を引き継いだという点である。

2010年 8 月，連邦地裁サンフランシスコ支部は，Prop. 8による同性婚の禁止は連邦憲法修正第14条が保障するデュー・プロセス条項および平等保護条項に違反すると判断した。主任のウォーカー判事は，Prop. 8により阻害される

婚姻する権利（right to marry）が基本的権利であることに鑑み，Prop. 8に反対する原告らの主張は厳格審査基準にもとづき審査されるものとする。その場合，州側に Prop. 8を施行するだけの利益があることの立証責任が求められるが，本件では行政側が Prop. 8を支持していないことからそうした利益を証明することはできず，よって Prop. 8はプロセス条項違反であるとされた。また同性カップルを劣ったものと見る私的道徳観にもとづく Prop. 8は，いかなる審査基準の下でも平等保護条項違反であるとされた。シュワルツェネガー知事および州司法長官は第一審判決を支持し，カリフォルニア州における同性婚再開を求めた。このため，連邦第9巡回区合衆国控訴裁判所は，カリフォルニア州最高裁に対して Prop. 8公的提案者に原告適格があるかどうかを諮問し，州最高裁はこれを是認した。

　第9巡回区合衆国控訴裁判所は，これまでマイノリティの権利剥奪が問題となった先例の判断枠組みに依拠し，Prop. 8は，「同性愛者から婚姻という公的名称とそれに伴う社会的地位を取り去ることにより，公的な法を通じて，ゲイおよびレズビアンに，彼・彼女らおよびその関係性に対する多数派の私的非難を課している」として，第一審判決を認容した（at 1095）。Prop. 8提案者による上訴は2012年7月31日に行われ，連邦最高裁はDOMA の合憲性を問う訴訟と同日にその判断を下すこととした。

### （2）　DOMA 第3節をめぐる訴訟

　先述のように，DOMA は審議過程の段階から違憲であるとの疑義が投げかけられてきた。疑義の多くは，各州は他州の同性婚を認めずともよいとする第2節にかかわるものであったが，2004年以降いくつかの州で同性婚が実施されたことにより，実質的な不利益を生じさせる条文として問題になったのは，連邦法上の婚姻を男女間のものと定義する第3節であった。同性カップルらを原告として DOMA 第3節の合憲性を問う訴訟がいくつか提起されるも，連邦裁判所は DOMA を合憲であるとしてきた（Wardle, 2010, pp. 965-966）。

　しかし，2010年に DOMA の第3節を違憲とする二つの連邦地裁判決がマサ

チューセッツ州で出された(29)(30)。この二判決につき，連邦司法省は2011年1月に控訴したが，他方で直後の2月にオバマ大統領および司法省はDOMAを擁護してきたこれまでの対応を変化させることとなる。司法長官E.ホルダーは，性的指向についてはこれまで合理性審査基準が用いられてきたが，より厳しい高位の審査基準が適用されるべきであり，この審査基準にもとづけばDOMA第3節は違憲であるとの見解を示した。そしてニューヨーク州およびコネティカット州の連邦地裁に新たに提起されたDOMAの合憲性を問う二訴訟(31)について，以降これらの訴訟ではDOMA第3節を擁護しない，としたのである(32)。オバマ政権のDOMA不支持の表明を受けて，連邦議会下院議長J.ボイナーは超党派法務諮問会議(The Bipartisan Legal Advisory Group，以下BLAG)を招集し，DOMAの擁護およびDOMAをめぐる訴訟に参加する意思を表明した(33)。この二訴訟のうち，ニューヨーク州で提訴されたウインザー事件が，先述したProp. 8の合憲性をめぐるペリー事件と同日に連邦最高裁で判断されることとなった。

　ウインザー事件は次のような内容である。原告ウインザーは2007年に同性パートナーとカナダで婚姻したが，2009年にパートナーが死去し，内国歳入庁(IRS)より遺産相続税36万3053ドルの支払いを求められることとなった。DOMA第3節がなければ配偶者として税金を控除されていたため，ウインザーは同条項が連邦憲法修正第5条の平等保護違反(34)に該当するとして支払金額の返還を求めた。

　連邦地方裁判所ニューヨーク南支部は2012年6月に原告の訴えを認容し，DOMA第3節は違憲であるとした(司法省はDOMA第3節を違憲であるとしたものの，法の施行はこれまで通り続けるとしたため，同判決があっても納税額の返還は行われていない)。地裁判決に対し，BLAGは上訴した。第2巡回区合衆国控訴裁判所は，同性愛者は"準疑わしいクラス"(quasi-suspect class)として高位の審査基準(中間審査基準)が適用されるとした(at 181, 185)。中間審査基準においては，法が政府の重要な利益と実質的に関連しているかどうかが問われるが，BLAGの主張したDOMA正当化理由はいずれも退けられ，DOMA第3

節は平等保護違反であり，違憲であると判断された（at 188）[35]。

　ペリー事件およびウインザー事件につき，最高裁は2012年12月7日に裁量上訴（certiorari）を認め，審理を決定した。なお，ペリー事件についてはProp. 8の公的提案者が連邦憲法3条2節にもとづく原告適格（standing）があるか，またウインザー事件については，①行政部門がDOMAを違憲であるとした下級裁判所判決に同意したことは最高裁が本件を審理する管轄権を奪うものであるか，②連邦議会下院BLAGは本件において連邦憲法3条にもとづく原告適格をもつか，が問われるとした[36]。

　最高裁判決は2013年6月26日に出された。まずウインザー事件について。連邦最高裁はDOMAの規定は様々な不確定性や不利益を生じさせており，そうした切迫した状況を解決するのは裁判所管轄権の適切な行使であるとする。それゆえ，連邦憲法3条にもとづくBLAGの原告適格問題につき，裁判所は判断する必要はないと判断する。またDOMA第3節は，州法上同性婚をしたカップルに連邦法上の利益を認めず，カップルらの関係性を不安定なものとしていること，同性婚カップルが連邦法上の社会保障給付を受けることを阻害していること，さらには同性カップルに育てられる子にも影響を与えていることが指摘される。連邦議会は立法権限があるにしても修正第5条で保護される自由を剥奪することは認められないのであり，これらの理由から連邦最高裁は，DOMAの立法目的および効果は法律婚をした同性カップルの品位を下げるものであるとして，第2巡回区合衆国控訴裁判所の判断を認容した[37]。

　ペリー事件については，控訴人（Prop. 8公的提案者）の原告適格が否定された。連邦憲法第3条2節は，事件の救済を求める当事者に個人的かつ特定された損害があることを要請するが，控訴人はこれらの要請を満たさないとして，連邦最高裁は第9巡回区合衆国控訴裁判所の判断を無効とし，事件を第一審へと差し戻した[38]。先述のとおり，ペリー事件連邦地裁判決はProp. 8を連邦憲法違反とし，同性カップルの婚姻する権利を基本的権利として認める内容である。この連邦地裁判決にもとづき，カリフォルニア州では2013年6月28日に同性婚が再開された。

## 第7章 「家族の価値」が意味するもの

　連邦最高裁は上記二判決の中で，憲法上，同性カップルに婚姻する権利（right to marry）があるのかどうかについて正面から語ってはいない。だが，ウインザー判決におけるロバーツ判事反対意見は，近い将来，州の婚姻の定義をめぐる問題に連邦最高裁は取り組まねばならないだろうとして，審理の可能性に言及している。<sup>(39)</sup>

## 第5節　同性婚問題はなぜ世論を二分する争点となるのか

　前節までの内容を，大まかに要約してみよう。1990年代以降に本格化する同性婚訴訟は，異性婚および異性の両親からなる子育てを重視する宗教右派のバックラッシュを生んだ。宗教右派は「家族の価値」というスローガンを掲げ，共和党の票田として作用したことから，伝統的異性婚の保持という目的を盛り込んだ連邦法 DOMA（婚姻防衛法）が制定されるに至る。この DOMA が2013年に連邦最高裁で違憲と判断されるまでを一区切りとして，アメリカで同性婚をめぐり展開されたダイナミズムについて詳述した。

　改めて考えるに，なぜ同性婚問題はアメリカの世論を二分する争点となるのだろうか。この問いは，政治的側面および文化，社会的側面から考えることができる。同性婚の承認や中絶の是非といった道徳的価値観にかかわる問題が，「正統的（orthodox）―進歩的（progressive）」という対立する見解として世論も巻き込んで政治共同体を二分していく状況は，「文化戦争」と評される（志田，2006，3頁；松尾，2014）。

　N. カーンらによれば，1960年代初頭，道徳的価値観をめぐる二つの明確な対立軸はほぼ存在していなかったという。人々の道徳的感情を喚起し，かつ政治的姿勢を示すバロメータとして機能する道徳的価値観をめぐる問題は，党派的な政治の場において政治家および政党自身の政策アピールやアイデンティティ強化，他党との差別化のために意図的に選択され，その対立は宗教右派が台頭した1980年代に先鋭化することとなった（Cahn and Carbone, 2010, pp. 4-5）。M. クラーマンによれば1990年代以降の同性婚訴訟は宗教右派および保守派

(また彼・彼女らを票田とする共和党)にとって、多くの有権者の関心を引きつけるラッキーな贈り物(godsend)となったという。共和党は同性婚に対して強固な一枚岩の反対姿勢を取ることができ、同性婚問題は、それをめぐり党内で意見が割れていた民主党に対抗するための「理想的な争点(an ideal wedge issue)」として作用した(Klarman, 2013, pp. 183-184)。世論を二分する政治的な問題として同性婚が取り上げられた背景には、こうした党派的なアジェンダ形成が背景にある。

他方、社会的、文化的な側面から同性婚の政治問題化とその白熱化を考えてみるとどうなるだろうか。結論を先取りしていえば、同性婚問題が熾烈な対立となるのはアメリカでは他先進国に比べ婚姻が重視されているから、ということになりそうである(Cahn and Carbone, 2010, p. 13)。OECDの統計によれば、アメリカは先進国中最も婚姻率が高く、また離婚率も高い。他西洋諸国には見られないこうしたアメリカの家族パターンの独自性について、興味深い見解を示すのが家族社会学者のA. チャーリンである。チャーリンによれば、この独自性はアメリカの文化的領域において二つの矛盾する「文化モデル」が強調されるためであるという。チャーリンのいう文化モデルとは、「日常をとりまく外界を我々が当然のものとして把握する見方、すなわち思考の癖」(Cherlin, 2009, p. 25)である。そして親密な関係性(intimate partnerships)について、アメリカには以下の二つの相反する文化モデル——「婚姻モデル」と「個人主義モデル」があるという。

「婚姻モデル」は、以下の要素を含む。

①婚姻は家族生活を送る上で最も最良の方法である。
②婚姻は、永続的な愛情に満ちた関係であるべきである。
③婚姻は、性的に排他的な関係性であるべきである。
④離婚は最後の手段であるべきである。

また、家族生活に関して20世紀後半に広まった「個人主義モデル」は以下の

要素を含む。
　①個人の第一の義務はパートナーや子どもよりも，自身についてである。
　②個人は，送りたいと望む親密な生活の種類についてのライフコースを選択しなければならない。
　③様々な生活様式が許容される。
　④結婚やその他の親密な関係に満足できない場合は，それを終わらせることが正当化される。

　チャーリンによれば，アメリカにおける婚姻率および離婚率の高さは，この二つの相反する文化モデルから説明される。人々は「婚姻モデル」に従って永続的で親密な関係を求めて婚姻し，婚姻生活が自らのニーズにそぐわないと感じたならば，「個人主義モデル」に従ってその婚姻を解消する。また，人々は精神的な充足や個人的な成長の機会を得るために，親密な関係性や婚姻をますます重視するようになっているという（Cherlin, 2009, pp. 10, 24-27）。この二つの文化モデルが同性婚を支持する側にも内面化されているならば，親密な関係の結びつきとしての同性婚は当然のものとして要求されるだろう。他方，同性婚の主張によって異性婚制度の自明性が揺るがされた保守派にとっては，その主張は伝統的家族の保持を危うくするものとして危機感をもって受け止められる。アメリカにおいて同性婚問題が熾烈化する背景には，婚姻制度を重視する文化モデルを人々が内面化し，当然のものと考える文化的状況があるのではないだろうか。
　そして同性婚の主張が人々の内面化された「婚姻モデル」に反するものでないとすれば，同性婚への支持は徐々に増加するだろう。冒頭でも述べたように，ギャラップ調査によれば同性婚への支持は2000年代半ばから伸びている。同性婚の支持は，①年齢，②支持政党との関連が指摘される。第一に，1996年にギャラップが質問を始めた当初より若年層ほど同性婚を支持する割合が高いことが指摘されるが，近年若年層以外の年齢でも支持が増えている。第二に，同性婚の承認はリベラルか保守かのバロメータとなっており，民主党支持層の74％

は同性婚を支持し，共和党支持者の同性婚支持は30％に過ぎない。それでも共和党支持者の数値は1996年のほぼ2倍に増加している。チャーリンに倣えば，文化的，社会的，民族的多様性にあふれ，自助，自立を唱える個人主義的側面の強いアメリカであるからこそ，個々人を承認しあい，親密性が付与される場としての婚姻および家族に対する期待は高いのではないだろうか。そして宗教右派の主張にみられるように，婚姻および家族がアイデンティティや価値観の形成に密接に結びつくものとして把握されるがゆえに，アメリカにおいて同性婚問題は根深い対立として存在するのではないかと思われる。

[付記]　本研究は，平成23年度科学研究費補助金・学術創成研究費「ポスト構造改革における市場と社会の新たな秩序形成——自由と共生の法システム」の成果の一部である。

　　なお，原稿執筆テーマの関係で，拙稿「婚姻防衛法の検討——合衆国の婚姻概念をめぐる攻防」(和田仁孝ほか編 (2014)『法の観察——法と社会の批判的再構築に向けて』法律文化社) と重複する部分があることをお断りしておく。

　　また，本稿脱稿後の2015年6月26日，連邦最高裁は同性婚を認める画期的な判決を出した (Obergefell v. Hodges)。先例によれば，①婚姻についての決定は個人の自律概念に固有のものであり，それは性的指向にこだわらず個人がなしうる最も親密なものである，②婚姻する権利 (right to marry) により保護される親密な結合は同性カップルも享受するものである，③婚姻する権利は子どもおよび家族を保護する，④婚姻は国の社会秩序の根幹である。これらにもとづけば，婚姻する権利は個人の自由に固有な基本的権利である。連邦最高裁は，修正第14条のデュープロセス条項および平等保護条項の下で同性カップルはこうした自由および権利をはく奪されえず，各州は同性カップルの婚姻，および他州で合法に行われた同性婚を認めるべきであると判断した。

注

(1) http://www.ncsl.org/research/human-services/same-sex-marriage-laws.aspx (2015年5月12日アクセス)。

(2) http://www.gallup.com/poll/169640/sex-marriage-support-reaches-new-high.aspx (2015年5月12日アクセス)。

(3) J. チョーンシーは，1980年代後半以降に同性愛者が同性婚を求めるようになったきっかけとして，エイズ・パニックとレズビアン・マザーブームを挙げる。これらの出来事により同性愛者たちは家族関係にないがゆえに法的保護から排除されるこ

との不利益を痛感したとされる（チョーンシー，2006，139頁）。
⑷　Baker v. State of Vermont, 744 A. 2d 864（Vt. 1999）.
⑸　Goodridge v. Department of Public Health, 440Mass. 309, 798N. E. 2d 941（Mass. 2003）.
⑹　同性愛とキリスト教の関係について詳述したものとして上坂（2008）。
⑺　福音派は「諸教派横断的な信仰のあり方」を意味し，アメリカ人口の25％を占める（堀内，2010, 29-31頁）。福音派の多くは同性愛を認めておらず，政治的にも共和党支持者が多い。
⑻　Romer v. Evans, 517 U. S. 620（1996）.
⑼　Baehr v. Lewin, 74 Haw. 645,852P. 2d 44（1993）. ハワイ州議会は1998年に「立法者は婚姻を異性のカップルに保留する権限を有する」とする州憲法修正を行い，州憲法修正を受けてハワイ州最高裁は同性婚を求める同性カップルに訴えの利益はないと判断した（Hull, 2006, p. 157）。Baehr v. Miike, 994 P. 2d 566（1999）. なお，この州憲法修正はあくまでも異性婚を保持するか否かを立法者に委ねる内容であったため，その後ハワイ州は婚姻法改正により2013年から同性婚を施行している。
⑽　28U. S. C.§1738c.
⑾　1U. S. C.§7.
⑿　GAO-04-353R Defense of Marriage Act（2004）.
⒀　43Cal. 4th 757（2008）.
⒁　http://georgewbush-whitehouse.archives.gov/news/releases/2004/01/20040120-7.html（2015年5月12日アクセス）。
⒂　Lockyer v. City and County of San Francisco, 95 P. 3d 459（Cal. 2004）.
⒃　「カリフォルニア州では，男女間の婚姻のみが有効であるか，もしくは有効と認められるものとする」（Cal. Const., Art. I，§7.5）。ちなみにカリフォルニア州家族法308.5節にも同じ表現が見られるが，こちらは1993年のハワイ州最高裁判決を受けて提案されたProposition22にもとづき，2000年に導入された条項である。
⒄　*The NY Times*, Feburary 3, 2009.
⒅　Strauss v. Horton, 207 P. 3d 48（Cal. 2009）.
⒆　オルソンはブッシュ政権で訴務長官（Solicitor General）を務めた。また，ボイエスは2010年のタイム誌「世界で最も影響力のある人物100人」に選ばれた弁護士である。両者はBush v. Gore 531 U. S. 98（2000）で，それぞれの大統領候補者の代理人を務めている。
⒇　Prop. 8公的提案者はD. ホリングスワースほか，5人のカリフォルニア州住民である。住民らは公的提案者としてその後の訴訟に参加し，最高裁では上告人となっている。
㉑　Perry v. Schwarzenegger（Perry IV），704F. Supp. 2d 921（N. D. Cal. 2010）.

事件の名称は2011年の州知事変更により，Perry v. Brown へ変更されている。また最高裁での事件の名称も Hollingsworth v. Perry へ変更されている。

⑿　連邦憲法修正第14条「…いかなる州も，合衆国市民の特権若しくは免除を奪う法の制定もしくは施行を行ってはならない。また，いかなる州も法の適正手続なしに人から生命，自由，財産を奪ってはならない。州の管轄権内にいるいかなる人に対しても，法の平等保護を拒否してはならない」。

⒀　*The NY Times,* August 7, 2010.

⒁　Perry v. Brown（Perry VII）, 52Cal. 4th 1116 ; 265P. 3d 1002（2011）. カリフォルニア州憲法第2条8節は，「議案提出権（initiative）は制定法および憲法修正を提案し，それらを採用，否決する有権者の権限である」と規定する。州最高裁は，行政が法案の妥当性を擁護しない場合に，公的提案者が州側の利益を担うものとして訴訟参加をすることで，法案を支持した有権者の利益が保持されること等を理由として，州憲法2条8節および州選挙法は公的提案者に州の利益を主張する権限を委任していると解する。

⒂　United States Dept. of Agriculture v. Moreno, 413 U. S. 528（1973）. 同判決では，「政治的に少数派の集団を傷つけたいとするむき出しの議会の欲求は正当な政府の利益を構成しない」と判断された。

⒃　Lawrence v. Texas, 539 U. S. 558（2003）.「ある集団を傷つけたいというむき出しの欲求といったような，集団に対する道徳的非難は，平等保護条項の下，合理性審査基準を満たすには不十分な利益である」（オコナー判事同意意見）。

⒄　Perry v. Brown, 671 F. 3d 1052（9th Cir. 2012）.

⒅　主なものとして，Smelt v. County of Orange, 447 F. 3d 673（9th Cir. 2006）, affirming 374F. Supp. 2d 861（C. D. Cal. 2005）; Wilson v. Ake, 354 F. Supp. 2d 1298（M. D. Fla. 2005）; In re Kandu, 315 B. R. 123（Bankr. W. D. Wash. 2004）など。これらの訴訟では，法が政府の利益と合理的な関連性があるかどうかが問われる合理性審査基準（rational basis review）が用いられ，裁判所は比較的容易に DOMA を合憲であるとしている。

⒆　Gill v. Office of Personnel Management, 699 F Supp. 2d 374（D. Mass. 2010）. 同裁判は，マサチューセッツ州の同性カップルらが，（社会保障などの）連邦法上の諸利益から同性婚カップルを排除する DOMA は違憲であると訴えたものである。連邦地裁は，連邦政府が連邦法上の利益付与にあたり婚姻相手を同性か異性かで区分することは不合理な偏見にもとづくものに過ぎず，DOMA 第3節は修正第5条に具体化された平等保護原則に違反すると判断した。

⒇　Commonwealth of Massachusetts v. United States Department of Health and Human Services, 698 F. Supp. 2d 234（D. Mass. 2010）. 同裁判では，マサチューセッツ州が，DOMA の規定により公共サービスに関して同性婚カップル差別を余儀なくされていること，また DOMA が家族関係の規定という州の専権的管轄事項

を侵害していることから，連邦憲法違反であると主張した。連邦地裁は，先例に照らせば婚姻に付随する権利利益および特権を認めるかどうかは明らかに州の管轄内の権限であるとして，連邦政府は DOMA 第 3 節によって州の権限を侵害していると判断した。

(31) Pederson v. Office of Personnel Management, 881 F. Supp. 2d 294（D. Conn. 2012）；Windsor v. United States, 797F. Supp. 2d 320（S. D. N. Y. 2011）。なお，ペダーソン事件はコネティカット州等で婚姻している同性カップルである原告らが連邦法上の所得税申告を求め，DOMA 第 3 節を違憲であると訴えたものである。

(32) http://www.justice.gov/opa/pr/2011/February/11-ag-223.html（2015年5月12日アクセス）。政府の対応が変化したのは，ニューヨーク州およびコネティカット州の法域を管轄する第 2 巡回区合衆国控訴裁判所が，性的指向をめぐる先例をもたなかったためであるとされる。この判断は先例拘束の原理（stare decisis）から導かれるものといえる。

(33) http://www.speaker.gov/press-release/statement-house-speaker-john-boehner-r-oh-regarding-defense-marriage-act（2015年5月12日アクセス）。BLAG は下院議長と，議会多数派と議会少数派それぞれのリーダー及び幹事長の計 5 名からなる機関である。連邦議会下院規則において，BLAG は下院法律顧問（House General Counsel）に連邦議会下院を代表して法行動を起こす旨を指示する権限をもつとされる。

(34) 連邦憲法修正第 5 条「何人も…法の適正手続なしに，生命，自由，または，（私有）財産を奪われることはない。また，正当な補償なしに公共の使用のため私有財産が没収されることはない」。

(35) Windsor v. United States, 699F. 3d 169（2d Cir. N. Y. 2012）.

(36) Perry v. Hollingsworth, 133 S. Ct. 786（No. 12-144）（2012）；United States v. Windsor, 133 S. Ct. 786（No. 12-307）（2012）.

(37) United States v. Windsor, 570 U. S.__（2013）.判決多数意見はリベラル派のケーガン，ソトマイヨール，ブライヤー，ギンズバーグの各判事に保守派のケネディ判事が加わり，5 対 4 で出された。ロバーツ，スカリア，アリト各判事の反対意見が付されている。

(38) Hollingsworth v. Perry, 570U. S.__（2013）.

(39) Windsor, *supra* note 37（Roberts, C. J., dissenting）.

(40) http://www.oecd.org/els/family/SF3_1_Marriage_and_divorce_rate_Jan2014.pdf（2015年5月12日アクセス）。

(41) Gallup Poll, *supra* note 2.

(42) http://www.supremecourt.gov/opinions/14pdf/14-556_3204.pdf（2015年7月1日アクセス）。

## 参考文献

上坂昇（2008）『神の国アメリカの論理――宗教右派によるイスラエル支援，中絶，同性結婚の否認』明石書店。

北脇敏一・山岡永知訳（2005）『新版対訳アメリカ合衆国憲法』国際書院。

近藤健（2005）『アメリカの内なる文化戦争――なぜブッシュは再選されたか』日本評論社。

宍戸常寿（2013）「合衆国最高裁の同性婚判決について」『法学教室』第396号。

志田陽子（2006）『文化戦争と憲法理論――アイデンティティの相克と模索』法律文化社。

チョーンシー，J./村上隆則・上杉富之訳（2006）『同性婚――ゲイの権利をめぐるアメリカ現代史』明石書店。

堀内一史（2010）『アメリカと宗教――保守化と政治化のゆくえ』中公新書。

松尾陽（2014）「文化戦争と反ソドミー法違憲判決」大沢秀介・大林啓吾編『アメリカ憲法判例の物語』成文堂。

Cahn, N. and Carbone, J. (2010) *Red Families v. Blue Families : Legal Polarization and the Creation of Culture*, Oxford UP.

Cain, P. A. and Love, J. C. (2010) "Six Cases in Search of a Decision: The Story of In re Marriage Cases," *Santa Clara University School of Law Legal Studies Research Papers Series Working Paper*, No. 10-16.

Cherlin, A. J. (2009) *The Marriage-Go-Round : The State of Marriage and the Family in America Today*, Vintage Books.

Green, J. C. (2000) "Antigay: Varieties of Opposition to Gay Rights," in Rimmerman, C. A. et al. (eds.) *The Politics of Gay Rights*, Chicago UP.

Hull, K. E. (2006) *Same-Sex Marriage : The Cultural Politics of Love and Law*, Cambridge UP.

Klarman, M. J. (2013) *From the Closet to the Altar : Courts, Backlash, and the Struggle for Same-sex Marriage*, Oxford UP.

Stein, E. (2006) "The Story of Goodridge v. Department of Public Health: The Bumpy Road to Marriage for Same-Sex Couples," *Cardozo Legal Studies Research Paper*, No. 169.

Strasser, M. P. (1997) "Loving the Romer Out for Baehr: On Acts in Defense of Marriage and the Constitution," 58 *U. Pitt. L. Rev.*279.

Wardle, L. D. (2010) "Section Three of the Defense of Marriage Act: Deciding, Democracy, and the Constitution," 58 *Drake L. Rev.*951.

# 第8章

# 性表現の自由と「女性」

守　如子

　フェミニズム運動が性差別的な性表現を批判する時，「表現の自由」との関係がしばしば取り沙汰される。たとえば近年では，「ポルノ被害と性暴力を考える会」が，東京六本木の森美術館に対して，性差別的・性暴力的作品を無批判に公開展示していると抗議したところ，会に対して次のような批判が寄せられたという。

　　「会田誠展を弾圧するとは何事だ！　絶対に許さないぞ！　表現の自由を何だと思っているのだ！　表現の自由を奪うやつは民主主義の敵である！」

　会のメンバーである森田成也は，このような意見は表現の自由を全く理解していないと強く批判している（森田, 2013）。
　私たちは批判運動と表現の自由との関係をどのように考えるべきなのだろうか。翻って考えてみるに，そもそも性表現にとって表現の自由は重要なことなのだろうか。
　本章では，まず改めて「性表現の自由」の意義を考察してみたい。性表現の自由が最も正面切って論じられた場として，猥褻裁判という舞台がよく指摘される。第1節では，猥褻裁判における議論の分析を通じて，性表現にとって表現の自由がなぜ重要なのかを検討する。
　次に，第2節では，批判運動と表現の自由との関係を考えるために，日本のフェミニズム運動の中で，最も精力的に批判運動を展開した「行動する女たちの会」（1975～1996年）の議論を取り上げる。これらを通じて，第3節では性表現の自由をどのように捉えるべきか考察したい。

第2部 「第2の近代」と新たなジェンダー秩序の模索

## 第1節　猥褻裁判と性表現の自由

　性的描写を含む表現物は，刑法第175条にもとづいて「猥褻(わいせつ)」であると判断されると，規制の対象になる。このため，裁判の場が，性表現に関する議論の主要なアリーナの一つとなってきた。

　猥褻裁判の転換点としてよく知られているのが，「愛のコリーダ」事件（1977～82年）である。映画「愛のコリーダ」のスチール写真や脚本などをまとめた書籍『愛のコリーダ』について，映画の監督であり本の著者である大島渚らが起訴された。[1]大島はこの裁判にのぞむ自分の基本的態度として「わいせつ，なぜ悪い」というスローガンをかかげたが，これは衝撃的な主張として受けとめられた。[2]「わいせつ，なぜ悪い」とする議論は，刑法第175条の猥褻規定そのものを表現の自由の観点から批判するものであり，同時に国家が表現に介入することに対する真正面からの批判でもあったからである。当時の大島自身も，戦後の「猥褻裁判」は，「官憲が，どの程度まで国民の言論，出版その他一切の表現の自由に対し，干渉しうるやという言論出版の自由に関する人類文化史上の最大問題」（大島，1978）にかかわるもので，刑法第175条が憲法違反であるという認識がいかに確立してゆくかの歴史であったと総括している。

　大島が展開した議論は，「反権力的立場から性表現の自由を要求する絶対的自由主義（libertarianism）」（山崎，1994）で，フェミニズムとは異なる立場として位置づけられてきた。しかし，裁判を詳細に見ると，そこでは何よりもジェンダーが争点にされていたことがわかる。以下，詳しくみていきたい。

### （1）　女性のための表現としての『愛のコリーダ』

　裁判記録を見ると，確かに，大島は，この裁判を権力との闘いであると述べている。

　　今や権力が自己の力を誇示し，国民に向って「お前たち，そうそう勝手な

ことはさせないぞ」と言うためにのみ存在する刑法一七五条の被告たちは，じつは「わいせつ」の被告ではなく，権力に対し反抗的なる人間として裁かれているのである。私もそうした被告の一人として，今，この法廷に立っていると考えます（内田，1980，71-72頁）。

しかし，こう述べた後に，実は大島が自分の言葉を訂正していたことに注意したい。

　先に，私は権力に反抗する人間としてこの法廷に立っていると言った。たしかに権力的な考え方からはそう見えるだろう。じつはそうではないのである。最後の最後に本当のことを言おう。
　私がここに立っているのは，愛のためである。お定やおせきのような受難の女たちへの愛のためである。そうした女たちのためにこそ，性表現の自由は拡大されなければならないこと，いつかは完全に解放されなければならないことを確く信じているからです（内田，1980，73頁）。

「お定」は『愛のコリーダ』の主人公である阿部定のことで，「おせき」も大島作品『愛の亡霊』の主人公である。大島自身は，権力に反抗するためではなく，そうした「女たちのために」こそ，性表現の自由が拡大されなければならないと主張していたのである。[3]

このような大島の主張を支えるために，この裁判では様々な論者が性表現の自由と女性との関係について持論を展開することとなった。第1に，学者や，評論家，映画監督などが，大島作品にセックスや女性の性が描かれることの意義を論じた。第2に，女性が証人として登壇した。

まず，第1のグループから，映画評論家佐藤忠男の議論を見てみよう。佐藤は，大島の作品の主題が「人間の苦しみの種々相」にあり，それゆえしばしば犯罪を描いてきたと論じる（内田，1980，422頁）。『愛のコリーダ』以前の作品（『白昼の通り魔』『絞死刑』など）は男性の人生の苦しみを主題としていた。彼ら

の苦しみは弱いものに転嫁され，女性への強姦として表現された。『愛のコリーダ』は，その視点を「もうひとつずらし」，女性の側から見た社会の苦悩を描こうとした点で画期的な作品であると位置づける（内田，1980，426-427頁）。この結果，女性を客体ではなく，主体としてつかまえた点が，『愛のコリーダ』の新しい展開である（内田，1980，429頁）。女性が主体になった時，セックスの描写にも変化が起きる。「重要なポイント」は，主人公の「お定」が性交しながら相手の「吉蔵」をいたぶるシーンである。なぜなら，これまで「男が女性に対して非常に横暴にふるまうという形は，社会的にわりとあたり前のこととして是認されてきたわけだけれど，そしてそれは男性の性器の生理機能上からもそうなんだというふうに何となく思われてきたわけだけれども，そうじゃなくて，女性のほうから性のリーダーシップを握るということがありうるということが」このシーンで自然な形で発見されているからである（内田，1980，437頁）。佐藤は，「ポルノ映画はとかく女性蔑視」，「つまり男の性における攻撃性を一方的に肯定しただけで終わってしまうということになりやすい」，「したがって，女性がそれを忌わしく思うのは当然ですから，女性からは拒否されるという傾向が強いですね。それに対して，極力女性の側に接近しようとしたのが『愛のコリーダ』であったと言えるのではないでしょうか」（内田，1980，447頁）と結論づける。

第2のグループとして，「世間一般の普通の女」として登壇をもとめられた栗原茂美の議論を紹介したい。栗原は，「女性をすごく卑下して道具的に扱ったものに関しては，とても私の立場から見るといやな感じを受け」るが（内田，1980，326頁），『愛のコリーダ』は女性が卑下されることがないため，とても感激したと述べる。

　　相手の男の人の呼び方を見てもわかると思うんですけれども，最初吉蔵のことを「旦那」と呼んでおりますね。最初は完全に旦那と使用人の立場だったんですけれども，二人が愛しあうことによって，その立場がだんだん同等になり，相手の男性のことをそのうち「吉さん」と呼ぶようになってますね。

しまいには「吉」って呼び捨てにしているところがあるんですけれども、そういった面からもわかりますように、愛情をつうじてその立場が完全に逆転しているという、そういう描かれ方が、とても新鮮だと思いました。(内田, 1980, 323-4頁)

このように、栗原は2人の愛情関係と対等性を肯定的に捉えて評価した。佐藤忠男のような男性の専門家からだけでなく、女性自身の口からも『愛のコリーダ』の肯定的側面が論じられたのである。

佐藤や栗原の議論のように、裁判では①『愛のコリーダ』がセックスや恋愛関係における女性の主体性を描く作品であったこと、その結果、②見る側の女性たちにとって拒否すべきものではないことが語られていた。

(2)「無告の人生」のための「性表現の自由」

これらの主張は、大島の「そうした女たちのためにこそ、性表現の自由は拡大されなければならない」の主張とどのように関係しているのだろうか。

大島は次のようにも述べている。

　今、私は社会の底辺に生きる女性の生きる悩み以外のどこからも発想したくない。

　そうした気持ちから、私は『愛のコリーダ』をつくった。(中略) 今、私は表現の自由をめぐって法廷に立っているが、表現の自由もまた、表現されたものを聞いたり、読んだりする人間の自由と組み合わされて論じられるのでなければ意味がないと確信している。

　私がそのように言うのは、かつて、私は表現する人間であることを誇りにしていたが、今はむしろ恥じているからである。何一つ表現などせず、無告のまま生き、かつ死んでゆく無名の人生のほうがはるかに尊いと思うからである。

　表現する人間、表現されたものは、お定やおせきのような無告の人生を生

きた人間のいのちの光に照らされて初めて輝くのである。本末を転倒してはならない。

　その意味で，この裁判を私は性表現の自由を少しでも拡大する方向に向って闘うのだが，それよりもむしろ性表現を見たり，聞いたり，読んだりする人間の自由のために闘うのである。(内田，1980，72-73頁)

　大島がこの裁判で闘った表現の自由は，「表現する自由」というよりも「性表現を見たり，聞いたり，読んだりする人間の自由のため」であるという[4]。そして，大島は，何よりも女性が「見たり，聞いたり，読んだりする」ことを意識していた。そのため，『愛のコリーダ』が「②見る側の女性たちにとって拒否すべきものではないこと」が証人によって語られたわけである。

　ただし，大島の主張はこの点にとどまらない。大島の議論には，もう一つ，「無告の人生」という論点がある。この意義を考えるために，もう一人の女性の証人の議論を紹介したい。行動する女たちの会への参加など，「長年女性問題に携わってきた」女性という立場から意見を述べるために登壇したのが小沢遼子である。小沢は，権力に反抗するために作られた既存の性表現のありようを根本的に批判する。

　不思議なことでして，男の人たちというのは，女をどう扱ったかということでご自分の立場を表現なさることがわりと好きなんですね。(中略) ラジカリズムというんでしょうか，それを表現するためには，徹底的に女を物として扱うとか，それからうしろからだけしかしないとか，それからむやみやたらにひんむいてあられもないポーズをとるとかいうことを，エロチズムとかグロとかいうよりもむしろ自分に対するマゾヒズムのような形で表現するんです。(中略) 男が自分で自分を表現しきれないと女の身体とか女をどう扱ったかということで表現するのはかなわんという気がします (内田，1980，290-291頁)。

## 第8章 性表現の自由と「女性」

ただし，小沢は現状の性表現に批判的でありながら，性表現を規制することには反対する。なぜなら，性が「隠されたもの」であることによって不利益を受けているのは，他でもなく女性だからである。

　性というのは女の人にとっては隠されたものなわけですね。たとえば私自身何やらものごころついたときから一番悪い言葉は，だいたい自分の身体の一部の言葉だったわけですね。（中略）それでもちろんそのことについて知ろうとしたり口にしたりすることは悪いことだというふうに，そんなとんでもないことと言われておりますから，自分が何を望んでいるのか自分の身体はどうなっているのかということは本当に長いこと知らないわけですね。ですけれども，その自分が全く知らなかった自分の身体というものが，世の中の半分を占めている男の人にとってそれほど興味のあるものだったのかと知るのは，大変なショックなわけですよ。夜道も自由に歩けないし，旅行してもいけない。（中略）そんなに悪いものだと思ったものが，まさにあるときには大事なものになって，（中略）つまり，自分のものじゃないんですよ，徹頭徹尾。これが女の存在の仕方に影響しないはずはないわけですよね（内田，1980，283-284頁）。

性を隠されたもの＝悪いものとすることが，結果として，女性から身体の自律性や行動の自由を奪っていることが明快な言葉で語られている。女性たちは「知ろうとしたり口にしたりすること」すら「悪いこと」だと思わせられているのである。

　今私たちがかなり性のことを多少のためらいがあってもこうやって言えるようになったのは，それは男たちがもうたくさん言っちゃっているからですよね。だから私たちから見れば（中略）偏見に満ちていると思っても，そういうふうなものがたくさん出てくればそれに対して違うよと言えるけれども，一切合切が隠されてしまっていては，私たちの表現もできなくなるわけです。

(中略)そういう意味から言えば,一切は隠されるべきではないのです。(中略)私は男の人が持っているデータ,考えていること,やりたいこと全部をやってください,男同士でそれはいかんなどと言い合わずに全部やってください,そしたら私たちは多少今まで表現の方法に遅れていたからこれから意見を申し上げます(内田,1980,285頁)。

女性たちは性について「知ろうとしたり口にしたりすることは悪いこと」だと思わせられていたために,「今まで表現の方法に遅れていた」。男性たちの表現がどんなに偏見に満ちた批判すべきものであっても,性表現を自由にすることからしか「私たちの表現」も始まらないと小沢は論じている。

小沢の議論に照らし合わせてみると,大島がこの裁判でもう一つ主題にしていた「無告の人生」という言葉の意義がよくわかる。口にできない,表現できないがゆえに,現在は「性表現を見たり,聞いたり,読んだりする」受け手に止まらざるをえない女性たちのためにこそ,性が表現されていく必要があるという思いが,そこにはあったのではないか。

かつて,大島は四畳半襖の下張裁判を批判して次のように述べた。批判の対象は,裁判の判決文中にあった「性欲は快楽を伴うことから,本能の赴くままに放任するときは,性交渉が奔放,放恣に陥る傾向をもつ」という言葉である。

残念ながら人民は「本能の赴くままに」など生きてはいない。だから私は「本能の赴くままに」という映画をつくるのである。ひとつの夢として,人民の理想として。

映画をつくる仕事のほかに,私はテレビのワイドショーで女性の身上相談を聞く仕事を持っている。そこで私が会う女性たちは,裁判官が思い描く人民像とはまったく対極的な人間ばかりだ。「本能の赴くままに」どころか,「奔放,放恣」どころか,若い娘の時代から,もはや性のにおいのかけらもないボロきれのようになって死んでいくまで,人間的,性的に一日たりと解放されることのなかった女性たちの列が延々と続いているのだ。恐るべき性

的抑圧，驚くべき性的無知がそこにある。そうした女性たちの悲しみと恨み
を共にしている私は，次のような裁判官の言葉に心の底から怒りをおぼえる。
（後略）（大島，1976，90頁）

　大島が裁判で「お定やおせきのような受難の女たち」のためにこそ，「性表
現の自由は拡大されなければならない」と述べた時，そこで想定されていたの
は，ワイドショーで出会った女性たちの「性的抑圧」「性的無知」があっただ
ろうことは，想像に難くない。(5)もちろん，大島が「受難の女たち」と悲しみと
恨みを完全にともにできるのかと言えば，疑問も生じうる。(6)しかし，小沢の議
論を振り返っていうならば，批判のたたき台としてでもまず誰かが表現してい
かなければ，性をめぐる状況は変化していかないのではないか。
　猥褻裁判の歴史を振り返ってみると，以前から同様の議論が展開されていた
ことを見て取ることができる。たとえば，チャタレー裁判では，フェミニスト
活動家の神近市子が証人として登壇している。(7)神近は，「婦人解放の上では性
教育は大きな一つのテーマ」だと述べる（小澤，1951，78頁）。なぜなら，「さん
ざん妻をなぐり，蹴とばしておいて，夜ベッドの中にひきずりこむ」といった
「動物以下の生活」を忍ばざるをえない女性は決して珍しくないことだからで
ある。『チャタレー夫人の恋人』のように，文学の力で性教育を与え，とくに
女性の解放の上から書かれている場合は，それは正しいものと信じている（小
澤，1951，86-87頁）と神近は主張した。ここでも，女性が性的無知に閉じ込め
られていることの問題が論じられていたのである。
　また，チャタレー裁判も，愛のコリーダ裁判も，女性の性的主体性を描く表
現を取締りの対象にしたことに，私たちは十分意識的である必要があるだろう。
加納実紀代は，戦前の検閲の基準が「年頃の娘を連れた母親が，……気まずい
思いをすることなくして，質問に答え得る程度の表現」であったことを指摘し，
当時の表現弾圧が，「女の性的主体としての目覚めを圧殺するためでもあった」
ことに注意を喚起している（加納，1992，162頁）。
　女性たちが「性的抑圧」「性的無知」の状態に置かれている原因は，性につ

いて「知ろうとしたり口にしたりすることは悪いこと」だと思わせられていることにある。性表現の自由を求める意義は，このような状態に置かれた女性たちのためにこそあるのだということが猥褻裁判では主張されてきたのである。

## 第2節　フェミニズムによる批判運動と表現の自由

　次に，本節では，最も精力的に性差別的な性表現に対する批判運動を展開した「行動する女たちの会」が，批判運動と表現の自由との関係をいかに論じてきたのかを振り返ってみよう。

### (1)　規制の要求ではなく，議論の場を作るための批判

　行動する女たちの会は，個別の表現に対し公開質問状を送付したり，公開討論会「アンチ・ポルノ集会」を開催するなど，様々な批判運動を展開した。中でも有名なのは1987年の「アンチポルノ・ステッカー」運動である。当時，電車内や会社にヌードや水着の女性を使うポスターが溢れかえっていた。これらの表現に対して「怒・女たちのアンチ・ポルノ・キャンペーン」と書かれたステッカーを貼っていくという運動である。当時をふりかえり，船橋邦子はインタビューで次のように語っている。

　　私たちが気がついたものに対して自分たちで意思表示をしていこうと，ステッカーを貼ることを提案したわけです。(中略) 単に抗議をするという意味だけじゃなくて，ほとんどの広告が電通など男の牙城の中でつくられてきて，彼らがどこがどう性差別表現なのかわからない，それを見て不愉快に思う女がいるということを示したいということで，問題提起をすること，同時に，表現の主体になれない女性の側が，自分のノーという意志表示をステッカーを貼ることで一つの表現行為になると，このときは私たちは考えたわけですね。(中略) この運動がきっかけになって，広告業界の中で考えるようになってきているし，人権室長と通しで三回は会ったでしょうかね，それで，

第8章　性表現の自由と「女性」

私たちがどういうことが問題なのかということを語りあっていくというパイプができたというのは一つの効果だったと思うんです（船橋, 1994, 58-59頁）。

船橋は，ステッカーを貼る運動とは，対話を開くための戦略であったことを強調する。「今の社会の仕組みの中で，私たちがノーと言うときに，そういう形でしかあの時点ではできなかった」，「そういう形でしかなかなかパイプを作れないんだもの」と述べている（船橋, 1994, 60頁）。つまり，行動する女たちの会が行ってきた様々な批判運動は，公開で異議申し立てを行うことによって，議論の回路を開こうとするものだったと言えるだろう。

また，行動する女たちの会は，性差別的な性表現を批判しながらも，表現の自由を重視するという立場から，法的規制にはむしろ反対を表明していた点も大きな特徴として指摘できる。1990年代初頭，青少年向けコミックに露骨な性表現が掲載されているとして，これらを法的に規制することを要求する「有害」コミック規制運動が全国的に展開された。この動向に対する批判を表明するため，行動する会は「異議あり！　有害コミック規制集会」を開催している。集会の趣旨は，「会としてポルノ・コミックは青少年の育成に良くないから国や地方公共団体にポルノ規制を求めて規制をしてしまおうというのではなく，そこに描かれている性描写がいかに女性をおとしめ，そしてそれが女性差別につながっているかということを皆と共に話し合っていける自由を守っていきたい」（谷, 1991）というものであった。規制強化は何が性差別であるかを論じる自由をも売り渡す危険がある，と捉えていたためである（坂本, 1991）。

運動の批判対象にも特徴が見られる。批判の中心は，個々人がマスターベーションのために使う性表現（＝いわゆる「ポルノ」）よりも，マスメディアにポルノグラフィックな表現が氾濫していること（＝「ポルノ文化」）にあった。広告がポルノグラフィ的な視線の構造を反復することによって，性差別的な性意識が再生産されていることが問題視された。運動の批判対象は，個人の私的な性的幻想よりも，社会全体の性差別的な性意識を問うていたのである。

要約すると，行動する女たちの会の批判運動は，法的規制を要求するのでは

193

なく，表現の自由を重視し，議論の場を作ることによって，社会の性差別的な性意識を問題化する運動であったと位置づけることができる。

### （2） マスメディアVS批判運動

　国家に対しては表現の自由の重要性を意識する一方で，行動する女たちの会の会誌上では，しばしば表現の自由によって女性の人権が脅かされているという状況認識が語られた。

> 　表現の自由を侵害されることも人権侵害に違いないが女性差別は非常に大きな人権侵害である。しかもあなた方のいう"表現"の内容は，性器を見せるとか見せないとか，女性をどこまでモノ化できるか，といった類。そんな自由を守るということと，差別されている女性の人権を守ることとどっちが大切か（中略）。警察はかなり強力かつ恣意的に取り締まりを行っている。（中略）そんな状況があるものだから，反発感から，性表現の自由というのは，日本では性器を描写することが出来る自由だというように，非常に矮小化され，性器を写すことが出来たからそれが反権力だというような感じで受けとられる風潮がある。（中略）女を踏みにじる表現の自由が，本来守りたいと思っていたものではないでしょうと（秋田，1988）。

警察による恣意的取締りのために，表現の自由は矮小化され，その結果，女性の人権が侵害されていることが批判された。
　さらに，現在ではマスメディアこそが女性を抑圧する「権力」の場になっていることも指摘された。

> 　今，本当に力を持っているのは億という金を使ってメディアを買い切れる企業であり，恣意的な記事を流せる出版社である。それに対し，私たちの抗議行動こそ「言論の自由」の行使そのものだと思うが（坂本，1989）。

第8章 性表現の自由と「女性」

　マスメディアの「権力」に対抗するためには，抗議行動を行う必要があり，それこそが表現の自由にもとづく行為であると捉えられた。ここで改めて注意を促したいのは，マスメディアの「権力」に対抗するために，差別を助長するような表現への国家権力による規制を要求していたわけではないという点である。

　　国家権力に対する関係で私達は最大限の言論，表現の自由を持っていなければならない。そこでは「憎むべき思想の表現」への権力による制約も許されない。何が正しい表現なのかは一元的な価値で計れないからだ。しかし，もし私達にとって不快な表現があればそれに対する批判の自由もまた絶対的に保障される必要がある。多元的で，豊かな表現を創り出すためにこそ表現の自由は最も大切だ。だからこそ私達は差別を助長するような表現に対しては，その人権侵害性を強く訴える義務があるともいえよう。女性をおとしめ，虐待するような表現をそのまま見過ごすことは差別が拡大するのに手を貸すことにもなる（林，1987）。

　表現の自由は「多元的で豊かな表現を作りだすため」に「最も大切」であるがゆえに，国家権力による規制を許すことはできない。だから，表現されたものの中に「差別を助長するような表現」が見られる場合には，差別の拡大を阻止するために批判が必要であり，それゆえ「批判の自由」も絶対的に保障される必要があると論じられたわけである。
　伊藤高史は，トーマス・エマーソンの議論を下敷きに，表現の自由によって目指されるのは，少数者の異議申し立てとの対話であることを論じている。少数者や反対者からの体制に対する異議申し立てとの絶え間ない対話によってこそ，よりよい社会に向けた変革が可能になるからである（伊藤，2006，224頁）。「女性をおとしめ，虐待するような表現」への異議申し立ては，表現の自由の観点から見て重要なことなのである。
　ただし，現実を振り返ってみると，マスメディアが支配する思想の市場は大

きな問題を抱えていると伊藤は言う。最大の問題は,「『表現の自由』の空洞化」である。伊藤は,差別的表現をめぐる議論の問題性は,基本的には抗議する側にあるのではなく,抗議を受ける側,つまりメディアの側にあるとする。メディアに働く人々の間には,メディアに対して異議申し立てをすることが,「表現の自由」という観点から積極的に評価されるべきことであることについての理解が足りず,それを言論弾圧と同列に論じるような主張さえあったことを批判する(伊藤,2006,64-65頁)。そこでは「表現の自由」という概念が,「議論によって社会の問題について人々の合意を生み出すものではなく,反省されることのない概念として,更なる議論を封じるために使われる概念としてのみ機能」(伊藤,2006,18-19頁)してしまっている。

　行動する女たちの会の運動に対しても,新聞や雑誌上で様々な批判が繰り広げられた。行動する女たちの会の会誌には,それらの批判に対する次のような意見が掲載されている。

　　記事の結びはお決まりの「表現の自由」である。規制が進むと思想の自由,表現の自由を束縛することになるのに,女性たちは「そういうことをわかっていない」と。(中略)ところで私たち,別に規制なんか求めてないんですけど(坂本,1989)。

　表現の自由という観点から積極的に評価されるべきであるにもかかわらず,行動する女たちの会の批判運動は,マスメディア上で「表現の自由を狭める」と批判された。このような状況は,現在に至っても変わっていない。本章の冒頭で紹介した森美術館への抗議活動への批判も,まさに表現の自由を理解していないがゆえのものである。私たちは,まず,差別的な表現に対する批判運動が表現の自由の理念にとって重要性をもつことを理解する必要がある。

## 第3節　性表現の自由をどう考えるのか

　本章では，1970年代後半の猥褻裁判における「性表現の自由」論，80年代後半の行動する女たちの会の批判運動の論理を概観してきた。時代がすすみ，性行動や性意識に変化は見られるが，男女の性のダブルスタンダードがまだ解消されたとは言えない現在（日本性教育協会編，2007；2013），女性にとってこれらの論点はいまだ重要であると考える。

　猥褻裁判における議論からくみ取るべき重要な論点は，性表現の自由の重要性は，何を表現したいかという送り手にとっての自由だけでなく，「性表現を見たり，聞いたり，読んだりする人間の自由のため」，とくに，性から遠ざけられている女性にとって重要だということである。

　大島の時代とは異なり，現在では性を主題にする女性の表現者もかなりの数にのぼっている。そういった中で，女性が表現し，主な受け手が女性であるジャンルに規制の動きが見られた。2008年，「市民」からの抗議をうけ，大阪府堺市の市立図書館が，約5500冊ものボーイズラブ小説を撤去したという事件である。ボーイズラブとは，男性同士の愛を小説やマンガなどによって表現する女性向けの作品群である。ボーイズラブ小説の撤去を要求したいわゆるバックラッシュ派の「市民」は，ボーイズラブ小説を楽しむ女性たちを「真っ当」ではないと表現した。堀あきこは，ここには二重の差別があると指摘する。女でありながら性的なものを好む者への嫌悪と，同性愛への嫌悪である（堀，2015，91-92頁）。

　ボーイズラブの源流に位置づく「やおい」をはじめとして，これらの表現の意義は様々な論者によって分析されてきた。やおいとは，一般に，ある作品を好きになった女性ファンが，原典中の男性同士の人間関係の設定を借り，そこに自由に虚構の愛を創出する二次創作を指す。たとえば，吉澤夏子は，「やおい」の「妄想する私の不在」というしかけによって，男性／女性という単純な二元論の陥穽に嵌まることなく，現実にはない「自由で対等な関係性」をリア

ルにイメージすることが可能になっていると論じている（吉澤，2012）。また，金田淳子は，「やおい」には女性を性的対象として見るまなざしが存在しないために，女性がまなざす主体＝自らの性的欲望を語る主体になれることを指摘している（金田，2007）。さらに，男性同士の愛を描く「やおい」が，自己のアイデンティティ確立にとって欠かすことができないものだったというセクシュアル・マイノリティが存在していることも忘れてはならない（レズビアンについては，溝口（2003，28頁）を参照）。このような「やおい」やボーイズラブこそがもつ，読者にとっての肯定的な影響は重要なものである。ドゥルシラ・コーネルはイマジナリーな領域が保障されることの重要性を強調している。イマジナリーな領域の保護は，自由の可能性それ自体にとって決定的な意味をもつ。想像力を更新し，それと共時的に，自分は誰であり，何になろうとするのか再想像するための空間が確保される必要があることをコーネルは強調する（コーネル，2006）。やおいやボーイズラブは，自己のアイデンティティを模索する若者にとって，大変重要な意味をもっていると言いうるだろう。

　性表現が読者に与える影響は，もちろん「やおい」やボーイズラブに限られた話ではない。若者の性調査において，性情報によく接している自慰経験あり女子のほうが，そうではない女子に比べて正しい性知識をもっているだけではなく，性のダブルスタンダードにとらわれておらず，性に対する見方も肯定的で，自己満足度も高いという結果が見られた（守，2013）。性に関するフィクションや，性情報に接することの肯定的な側面を見逃すことはできない。

　行動する女たちの会の議論からくみ取るべき重要な論点は，批判運動が表現の自由の理念にとって重要性をもつことを理解する必要があるということである。批判運動が表現の自由の理念に反しているのではなく，批判運動の異議申し立てとの絶え間ない対話こそが表現の自由によって目指されるべきことなのである。

　かつて筆者は性表現に対する批判運動を批判的に捉えていた（守，2010）。その理由は，表現は多様な読みが可能であるからである。ある女性にとって差別を感じさせる性表現が，他の女性にとっては問題ないと受け止められる可能性

は多いにありうる。ここが、あからさまな攻撃行為であるヘイトスピーチと性表現が大きく異なる部分である。

　しかし、伊藤高史の議論を通して、問題は批判運動＝異議申し立てが行われた後の過程にあったことに思いが至り、現在は見解を改めた。伊藤は、メディアが、異議申し立てを言論弾圧と同列に論じるか、逆にそうではない場合には、少数者の意見を絶対化し、過度な自己規制を導いていることを批判している。過度な自己規制が行われる時、差別に対する具体的な問題は議論されないままになる。また、伊藤は、多様な解釈コードが可能であるのに、批判運動が特定の解釈コード（＝この表現は差別である）のみの適用を要求してしまうことにも問題があると述べる。なぜならそれは、個々人の解釈の能力を否定することであり、特定の解釈コードを他者に強制することと何ら変わりはないからである（伊藤、203頁）。差別的表現に対する批判運動も、人間の複数性と平等を否定するものであってはならない（213頁）。重要なのは、異議申し立てに対しても批判的な問いかけが可能になるような、開かれた「議論の場」が確保されることにあるとする（228頁）。

　つまり、まずもって批判はなされるべきであり、注意が必要なのはその後の対応なのである。第1に、情報を発信している送り手の側は、批判を受け止め、応答する責任があると言えよう。過度な自己規制を行ってしまうのではなく、議論を求められていることを理解することが重要である。批判者と送り手、そしてそれ以外の人も含めた開かれた場で議論を深めることの重要性を忘れてはならない。

　このような視点から見ると、たとえば、雑誌『週刊金曜日』における「オカマ」表記問題の顛末は最も評価されるべき、意義深い対応と言えるのではないか。『週刊金曜日』（2001年6月11日、第367号）が記事上で「オカマ」という表記を使用したことについて、同性愛者解放運動団体であるすこたん企画が批判を行った。雑誌側はすこたん企画に誌面を提供し、すこたん企画側は何が問題であると考えたかを論じた（第376号特集「性と人権」）。ただし、このすこたん企画の意見に対して、批判も含め様々な意見が雑誌に寄せられたため、雑誌は

それらを集めて再特集を組んだ（第387号特集「「性と人権」私はこう考える」）。また，この問題を主題にした本も出版された（伏見・他，2002）。『週刊金曜日』が単に謝罪したり記事を撤回したりするのではなく，このような対応をとったことによって，批判運動を契機に，豊饒な議論が展開できたのである。

　そして第2に，批判者の側も，自己の解釈を絶対視するのではなく，多様な解釈がありうることを心に留めておく必要がある。この点に関して，性差別的な性表現に対する批判運動の方法をめぐって，船橋邦子と高松久子の間でかわされた議論（船橋，1994）が興味深い。高松は，何が女性差別なのかフェミニストの中でもコンセンサスがない中で「これは女性差別です」というステッカーを貼る運動は，その貼った当事者である女性だけが一方的に表現を断じていくことになるのではないかという疑問を述べている（船橋，1994，59-60頁）。

　　高松　こういう性差別表現に対する抗議をやっていく中で，自分たちの主張を伝えるパイプができたということを評価したいとおっしゃいましたけれど，（中略）自分が不快だと思うのものに対して嫌だと言っていくことは絶対正しいと思うんだけれど，例えばこのポスターのケースだと，それを庁舎に貼るなというようなところで争われて，結局，これを作った人たちの意図を聞くとか自分たちの思いを伝えるということではなくて，これを撤廃するというところにいってしまう。
　　船橋　それが運動のせっかちさだと思うんです。（中略）外すことが目的なんじゃなくて，なぜ問題なのかということを討論することの方が大事じゃないかなという気はします。ただ，抗議した側としては何らかの形できちっと対応してほしいから，やっぱり外すということになりますよね（船橋，1994，62-63頁）。

　批判運動も，「せっかちに」その表現がなくなることを目指すのではなく，性表現は多様な解釈が可能なことを理解し，批判者と送り手の間でどのような議論を積み重ねることができたのかを目標としなければならないのではないか。

第8章 性表現の自由と「女性」

　法学者の奥平康弘（1988）は，チェヴィニーの「"対話"する権利」論を糸口に，「受け手にとっての表現の自由」の重要性について論じている。しばしば表現の自由は「各人が，自分のいいたいことをいう自由」というように，送り手の意欲の満足にのみ着目していると捉えられることが多い。「"対話"する権利」論は，言語表現は受け手とのあいだに成立する社会関係であることに着目し，「対話」を保障することにこそ表現の自由があるとする。奥平は，従来の「表現の自由」論も，けっして送り手が表現することのみに着目しているわけではなく，送り手と受け手とのメッセージの交換＝異説との出会いによる自己発展の契機を重視していたことを強調する。私たちは，送り手にとっての表現の自由のみならず，「性表現を見たり，聞いたり，読んだりする人間」を視野に入れて，議論を深めていく必要があるだろう。

　多様な性表現を創造することと，批判運動をきっかけに議論を深めていくことの両者を確保するために，私たちは表現の自由の意義を今一度再考する必要があるのではないか。

注
(1)　『朝日新聞』1977年8月16日。映画『愛のコリーダ』は海外で制作された。税関によって，日本上映作品には，いくつかの場面がカットされ，ボカシが入れられた。映画を直接取り締まることはできなかったため，シナリオ本が裁判の対象になったと言われている。なお，裁判の結果は，猥褻判断のものさしとなる「社会通念」が性意識の変化によって大きく変わったことを認め，無罪となった。1審の結果について，大島らは「表現の自由とわいせつ罪についての問いかけに真正面から答えてくれない」と「うれしさも半分」の気持ちを表現したと報じられている（『朝日新聞』1979年10月19日）。
(2)　『朝日新聞』1978年2月27日，1979年10月18日など。
(3)　ただし，マスメディア上では，大島のこの主張は全く無視され，セックスを表現することが無条件に重要とするような議論しか流通しなかった。たとえば，次のような語り方である。「篠田正浩氏は「現代の映画監督が人間を表現しようとすれば，性をぬきにしてはできない」と説いた▼（中略）第一線で活躍するこれだけ多くの芸術家が，性表現の自由を求めて証言を続けたことは，戦後のもっとも重要な文化運動の一つに数えられるだろう」（『朝日新聞』1979年10月21日「天声人語」）。
(4)　アーロン・ジェローも，大島が「受け手の側の自由，見る側の自由」が保障され

第 2 部　「第 2 の近代」と新たなジェンダー秩序の模索

なければならないと繰り返し熱弁したことに基づいて，猥褻と受容と権力の関係について論じている。ただし，この論文は，「受容におけるポルノの政治を考える上で，ジェンダーの問題も重要だが，枚数の関係でここで取り上げることができなかった」と述べるにとどまっている（ジェロー，2000，197頁）。大島にとって，性を表現する上で「受け手の側の自由」が重要だったのは，「ジェンダーの問題」ゆえではないか。

(5)　大島自身も，テレビ番組の人生相談にくる女性から学んだことから，愛のコリーダが生まれたと述べている（『朝日新聞』1979年4月21日）。

(6)　堀ひかりは「阿部定と小沢遼子という二人の女性の物語を代弁・言い換えることによって，大島が女性の物語を占有化した」と論じている（堀，2003，118頁）。そのように見ることも可能かもしれないが，誰が主張したのか＝男性なのか女性なのかを重視するのではなく，何が主張されていたのかに向き合うことのほうが重要ではないか。

(7)　D. H. ロレンスの『チャタレー夫人の恋人』の翻訳出版について伊藤整らが起訴された裁判（1951～57年）。

(8)　具体的な運動については，行動する女たちの会編（1990），行動する会記録集編集委員会編（1999）を参照。

(9)　性差別的な性表現に対して，法的規制を求めるフェミニストもいる（たとえば，マッキノン（1993）など）。私は，法律や条例による表現規制を求めることには賛同しない。法的規制を求めることは，その判断を規制を行う側に委ねてしまうことになる。多様な解釈が生じうる性表現については，表現されたものをめぐって多様な議論がかわされる必要があると考えるからである。もちろん，問題のある性表現は存在している。それは，性表現に出演する（させられている）人々の人権が侵害されている場合である。性表現をめぐる法的介入は，出演者の人権保護のみに絞られるべきだと考える。この点に関連する大きな争点が，児童ポルノ問題である。児童買春・児童ポルノ処罰法の制定時においても，出演者にさせられてしまう児童の人権救済を目指す人権派と，児童の健全育成をかかげた道徳派が法作成にかかわった（坪井編（2001）など）。道徳派は，しばしばマンガも「児童ポルノ」に含め取締りをすすめようとするが，マンガは実在の人物が出演しない表現形態であることを忘れてはいけない。

(10)　事件の詳細については，上野（2009），熱田（2012），水戸（2012），堀（2015）を参照。

(11)　ユネスコの「マスメディア基本原則宣言」も，表現の自由を「情報及び思想を求め，受け，および伝える自由を含む」と，「民衆のコミュニケーションする権利」を強調している（渡辺（2000）など）。

## 参考文献

秋田一恵・講演（まとめ・兼松千恵）(1988)「反・ポルノ運動と表現の自由」『行動する女』5・6月合併号（第25号）行動する女たちの会。

熱田敬子（2012）「『BL』排除からみえた差別と性の享受の萎縮：堺市立図書館での「BL」本排除事件」『ユリイカ』第44巻第15号，青土社。

伊藤高史（2006）『「表現の自由」の社会学——差別的表現と管理社会をめぐる分析』八千代出版。

上野千鶴子（2009）「堺市立図書館，BL本排除騒動の顚末」『創』5月号。

内田剛弘（1980）『愛のコリーダ裁判・全記録（上）』社会評論社。

大島渚（1976）「刑法175条こそ猥褻だ——『四畳半襖の下張』裁判の俗悪 無責任」『朝日ジャーナル』1976年5月28日号。

大島渚（1978）「わいせつ罪と表現の自由」『現代の眼』第19巻第6号，現代評論社。

奥平康弘（1988）『なぜ「表現の自由」か』東京大学出版会。

小澤武二（1951）『チャタレイ夫人の恋人に関する公判ノート』河出書房。

金田淳子（2007）「マンガ同人誌——解釈共同体のポリティクス」佐藤健二・吉見俊哉編『文化の社会学』有斐閣。

加納実紀代（1992）「戦争とポルノグラフィー——言論統制下の阿部定事件」『ニュー・フェミニズム・レビュー Vol.3 ポルノグラフィー』学陽書房。

行動する女たちの会編（1990）『ポルノ・ウォッチング』学陽書房。

行動する会記録集編集委員会編（1999）『行動する女たちが拓いた道——メキシコからニューヨークへ』未來社。

コーネル，ドゥルシラ（2006）『イマジナリーな領域』御茶の水書房。

坂本ななえ（1989）「懐かしき70年代の香り「週刊ポスト」のヒボー記事」『行動する女』9月号（第38号），行動する女たちの会。

坂本ななえ（1991）「続・『成年コミック』マークから表現の自由を考える」『行動する女』4月号（第53号），行動する女たちの会。

ジェロー，アーロン（2000）「大島という作家，観客という猥褻——『愛のコリーダ』裁判とポルノの政治」『ユリイカ』第32巻第1号，青土社。

谷すみえ（1991）「集会報告『表現の自由と性差別』ポルノ・コミック規制に異議あり！」『行動する女』6月号（第55号），行動する女たちの会。

坪井節子編（2001）『子どもたちと性』明石書房。

日本性教育協会編（2007）『「若者の性」白書——第6回青少年の性行動全国調査報告』小学館。

日本性教育協会編（2013）『「若者の性」白書——第7回青少年の性行動全国調査報告』小学館。

林浩二（1987）「スポーツ紙 ポルノがないと売れないの？——作り手側に聞く」『行動する女』7月号（第16号），行動する女たちの会。

第 2 部　「第 2 の近代」と新たなジェンダー秩序の模索

伏見憲明ほか（2002）『「オカマ」は差別か——『週刊金曜日』の「差別表現」事件』ポット出版．
船橋邦子（インタビュー・高松久子）（1994）「『ポルノグラフィー』をどうみるか——性表現とフェミニズム」『インパクション84』インパクト出版会．
堀あきこ（2015）「BL 図書排除事件と BL 有害図書指定からみる性規範の非対称性——女性の快楽に着目して」『マンガ研究』21，日本マンガ学会．
堀ひかり（2003）「『『愛のあるセックス』というシナリオ」『女性学』第11巻，新水社．
マッキノン，キャサリン／奥田暁子・加藤春恵子訳（1993）『フェミニズムと表現の自由』明石書店（Mackinnon, Catharine A. (1987) *Feminism Unmodified — Discourses on Life and Law*, Harvard University Press）．
溝口彰子（2003）「それは，誰の，どんな，「リアル」？——ヤオイの言説空間を整理するこころみ」『イメージ&ジェンダー』第 4 巻，イメージ&ジェンダー研究会．
水戸泉（2012）「腐女子が声をあげるとき」『ユリイカ』2012年12月号，青土社．
守如子（2010）『女はポルノを読む——女性の性欲とフェミニズム』青弓社．
守如子（2013）「自慰経験による女子学生の分化」日本性教育協会編『「若者の性」白書——第 7 回青少年の性行動全国調査報告』小学館．
森田成也（2013）「ポルノ表現と性暴力」ポルノ被害と性暴力を考える会編『森美術館問題と性暴力表現』不磨書房．
山崎カヲル（1994）「ポルノをめぐる諸問題——反ポルノ派フェミニズム批判」『インパクション84』インパクト出版会．
吉澤夏子（2012）『「個人的なもの」と想像力』勁草書房．
渡辺武達（2000）『メディアと情報は誰のものか』潮出版．

第3部

現代日本社会の変革とジェンダー

# 第9章

# 歴代首相の国会発言に見る「家族」と「女性」
―― 「失われた20年」のイデオロギー的背景 ――

落合恵美子・城下賢一

## 第1節 日本の独特の進路とその政策的背景

　1990年代初めからこの方，日本は「失われた20年」とも言われる長期間の景気低迷を経験してきた。2012年になって，自民党が政権政党に復帰して発足した第2次安倍晋三内閣の下，異次元の金融緩和が行われたことをきっかけに景気回復の兆しが感じられているようにも思われる。しかし他方，景気回復を確実にして実体経済を活発化させるためには，新たな成長戦略の推進が不可欠とされている。このため，2013年6月，とるべき施策パッケージ「日本再興戦略」が閣議決定された[1]（2014年6月には改訂2014が閣議決定された）。

　ジェンダーに関して，日本再興戦略で注目されるのは，女性の活躍推進が重要施策とされ，女性の労働力率の引き上げや育児支援の充実が掲げられていることである。今なお，日本では，男性稼ぎ主／女性主婦モデルが一定の規範的拘束力を有し，女性の労働は多く家計補助的なものに留まり，女性労働力率のM字カーブが見られる。今回の政府の施策が景気回復を確実なものとすることができるかはもちろん，労働や家族をめぐるジェンダー秩序を変えるものになるのかについても，大いに関心がもたれるところである。

　労働や家族をめぐるジェンダー秩序に関して，日本が欧米社会と明らかに異なる進路をとるようになったのは意外に新しく，1970年代以降のことである。あまり知られていないことかもしれないが，1970年代の初頭，日本の女性の労働参加率はほとんどの欧米諸国に比べて高かった（経済企画庁，1997，第Ⅰ-1-16図）。しかしその後，欧米社会においては劇的な上昇が見られたのに対し，

日本での変化は緩やかだったため，今ではすっかり逆転してしまった（岩井，2013，129-133頁）。日本の年齢階級別女子労働力率は，育児期のくぼみはだいぶ浅くなったとはいえ，2010年代に入った現在も明瞭にM字型を描いている（労働政策研究・研修機構，2014）。

　経済的に見れば，1970年代には日本の1人あたりGDPはヨーロッパ諸国に追いつき追い越し，1970年代末には *Japan As Number One* というエズラ・ヴォーゲルの著作に日本中が得意になった（Vogel, 1979）。経済的に欧米並みになったとたん，ジェンダーに関しては別の道を歩み始めたというのは，考えてみれば不思議であり，皮肉な感じさえする。いったいこれはなぜだったのだろうか。

　本章では，第1に，この疑問に答えを与えるため，1970年代以降の家族とジェンダーに関する政策的選択と，そのイデオロギー的背景に焦点を当てる。方法としては，公開されている国会会議録を用いて，総理大臣の発言を分析する。首相の発言を取り上げるのは，それが政府によって促進されてきたイデオロギーの理解を可能にすると考えるからである。

　しかし，当然のことながら，政策の決定にはイデオロギーのみでなく社会的現実も影響を及ぼす。政策選択において，イデオロギーと社会的現実はそれぞれどのような役割を果たしてきたのだろうか。これが本章の第2の課題である。

　さらに，社会政策に関する国際比較というより広い視野に置き直してみると，日本のみならず東南アジアを含む広義の東アジア諸国は，欧米諸国と同じ進路をとってこなかったことが指摘されている（Holiday and Wilding（2003）等）。その違いの原因は，しばしば異なる文化的伝統に求められ，東アジアについては必ずと言ってよいほど「儒教イデオロギー」がもち出される（Jones, 1993）。ではこの日本の「独特の進路」も「儒教イデオロギー」に影響を受けたのだろうか。本章はこの仮説を検証することを第3の課題とする。

第❾章　歴代首相の国会発言に見る「家族」と「女性」

## 第2節　政治課題となった家族と女性

### (1)　「家族」に関する首相の国会発言

　本章では，インターネット上で公開されている国会会議録検索システム（http://kokkai.ndl.go.jp/）を用いて分析のためのデータを収集する。この検索システムでは，衆参両院の本会議・委員会等の会議録から，発言者，期間，検索語などを指定することにより，分析に必要な該当箇所を抽出することができる。長期間にわたる膨大な会議録から，家族やジェンダーに関する政府のイデオロギーを析出するため，発言者に内閣総理大臣を指定した。首相は政府のトップリーダーとして発言し，その内容は政府の方針を示し，政策の核心を示すものである。そのため，国会における首相の発言は，首相の個人的心情を吐露するというのでなく，主に下部機関で作成・調整されたものをもとに行われることになる（海部，2010，103-104頁）。したがって，政府のイデオロギーを析出するために，国会における首相の発言は適切なデータと言うことができよう。検索語には「家族」「家庭」「女性」などを用いた。

　最初に，長期的傾向を把握するため，サンフランシスコ講和条約により日本が主権を回復した時点で首相だった吉田茂（在職：1946-1947；1948-1954）以降，野田佳彦までの29人の首相について，国会（本会議・委員会）発言の中での「家族」もしくは「家庭」という語の使用回数・頻度を集計した。集計にあたっては，「家族」もしくは「家庭」という語が一つの会合で一度以上用いられていたら，それを1回と数える。一つの会合で複数回「家族」もしくは「家庭」の語が用いられている場合があるが，その場合も1回としている。それぞれの首相の在任期間は全く異なるので，比較のために在任期間中の頻度を計算した。[2]　図9-1では，このような方法により求めた各首相の「家族」「家庭」に関する発言頻度を折れ線グラフで示した。

　図9-1からは，明らかな傾向性が見てとれる。首相による「家族」「家庭」の発言頻度は，岸信介（在職：1957-1960）以降，1955年体制下で増加している。

第3部　現代日本社会の変革とジェンダー

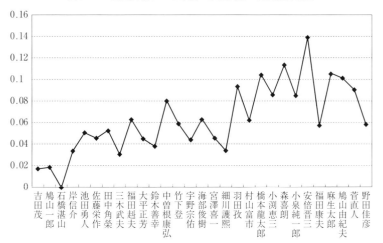

図9-1　歴代首相による家族・家庭関連の国会発言頻度

発言内容を見ると，岸以降，単に頻度が増加しただけなく，「家族」「家庭」に関する説明も変化していることにも気付く。それより前の首相は，これらの言葉はとくに戦争遺家族への言及の中で用いられ，「家族」は国が保護を与えるべき福祉の受益者と位置づけられていた。しかし，岸以降には，国家に奉仕する福祉供給者として家族の義務が強調されるようになる。この新しい説明は，後任の池田勇人（在職：1960-1964）以降，さらに顕著となった（城下，2011）。

自民党政権期，岸から宮澤喜一（在職：1991-1993）までの発言頻度はもちろん変動するものの，概ね同じ範囲（0.04-0.06回／日）に含まれているが，この間，唯一の例外が中曽根康弘（在職：1982-1987）である。中曽根はマーガレット・サッチャー英首相やロナルド・レーガン米大統領との親密な関係を誇示し，彼らと同様に新自由主義的改革を行ったことで知られる。その中曽根が「家族」「家庭」を政治的課題としたのはなぜなのか，後で検討しよう。

1993年に1955年体制が崩壊した後，非自民連立内閣が細川護熙（在職：1993-1994），羽田孜（在職：1994）と続いた。細川は例外的に頻度の低い首相となったが，後任の羽田は短期間の任期であったものの高い頻度を示している。羽田が退陣した後，自民党・社会党・さきがけの3党連立による村山富市内閣（在

第９章　歴代首相の国会発言に見る「家族」と「女性」

職：1994-1996）で自民党が与党に復帰し，次の橋本龍太郎内閣（在職：1996-1998）以降，再び首相を連続して輩出するようになると，発言頻度が長期的に上昇していった。羽田内閣から後，民主党・野田佳彦内閣（在職：2011-2012）まで0.06-0.12回／日の範囲が続き，1955年体制を大きく上回った。1990年代半ば以降，政治的課題として「家族」「家庭」の比重が大きく高まったと言えよう。中でも第１次安倍晋三内閣（在職：2006-2007）では，ナショナリストとして知られる首相が家族や家庭に関する政治問題も積極的に取り上げており，発言頻度は唯一例外的に約0.14回／日にまで達している。

### （２）「女性」に関する首相の国会発言

「家族」「家庭」と同じように，女性に関する首相発言の頻度も測ってみよう。ただし，女性に関する言及を正確に示すことは，「家族」「家庭」よりも難しい。なぜなら，女性を指す用語は「女」「婦」「妻」「母」「配偶者」「奥さん」など，数多く存在するからである。しかも，それらの言葉の中には「母艦」など全く無関係の語彙の一部で使用される場合もある。したがって，女性についての発言頻度を「家族」「家庭」の場合ほど正確に測定することは困難であるが，それらの留保をつけながら同様に処理した結果が図９-２である。

図９-１と比較して図９-２では，最高値と最低値の間に大きな幅がある。しかしながら，全体として見た時，ほとんどの発言が政治課題としての「女性」とは無関係の文脈でなされている宇野宗佑首相（在職：1989）を例外として，図９-１と同様，1990年代前半までは中曽根の発言頻度が例外的に高いという特徴を有している。また，羽田内閣以降に頻度が増加傾向にあり，羽田，橋本，第１次安倍，そして最初の民主党首相である鳩山由紀夫（在職：2009-2010）の４人の首相が女性に関する言及頻度が大きい。なお，新自由主義的な構造改革を実現した小泉純一郎首相（在職：2001-2006）が，「家族」や「家庭」，また女性を指し示す言葉について言及した頻度が低いことは注目に値する。

これまでの概観から，中曽根内閣期，また1990年代半ばから現在までの二つの期間に，家族と女性に関する事柄が首相の国会答弁で多く言及され，政治課

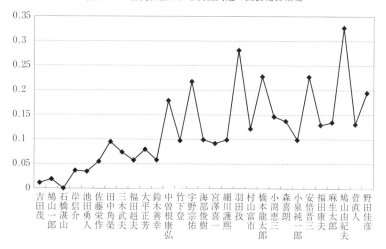

図9-2 歴代首相による女性関連の国会発言頻度

題とされた可能性が高いことがわかる。このことを踏まえて、次に、この二つの期間に焦点を当て、首相たちはどのように家族や女性に言及したかを検討したい。そして、これらの期間に実施された女性や家族に対する政策の性格を考察したい。

## 第3節 1980年代の家族主義的改革

### (1) 新自由主義的な日本型福祉社会

1955年体制下で家族や女性に関して最も高い頻度で言及した中曽根康弘は、彼の前後のほとんどの首相が2年前後で退陣したのに対して、例外的に約5年間にわたって政権を維持し、その政策は、1980年代だけでなく、その後の時代にも大きな影響を与えることになった。主要な主張の第1は、既述の通り、英米と足並みを揃えて政策に新自由主義的な方向づけを行ったことである。国鉄、電電公社、日本たばこの3現業をいずれも民営化し、政府の支出・人的規模の縮小を図った。社会保障分野でも規模拡大を見直し、引き締めを行った。「日本型福祉社会」論（自由民主党、1979；村上・蠟山、1975）をもとに、福祉に関す

る政府の役割を限定し，家族や地域の扶助への期待を強めた。このため，彼の発言には，「家族」「家庭」の語が頻出したのであった。

中曽根はまた，ナショナリストとしても知られている（大嶽，1994，247-254頁；豊永，2008，12-15頁）。首相就任にあたって，彼は「戦後政治の総決算」を掲げた。それは，既存の外交・安全保障政策の見直しや国際秩序に対する責任の強調（依田，1995，385-386頁）などともに，文化面でも日本古来の独自の文化にも卓越性と普遍的な訴求力が存在していることを自覚し，科学的に日本のアイデンティティを再構築することを主張するものであった（中曽根，1995，385-386頁）。これは日本型福祉社会論を主張する学者たちの業績とも共鳴するものであった（村上・公文・佐藤，1979）。

日本文化の卓越性と訴求力を強調した独自の路線を推進できるという中曽根の自信は，当時の強い経済によって裏付けされていた。石油ショックの後，同時代の欧米諸国が長期のスタグフレーションに苦しんでいるのをよそに，日本経済は年平均4％の成長率を維持した。その結果，日本はグローバル経済のリーダーになった。1979年にはハーバード大学のヴォーゲルが先にも見た*Japan As Number One*を発表して，日本の経済的成功は文化的特質や特殊日本的な経営慣習によるものだとする彼の説は世界に広まった。

実際のところ，中曽根内閣は，ジェンダーや家族政策の面で，大きな変化をもたらした。女子差別撤廃条約の批准（1985年），（勤労婦人福祉法の全面改正として）男女雇用機会均等法の制定と公布（1985～1986年），労働基準法改正による女性保護の撤廃（1985年），同じく労働基準法改正による変形労働時間制，裁量労働制，フレックスタイム制の導入（1987年），労働者派遣法制定（1986年）など，今日までの日本のジェンダー構造を規定している法律の多くはこの期間に作られた。主婦年金にかかわる国民年金第3号被保険者制度の創設（1986年）と配偶者特別控除（1987年）の制度の効果は絶大で，これらの制度の恩恵を受ける既婚女性の収入を押し下げる役割を果たした（横山，2002；堀江，2005）。

この時期に創設されたこれらのジェンダーに関係する法律や規則は，一見するとジェンダー平等の考えにもとづいて女性の雇用を促進するものであるかの

ように思われるものも多い。しかし，それと同時に，労働の柔軟性（flexibility）を高めたり，無収入もしくは低収入のパートタイム労働をする主婦に新たな税制や年金上の便益を与えたりするものも存在した。結果として，日本の女性は三つのタイプに分類されることになった。第1に男性と同じキャリアを追求する「エリート女性」，第2に低水準で不安定な雇用につくパートタイムや派遣など「非正規労働の女性」，そして第3に「主婦」という三つのタイプである。女性を分割統治するために設計された巧妙な政策のようにも思われるが，中曽根は，どの程度そのことを意図していたのだろうか。そして，そこにはどのようなイデオロギーが作用していたのだろうか。次に，中曽根が家族や女性に関して行った発言を精査していこう。

（2） 中曽根康弘首相の国会発言

首相就任後，最も早い時期の発言で，中曽根は明瞭に「家族」を政治的な課題に設定している。

> 私は，何よりも心の触れ合う社会，礼節と愛情に富んだ社会の建設を目指したいと思います。（拍手）特に，政治の光を家庭に当て，家庭という場を最も重視していきたいと思います。国民の皆様の具体的な幸せは，一体どこにあるのでありましょうか。家族が家路を急ぎ，夕べの食卓を囲んだときに，ほのぼのとした親愛の情が漂います。このひとときの何とも言えない親愛の情こそ，幸せそのものではないでしょうか。夕べの食卓で孫をひざに抱き，親子三代の家族がともに住むことが，お年寄りにとってもかけがえのない喜びであると思うのであります。勤勉な向上する心，敬虔な祈る心もそうした家庭に芽生えます。明るい健康な青少年も，節度ある家庭の団らんから巣立ちます。……この幸せの基盤である家庭を大切にし，日本の社会の原単位として充実させていくことこそ，文化と福祉の根源であるとかたく信ずるのであります（拍手）（衆議院本会議，1982年12月3日）。

これは，政府が「日本型福祉社会」を追求しようとする宣言である。「幸せの基盤である家庭」という表現は，本章の共著者の1人城下がいうところの「福祉供給者としての家族」（城下，2011）という分類に対応するだろう。そこで想定されている家族は，伝統的な農村家族や自営業一家でなく，企業に雇用され職場に通勤する労働者を中心とした家族である。ただし，近代的な労働者家族像に，伝統的と信じられている3世代同居という特徴が付け加えられている。同様に儒教的な「礼節」という観念が，「愛」という近代的な観念と組み合せられている。

「日本型福祉社会」は，実際のところ，福祉ミックスの提案である。「日本独自」という表現を用いながら，「私的セクターの活力」を存分に活用する（衆議院本会議，1984年2月8日）と言っていることに，中曽根がネオリベラリズムという世界的潮流と歩調を合わせていたことが示されている。

このように家族については，雄弁に信念をもって語っている中曽根だが，女性についての発言は，いくぶん苦々しげであるように感じられる。家族について日本と西欧とを対比するロジックとは対照的に，女性政策についてはアメリカやヨーロッパの例を引くことにより自らの政策を正当化している。国際条約である女子差別撤廃条約の批准が，中曽根政権の女性政策の大前提だったのである。様々な困難はあったが，赤松良子や政府内の他の進歩主義者の努力が実を結び，批准にこぎつけた（堀江，2005，第6章3）。中曽根は，政権最末期に，次のように述懐している。

　　婦人の地位の向上という問題については，私は政治家の中でも一番苦労もし，また努力もしている人間であると思っています（参議院予算委員会，1986年10月6日）。

それにもかかわらず，他の場合には，女性についての，国際的な潮流から乖離した個人的な見解が暴露されている。

男性と女性というものは生理的な違いがありまして，神様から与えられた使命も違っておるところがあります。……人間としては同じでありますけれども，子供を産む，育てるという面は女性の権利であり，また女性の特別の使命でもあると思います（衆議院外交委員会，1985年5月31日）。

　私は，古いと言われるかもしれませんが，やはり女性はまず母として100％立派な母になっていただきたい（参議院予算委員会，1984年3月19日）。

　けさの新聞を読んでみますと，日本の女性と外国の女性とではずいぶん違います。……やはりこういう問題はその国の風土や歴史や慣習も考えて，しかも国連で決めた方向を目指しつつ慎重に考えるべきである……（参議院予算委員会，1983年4月4日）。

冒頭に述べた日本の女性の労働参加率がかつて欧米諸国より高かったことを想起すれば，両性間の生物学的差異にもとづく労働分業を主張することと，そうした分業は日本文化の特別な特徴だとする考えとは矛盾するが，その点は意に介さないようだ。
　しかしながら，これらの法律案を通過させるにあたっての政治過程は，彼の意見の体系的な適用というわけにはいかなかった。

　今回の改正で，すべての婦人が国民年金の加入者となり，各自に基礎年金が保障されることになっており，これにより婦人の年金権は確立したものと考えております。……ともかくも今のような年金をもらえない方々に対する，しかもサラリーマンという膨大な層に対するある程度の保障措置をこの際前進させよう，そういう考えで仕組んだやり方でありまして……（参議院内閣委員会，地方行政委員会，文教委員会，農林水産委員会連合審査会，1985年12月19日）。

国民年金第3号被保険者制度は，公式的には個々の女性に年金の権利を与えるために創設された制度であったが，同時にそれはサラリーマン層からの得票を意図した選挙戦略でもあった（堀江，2005，352-355頁）。当時の深刻な政治的問題は，自営業者には税負担から逃れるための抜け道がいろいろあるのに，給与所得者は税制で不公平に扱われているという，都市新中間層の不満にあった。その利益を代表すると主張して，自民党から脱党し「新自由クラブ」を結成した議員もいた。第2次中曽根内閣は，自民党と新自由クラブとの連立により発足した。農家や自営業者などの従来の支持者に加え，都市新中間層からの支持を求める必要を感じていた自民党の戦略が，企業労働者やその妻をターゲットにした新たな政策をもたらしたのである。

(3) 中曽根発言のイデオロギー的背景：近代の伝統化

ここまで，中曽根の政治的発言を検証してきた。彼の改革は，新自由主義的で，ナショナリスティックで，同時に本質的に家族主義的であった。ナショナリストとしての彼の政策は，様々な方法で日本文化と結びつけられていた。中曽根の国会発言からはそれらの様々なイデオロギーが読みとれる。

しかしここで注目しておきたいのは，中曽根はほとんど儒教的概念に言及していないということである。家族やジェンダーに関する彼の発言の中から唯一見つけられる儒教的概念は「礼節」のみである。中曽根の3世代同居や老人福祉の強調の中に，戦前の教育勅語など教育倫理を通じた儒教の間接的な影響を見ることもできるかもしれないが，「孝」という価値すら明示されてはいない。戦後日本のナショナリストは，日本文化への儒教の影響に触れたがらない傾向があるのではなかろうか。第2次世界大戦後，儒教は戦時中の権威主義の基礎として否定的なイメージをもたれるようになったからというのがその第1の理由であろうが，おそらく第2の理由もある。ナショナリストは日本文化への中国文明の影響を否定したいのではなかろうか。大東亜共栄圏を謳った戦前期であれば，大東亜の伝統である儒教は日本文化と渾然一体となっていた。しかし戦後，大東亜から切り離された「日本」に籠らざるをえなくなったことで，儒

教を自国の伝統として語ることは難しくなった。

　より強調されるべきなのは，中曽根の発言に潜む本質的な近代性であろう。唯一の儒教的用語の「礼節」が用いられる時でさえ，それは「愛」という近代的概念とともに用いられている。家族主義者である中曽根が想定している家族は企業労働者のそれであり，3世代同居家族を想定しているとしても農業者の家族ではなかった。彼の政策は企業労働者の家族を主要なターゲットにしていた。なぜならば，その社会階層が，自民党政権の選挙戦略上において，その支持を獲得したいターゲットであったからである。彼はまた，母親が自分の子どもの教育において果たすべき役割を強調しているが，これは教育領域で母親に期待されるものがほとんどない儒教的伝統とは異なるものであり，実は近代の産物であった「良妻賢母」思想（小山，1991）の表出である。中曽根改革の中核には，ジェイン・ルイス（Lewis, 2001）の言うような「男性稼ぎ主／女性主婦（male breadwinner/female housewife）」タイプの近代的家族像が存在していたのである。

　すなわち中曽根は，近代社会において普遍的な規範となった性別分業型の近代家族を，日本の文化的伝統と呼んで，政策の基盤とした。「自己オリエンタリズム」（落合，2012，14頁）を梃子とした文化的地政学とでも呼ぶべきメカニズムによってアジア近代一般に生じた集団的錯覚であり（中国・朝鮮については陳（2006，第7章）参照），本章の共著者の1人，落合はこれを「近代の伝統化」と呼んでいる（落合，2013a，26頁；同，2012，13-14頁）。中曽根の家族主義的改革も，その上に成り立っていた。

## 第4節　1990年代以降の不完全な改革

### （1）　不況下の構造改革

　1990年代初頭のバブル経済の崩壊によって，日本の経済成長に終止符が打たれた。西洋諸国では石油危機によって「豊かな社会」に終焉がもたらされたが，日本はそれら諸国より20年間以上も長く繁栄を謳歌していた。しかし，それに

第❾章　歴代首相の国会発言に見る「家族」と「女性」

もついに終わりがやってきた。人口構造に関しても，1990年代は転換期だった。日本社会における65歳以上の高齢人口は，1980年代にはたいていの西洋諸国よりも低い水準にあったが，1990年代に入って急上昇し，同年代の終わりにはヨーロッパ諸国を凌駕するまでになった。そして2012年には24.1％（国立社会保障・人口問題研究所，2014）にまで達し，世界一の高齢社会となり，高齢化率のほかにも離婚率，初婚年齢，非婚率も上昇し，家族の変化が人々の憂慮の的となった（湯沢・宮本，2008）。

　このような状況の中，1990年代には，官民を挙げて「構造改革」が課題となったのは無理もないことであった。経済同友会，日経連のような経済団体は1994年にそろって雇用の複線化，多様化，流動化を提案した（大沢，2002，119-124頁）。これは，終身雇用と年功序列賃金を保証してきた日本型経営の変革を宣言する文書であった。1980年代に中曽根や他の政治家たちが高らかにうたいあげた日本型システムは，わずか10年後には反対に批判の対象となったのである。

　社会保障制度においても改革への要求があった。1994年に社会保障制度審議会が提出した「社会保障将来像委員会第2次報告」は，「妻は家庭内にとどまり夫に扶養されるのが一般的であった家族の姿……を前提とした社会保障・税制などの社会制度」を見直し，社会保障制度を「世帯単位中心のものから，できるものについては個人単位に切り替える必要がある」と提言した。同年には，厚生労働省も「21世紀のための福祉ビジョン」を発表し，高齢者介護に関する新ゴールドプラン，育児のためのエンゼルプラン，そして家族に任せきりにしない社会的サポート政策を提案した（大沢，2002，127-129頁）。

　1990年代における最も包括的な改革は，行政，財政構造，社会保障構造，経済構造，金融システム，教育という6大改革を推進した橋本龍太郎首相によって宣言された。橋本は，ジェンダー平等な社会の実現が，日本の構造改革にとって大いなる鍵であると見なしていた（大沢，2002，146頁）。

　このような政策転換が可能になったのは，経済情勢，人口構造などの客観的状況の変化の他，自民党の政権陥落と復帰という政治状況によるところも大き

219

い。政権に復帰した時，自民党は自社さ連立政権の一角として社会党首班の村山富市内閣を支え，村山内閣の退陣後には自党首班の橋本内閣を発足させることに成功したが，自社さの枠組みを維持した。総選挙を挟んで第2次橋本内閣発足の際，自民党と閣外協力に転じた社さ両党との間で3党合意が確認された。文書には，「男女共同参画を推進する国内本部機構の拡充強化，女性に関する基本法の制定」といった文言が盛り込まれていた。社会民主党委員長の土井たか子，新党さきがけの参議院議員の堂本暁子，自民党の猪口邦子など，有力女性政治家の影響力も大きかった（大沢，2002，146-147頁）。加えて「80年代フェミニズム」と呼ばれた日本のフェミニスト運動の学術的成果（江原（1988）；落合（1989）；上野（1990）など）が改革のための学術的基礎や方向づけを与え，大沢真理東京大学教授のようなフェミニスト研究者が政策形成過程に参加した（大沢，2002，250頁）。

　橋本改革におけるジェンダーに関する主要なポイントをいくつか挙げよう。1998年，国の行政機関・事務等の再編成等を目的とした中央省庁等改革基本法が成立し，2001年の内閣府・男女共同参画会議の設置につながった。内閣府には男女共同参画局が設置され，男女共同参画に関する企画立案・総合調整の任務と機能が与えられた。男女雇用機会均等法は1997年に改正され，募集・採用，配置・昇進での差別禁止，セクシュアル・ハラスメントの防止，ポジティブ・アクションの承認などの面で強化された。また1997年に介護保険制度が制定され（施行は2000年），1998年には労働基準法における女性の保護規定が削除された。児童福祉法も1997年に改正され，それまで居住自治体の措置により子どもは保育所に入所するものとされていたのが，親の選択が尊重されるようになった（大沢，2002，141-144頁）。1998年の『厚生白書』では，主にフェミニスト研究者の議論に即して，出生率減少への対策を打ち出した（厚生省，1998）。

　橋本内閣のジェンダー政策の到達点は，1999年に施行された男女共同参画社会基本法と言えよう。しかしながら，男女共同参画社会の実現を促進するための基本的な法律の制定に動いてきた橋本自身は，1997〜98年の消費税率引き上げやその後の景気失速など経済政策の失敗を批判され，1998年参院選に敗北し

た責任を取り辞任していた。まさしく福祉元年が1973年石油危機によって放棄されたように，1990年代の改革も経済危機により中断したのであった。

その後，新自由主義者の小泉純一郎首相が権力を獲得した。小泉は，橋本内閣で厚生大臣を務め，女性政策にも積極的に関与していた。しかし，所得ギャップの拡大を許容することによって，結果的に女性の非正規雇用の拡大を促進することとなった（内閣府，2014，本編‐1‐特集‐第2節）。小泉の後継者の安倍晋三はナショナリストであり，かつまた反フェミニズム・キャンペーンを実行する保守的な政治勢力のリーダーでもあった（安倍，2013，第7章）。

では，1990年代以降の首相によってなされた，家族や女性に関する発言を見てみよう。

（2）　橋本龍太郎首相の国会発言

橋本龍太郎首相は，就任直後から女性や高齢者の社会活動を促進する発言を行っており，高齢者ケアや育児の社会化において新しい方向性を提示していた。とはいえ，橋本は政治の世界に入った当初から，この方向性を推進していたわけではなかった。そのことは彼自身が率直に認めている。

> 第一次大平内閣で厚生大臣を拝命しましたときに，私は世帯単位というとらえ方を何とか維持したい，その方向に向けたいということを考えておりました。……それだけに，世帯単位という構成をどうすれば維持できるのか，そして既にどんどん工業化の進んでおります，むしろ第1次，第2次のオイルショックを構えておるときですから，若い方々が親とは離れて暮らす方が普通になりかけていた時期だけに，例えば同居をすることによって税制が有利にならないかとか，あるいは住宅建設についても世代間同居の可能な住宅の建設促進ができないかとか，いろんなことを考えてみました。しかし，その後の世の中の流れを見ておりますと，むしろ出生率そのものが当時では想定のできないような下がり方をしております（参議院予算委員会，1997年3月6日）。

今振り返ってみますと，この中において大きく欠如いたしておりました部分が高齢化の進展に伴う介護の問題の深刻化であります。そして，世代間同居を言うことがいたずらに家庭の奥様方やお嬢さん，殊にお嫁さんの肩にその介護の責任を負わせるのではないかという誤解をも当時生じました。そうした気持ちでこれを考えたわけではありませんでしたが，人口の少子化，高齢化や女性の社会参画の進展などによって家族が担ってきた子育てあるいは介護などの機能が脆弱化しつつある，これは議員御指摘のとおりであります。

こうしたことから，家族の機能を社会的にバックアップしていく必要があり，エンゼルプランや新ゴールドプランの一層の推進に向け，新たにまた，あわせて高齢者介護システムの制度化に向けて努力していきたいと考えており，人々が家族に安らぎを見出しながら，すべての国民が幸福感を持って暮らし得るような状況をつくり出すために最大限の努力を払いたいと考えております（参議院本会議，1996年1月25日）。

橋本は，「日本型福祉社会」の骨格を作った大平正芳内閣（在職：1978-1980）で厚生大臣を務めた。しかし，彼は，後の人口動勢や家族の変化を見て，この方向は維持できないと気付いた。この認識は，自分の母親が倒れてから8年以上にわたり介護を続けた個人的な経験にも裏打ちされていたと言う（参議院予算委員会，1996年12月11日）。

彼はまた，ヨーロッパにおいて個人を単位として社会保障制度が再設計されているという改革潮流にも気付いていた。

我々の最初の議論のころ，家族というものを単位に，世帯単位に問題をとらえるという考え方が随分長く継続してまいりました。しかし，そのうちに，例えば妻の年金権という言葉が生まれ，既に一人一人を対象とした社会保障というものがもう定着をいたしております。その世帯単位から個人へという視点の移しかえ，これが一つの転機であったと思います（衆議院予算委員会，

第❾章　歴代首相の国会発言に見る「家族」と「女性」

1997年2月12日）。

　しかしながら，少子高齢化という人口学的変化は，また，経済および財政の危機ともつながっていた。橋本改革の主眼が新自由主義的傾向をもつ財政再建に置かれたのはそのためであった。急激な人口学的変化という同じ原因が，家族機能の社会的バックアップという社会保障改革と，財政再建・経済活性化という，両立しにくい複数の課題の同時追求を橋本政権に課したのである。

　ジェンダーの観点から見ると，橋本内閣の基本方針は「家族的な責任を男女がともに担」い，「男女がともにバランスのとれた職業生活と家庭生活を送ることができるよう対策の推進に努め」ることにあった（衆議院本会議，1997年5月6日）。しかしながら，それと同時に，新自由主義的な方向をとるため，非正規雇用の拡大が雇用選択の多様性の拡大というポジティブな傾向として捉えられた。

　　私はパートタイム労働や派遣労働というのは多様な働き方の選択肢の一つとして意義のあるものだと考え，議員が述べられましたように，何か一段違ったニュアンスを持つような感じで私はこれらを受けとめておりません（参議院本会議，1997年5月26日）。

同様に，公的介護保険制度のための在宅介護の強調は，単純な古い思考様式によるものとは言えなかった。むしろ，それは世界的潮流であるところの民営化の流れに沿ったものであった。橋本首相は次のように説明している。

　　今，私は議員の御論議を聞きながら改めて過去を振り返っております。そして今，在宅介護というものを取り上げるのが当然の議論になってまいりました。しかし，昭和40年代の半ばぐらいまでは，医療の世界だけではなく福祉の世界でも大きな施設をつくることが前進というとらえ方の時代があり，これをだれもが疑わなかったと思うんです。しかし，それは高崎の国立コロ

ニーをつくってみて,必ずしも大きな施設をつくることがすべての方の幸せにつながるとは言えないという問題を我々に突きつけました。そして,できるだけ身近なところに施設ができる方がいい,そして施設長さんが入っておられる方々のお顔を見ればそのときの状態から御家族までわかる方がいい,その方がいいんだという時期がしばらく続きました。その上で今,在宅というのが医療の上でも福祉の上でも議論をされるようになってきた。私はこれはすごい前進だなと思うんです(参議院予算委員会,1998年4月6日)。

ヨーロッパにおいても論争や潮流として見られることであるが,施設介護と在宅介護のどちらがより望ましいかを尋ねられた時,明確な答えを与えることは簡単ではない。おそらく柔軟な組合せが必要である。幼児保育についての論争にも同様の問題がある。

橋本は,また1991年の育児休業の制度化にもかかわっていた。

　育児休業制度のスタートの時点で議員立法を書いた私は当時の関係者の一人であります。……率直に申して,私は当時零歳児保育に反対を唱えた一人であります。むしろ育児休業制度を拡大して,少なくとも生後一年母親のもとに置きたいという議論をいたしましたが,これは女性を家庭に閉じ込めようとするものであるという御批判を大変強く当時受けました(衆議院財政構造改革の推進等に関する特別委員会,1997年10月22日)。

最近の数年間にわたるケアの権利やケアワークの評価を強調する論争をふまえたならば,当時の橋本への批判には再考の余地がある。彼の政策は,ジグリット・ライトナーの家族主義の3類型——消極的(implicit)家族主義,積極的(explicit)家族主義,選択的(optional)家族主義——を用いると(Leitner, 2003 pp. 358-365),積極的家族主義のものと解し得る。政治の無策により家族が無償でケアを担わざるをえなくなる消極的家族主義ではなく,育児休業制度の拡大により家族によるケアの遂行を支援する家族化政策を提案しているからであ

る。「日本型福祉社会論」を提案した政権の厚生大臣が,保守的イデオロギーから女性のケア役割を強調し続けていたわけではなく,当時のヨーロッパの議論をふまえていたと思われる。

### (3) 小泉純一郎・安倍晋三首相の国会発言

橋本の後,小渕恵三(在職:1998-2000),森喜朗(在職:2000-2001)と2人の総理を経て,総理大臣に就任したのが,竹下登(在職:1987-1989),宇野,橋本の3内閣で厚生大臣を務めた小泉純一郎であった。橋本内閣当時,彼は,公的介護保険制度を実現するのに熱心であって,ジェンダー平等の観点から見て進歩的であった(当時の厚生官僚,および審議会委員談)。しかしながら,ひとたび総理大臣の座につくと,小泉は驚くほど女性や家族に関する発言を行わなくなった。

彼の数少ない発言は,橋本の発言内容を踏襲している。彼らは,社会における実際の変化から出発する態度を共有している。ジェンダー平等や出生率低下対策として,小泉は,保育所待機児童ゼロを打ち出し,2004年までにさらに10万人の収容能力の増加を行うことを目標とした(衆議院本会議,2003年1月31日)。経済的理由から共働きを希望する親が増加しており,それにともなって保育施設の需要も増加しており,それに対応した目標であった。

小泉の独自色があるとすれば,橋本改革以上に新自由主義的傾向を明確に打ち出していることだろう。

> 仕事を失い,家庭の崩壊に直面している人々に対するお尋ねでございます。従来より申し上げておりますとおり,改革を進めるから痛みを伴うというだけではありません。改革を進めなかったら,もっと痛みが多くなるのです(衆議院本会議,2002年2月6日)。

1997年のアジア通貨危機以降,離婚率も自殺率も急上昇(厚生労働省,2014;警察庁,2014)した現実を考えれば,冷血とも言える発言である。彼は自民党

総裁選に，「自民党をぶっ壊す」や日本の戦後体制の破壊，既得権益の排除というスローガンを掲げて勝利し，国民の圧倒的な支持を獲得した。市民は，徹底した改革を期待していた。しかしながら，小泉には，いったん破壊を行ったあと何を作ろうというのかという点に関する深い理念が欠如していたようであり，社会保障制度の再構築は行われず，経済的敗者がセーフティネットなしで落ちるところまで落ちるしかない社会が残された（湯浅，2008，19-38頁）。

小泉の後継者である安倍晋三は，理念先行の政治家であった。もし，儒教的イデオロギーを奉じる首相がいたとしたら，彼こそは最も可能性のある人物と思われるかもしれない。しかし，安倍は儒教的な発言を何かしたろうか。

安倍は，教育する力の減少の原因として，核家族，共働き世帯の増加，地域社会の変質をあげた。

　いわゆる道徳心，規範意識，公共の精神に欠ける行動が多いではないかという指摘は，これはもう大変多くの方々がしているわけであって，その中で，やはりこの教育基本法を見直しをしていくべきではないかという意見は多々あるわけでございます（参議院教育基本法に関する特別委員会，2006年12月14日）。

他の領域では，安倍は「いわば損得を超えるいろいろな価値」（衆議院教育基本法に関する特別委員会，2006年10月30日）や「道徳心，自らを律する精神，公共の精神，国際社会の平和と発展への貢献など」（参議院本会議，2006年11月17日）を，教育の基礎として強調されるべきポイントとして述べた。ここからは，儒教という枠には収まらない諸原則が見られる。

彼は，家族に高い価値を付与するが，同時に，責任も与えている。

　今回の教育基本法案においては，このような家庭教育の重要性にかんがみ，父母その他の保護者が子の教育について第一義的責任を有することを明確に規定しているところであります（参議院本会議，2006年11月17日）。

第❾章　歴代首相の国会発言に見る「家族」と「女性」

　ここには，10年間以上の断絶を経て，家族を福祉供給者とする見方が再浮上している。さらに，それは法的な裏付けも与えられた。

　しかしながら，特定の政策領域においては，安倍は1990年代の家族を国家が支援する政策の継続を余儀なくされた。彼はこれらを「子どもと家族を支援する」日本のための戦略だと述べた（参議院予算委員会，2007年3月5日）。安倍のイデオロギー的位置は，中曽根のそれに似ているが，社会的条件が1980年代とは異なっているため，中曽根と同じ政策を取ることはできなかった。

　ジェンダー政策についても，同じことが言える。安倍は男女を区別する「伝統的な」日本の規範の尊重を重んじていたが，ジェンダー平等を定めた法律を有する一国の総理として，また1990年代以降の人口の趨勢と社会の変化を踏まえると，既存の政府の方針から大きく離れた発言を国会で行うことは安倍にもできなかった。[3]

　最後に，安倍首相の望む「美しい国，日本」について見よう（安倍，2013）。彼はこの最終目標にいつも言及した。

　　私が目指す美しい国について，一つはやはりこの美しい日本の自然，そして長い文化，歴史，そして世界に誇るべきこの文化また伝統，こうしたものを大切にする国でありたい，このように申し上げているわけであります。その中から培われてきた家族の価値やそして地域のぬくもり，こういうものも守っていく，そういう国こそ美しい国である，こう申し上げてきたところであります。そして，日本人が織りなしてきたこの長い歴史，伝統，文化と言ってもいいかもしれません。それはある意味では，もし一つのタペストリーだとすると，その一本のたて糸の糸はこれは天皇であろうと，このように申し上げたわけであります（両院国家基本政策委員会合同審査会，2007年5月16日）。

　これは，愛国主義の素朴な表現である。彼は，日本の文化や伝統について概念的な深い洞察を行っているわけではなく，単に自然の美しさや日本の国民の「しつけのできている日本人の動作」（衆議院予算委員会，2007年2月9日）や

「立ち居振る舞い」（衆議院本会議，2007年4月17日）に言及しているだけである。そうして，彼は突然，「天皇」に言及する。こうした安倍の発言は，伝統の一つとして儒教に言及しない日本のナショナリズムの特徴を典型的に示している。故意にせよ無意識にせよ，中国の影響を消し去りたいということであろう。ただしそうなると，日本文化の真髄として掲げられるものは，自然の美や，国民の所作のような表層と，天皇しか残らない。日本ナショナリズムのジレンマである。

## 第5節　政策選択におけるイデオロギーと現実：1980年代と1990年代との比較

　1970年代以降，西洋社会が経験したジェンダーや家族における急激な変化とは対照的に，日本ではこれらの変化が部分的にしか発生せず，結果として日本の独自性が生じた。本章では，これらの差異が政策選択とその背景にあるイデオロギー的要因により影響された結果ではないかという仮説を検証した。仮説検証のため，家族やジェンダーが日本政治の課題となった1980年代以降の総理大臣の国会での発言を分析した。

　分析を通して，1980年代と1990年代以降では，政策の方向性にも，首相の発言内容にも，大きな違いがあることが浮き彫りとなった。1980年代には，中曽根首相は家族や女性について多くの発言を行ったが，そこでは日本型福祉社会が目標とされていた。中曽根の政治的選択は，ナショナリズムと日本の経済的成功への自信にもとづいて，西洋社会とは異なる道を作り出すということにあった。当時の社会的現実を見れば，西洋社会が築いた福祉国家建設を日本でも進めるための財政的余裕はあったにもかかわらず，その方向を強力に推進することはなく，税制や社会保障制度における主婦の特権的扱いを含んだ独特の政策デザインが行われた。この結果，日本では女性の労働力参加の上昇が抑制され，多くの欧米社会とは異なる日本独特の現実が形成された。1980年代においては，政策決定とその背後にあるイデオロギー的要因が，明らかに重要な役割

を果たしたのである。

　しかしながら，そのイデオロギーを儒教と呼ぶことはできまい。中曽根首相は，発言の中でほとんど儒教的用語を用いていない。中曽根が想定している家族のモデルは，近代的な「男性稼ぎ主／女性主婦」タイプであることは明らかである。しかし，ややこしいことに，中曽根はこのジェンダー役割を日本の伝統であると信じているようだ。「近代の伝統化」と呼べるようなイデオロギー的メカニズムによって，本来伝統でないものを伝統と誤解している疑いが濃厚である。これはアジア地域に共通する「伝統の創造」のパターンである。1980年代には，ヨーロッパや北米では，家族の個人化やジェンダー平等が強化される第2次人口転換を経験した。その結果，欧米社会は，アジア地域の人々が西洋社会についてもつステレオタイプのイメージにより接近した。中曽根首相が幸福の基礎として描く夕食のテーブルを囲む家族像は，実は1960年代の欧米社会の理想像であった。しかし，その後，欧米社会では理想像が変化し，日本は取り残されることとなった。日本では古典的な近代像を再解釈し，自らの伝統として擁護したのであった。

　1990年代からの政策は，1980年代の中曽根内閣の時期とは異なり，イデオロギーによってというより，実際の社会変化によって生じている。橋本首相自身が告白しているように，彼はかつて世帯単位の家族を基礎として福祉を作り出すことを目指していた。しかし，急激な少子高齢化に直面し，家族機能に対する社会的支援を作り出す必要を認めるよう考えを改めた。城下（2011）の分類では，これは，福祉の需要者としての家族の捉え方である。社会状況はその後も好転することがなく，その結果，2006年に就任した安倍首相は，彼自身の保守的かつ反フェミニズム的イデオロギーにもかかわらず，家族を社会的に支援する政策を放棄することはできなかった。

　しかしながら，皮肉なことに，同じ社会的な現実が経済状況の悪化をまねき，財政を悪化させた。福祉の強化が最も必要とされるちょうどその時，国家は適切な財源措置を講じるための財政的能力を失った。橋本，小泉，安倍の各首相は，みな新自由主義的政策をとらざるをえず，橋本が意図した福祉国家の建設

は完成の前に中断せざるをえなかった。欧米モデルにもとづいた福祉国家建設の道を意図的に選択しなかった中曽根とは対照的に，橋本はそれを目指したものの，経済・財政状況の悪化により挫折せざるをえなかったのである。このように理由は異なるが，1980年代にも1990年代にも，日本は欧米型の福祉国家にならなかった。

経済後退のさなかに福祉国家を建設するには痛みを伴うが，痛みを抱えながらこの道を進めた国もアジアにはある。たとえば，韓国では，金大中大統領が「IMF危機」[4]に対処しながら，同時に福祉国家建設を試みた。彼は福祉の強化を経済成長に役立たせる「生産的福祉」という政策を生み出した。日本の橋本首相も，当時のアジア諸国がひとしなみに直面していたこの板挟み状況に陥り，打ち克つことができなかった。

このように見ると，日本にとって本当に特殊だったのは，1980年代に延長された繁栄の時代をもったことであったのがわかる。すなわち中曽根政権が家族主義改革を実施した時代である。他のアジア社会はあまりに「圧縮された近代」であったために，この期間をもてなかった（張，2013）。これらに比すれば，日本の近代は圧縮度が低い「半圧縮的近代」であった（落合，2013a，14頁；落合，2013b，75頁）。

社会的現実を見れば，1980年代の日本は世界で最も強力な経済を謳歌し，人口学的には，人口ボーナスの利益を受けとっていた。しかしながら，当時の政治家や研究者はそれらの客観的な好条件を軽視し，日本の成功は日本文化の特質によるものだと誤解した。そのため，近い将来にこれらの好条件が消失することを考慮した制度設計を怠った。そしてもう一つ誤解を重ねて，日本の文化伝統であると思い込んだ近代の最盛期の制度を再強化した。

この時期に強化されたシステムは1990年代にも制度的慣性を及ぼし（大沢，2002），急激な環境変化に日本社会が適応することを妨げる足かせとなった。その結果が「失われた20年」だった。日本は1980年代に繁栄の時代をもち，その間に旧来の制度を固定させたがために，1990年代になって同じ困難に直面したアジアの近隣諸国よりも改革が進まないのである（落合，2013b，86-93頁）。

なんという皮肉であろうか。

## 第6節 「近代の伝統化」とその拘束

　本章の結論は，日本における家族と女性の現在の状況を説明するためには，1980年代の政策的選択が重要であったこと，その政策的選択の背景にはイデオロギー的要因が強く働いていたということである。しかし，儒教の政治への直接的効果はほとんどないようで，かわりに「近代の伝統化」というメカニズムが見られる。

　日本文化と伝統を強調するナショナリズムは，1980年代の中曽根内閣の家族主義的改革に影響を与えている。しかし，日本のナショナリストにとって，日本文化は中国思想である儒教とは異なったものでなければならない。かわりに，彼らが日本の伝統として実際に強調するのは，おもに近代の所産である。「近代の伝統化」というメカニズムが，そこには働いている。

　これと対照的に，1990年代以降の政策は，他のアジア諸国と同様に実際の社会的現実の影響を強く受けている。しかし日本における改革の進度は近隣諸国と較べて緩慢であり，しかも到達度も低い。なぜなら，1980年代に強化された古い近代の構造が，変化の障害として機能したからである。皮肉なことに，1980年代のイデオロギー的改革は，日本に「失われた20年間」をもたらした。

　最後に，一国の政策が決定されるにあたっての，国際環境の重要性を付け加えておこう。中曽根が自らの本来の考えに反して男女雇用機会均等法を制定したのは，ジェンダー平等に向かう世界的潮流に加わるより他に選択肢がなかったためであった。現在までの国際環境は，EUも国連も，ジェンダー平等を促進する力として働いている。

　では，もしもEUと同じように，東アジア地域における地域的な国際環境が作られることになれば，何が起きるだろうか。儒教のような地域の文化的伝統を掲げて，世界的潮流がこの地域の社会に入ろうとするのを防ぐことになるかもしれない。最も極端なかたちでイスラム国が実践しているように。そうなれ

ば,「自己オリエンタリズム」によって現実への対応を誤った1980年代以降の日本の経験が,地理的範囲を東アジアに拡大して繰り返されるかもしれない。それは避けなければならない。歴史はそうした教訓を我々に与えてくれる。

[付記] 本章は Ochiai, Emiko and Johshita Kenichi, 2013, "Prime Ministers' Discourse in Japan's Reforms since the 1980s: Traditionalization of Modernity rather than Confucianism," in Sirin Sung and Gillian Pascall eds., *Gender and Welfare State in East Asia : Confucianism or Equality ?*, Palgrave, pp. 152-180. の一部を大幅改稿して日本語訳したものである。

注
(1) 首相官邸「成長戦略で,明るい日本に!《詳細版》」首相官邸ウェブページ (http://www.kantei.go.jp/jp/headline/seicho_senryaku2013.html 2014年12月30日アクセス)。
(2) この方法は,本章の共著者の1人である城下賢一が城下 (2011) において用いた方法である。
(3) 第2次安倍内閣が女性と外国人の活用を経済政策の柱に据えることになったのも同じ事情による。
(4) 韓国の用語で,アジア通貨危機の中で自由化を推進する IMF の強制的介入により引き起こされた大きな社会的変化を指す。

参照文献
安倍晋三 (2013)『新しい国へ 美しい国へ完全版』文藝春秋。
岩井八郎 (2013)「戦後日本型ライフコースの変容と家族主義」落合恵美子編『親密圏と公共圏の再編成 アジア近代からの問い』京都大学学術出版会。
上野千鶴子 (1990)『家父長制と資本制』岩波書店。
江原由美子 (1988)『フェミニズムと権力作用』勁草書房。
大沢真理 (2002)『男女共同参画社会をつくる』日本放送出版協会。
大嶽秀夫 (1994)『自由主義的改革の時代 1980年代前期の日本政治』中央公論社。
落合恵美子 (1989)『近代家族とフェミニズム』勁草書房。
落合恵美子 (2012)「親密性の労働とアジア女性の構築」落合恵美子・赤枝香奈子共編『アジア女性と親密性の労働』京都大学学術出版会。
落合恵美子 (2013a)「アジア近代における親密圏と公共圏の再編成 「圧縮された近代」と「家族主義」」落合恵美子編『親密圏と公共圏の再編成 アジア近代からの問い』京都大学学術出版会。

落合恵美子（2013b）「東アジアの低出生率と家族主義　半圧縮近代としての日本」落合恵美子編『親密圏と公共圏の再編成　アジア近代からの問い』京都大学学術出版会。
海部俊樹（2010）『政治とカネ　海部俊樹回顧録』新潮社。
警察庁（2014）『自殺対策白書（平成26年版）』（http://www8.cao.go.jp/jisatsutaisaku/whitepaper/w-2014/pdf/index.html　2015年5月13日アクセス）。
経済企画庁（1997）『国民生活白書（平成9年版）』（http://www5.cao.go.jp/seikatsu/whitepaper/h9/wp-pl97-000i1.html　2015年5月13日アクセス）。
厚生省（1998）『厚生白書（平成10年版）』（http://www.mhlw.go.jp/toukei_hakusho/hakusho/kousei/1998/　2015年6月8日アクセス）。
厚生労働省（2014）「人口動態統計（確定数）の概況（平成25年）」『人口動態調査』（http://www.mhlw.go.jp/toukei/saikin/hw/jinkou/kakutei13/index.html　2015年5月13日アクセス）。
国立社会保障・人口問題研究所（2014）『人口統計資料集（2014）』（http://www.ipss.go.jp/syoushika/tohkei/Popular/Popular2014.asp?chap=0　2015年5月13日アクセス）。
小山静子（1991）『良妻賢母という規範』勁草書房。
自由民主党（1979）『日本型福祉社会（研究叢書8）』自由民主党広報委員会出版局。
首相官邸「成長戦略で，明るい日本に！《詳細版》」首相官邸ウェブページ（http://www.kantei.go.jp/jp/headline/seicho_senryaku2013.html　2014年12月30日アクセス）。
城下賢一（2011）『戦後首相の家族認識の抽出　福祉生産をめぐる国家と家族の協力・対抗関係の時期区分のために』京都大学グローバルCOEプログラム「親密圏と公共圏の再編成をめざすアジア拠点」ワーキングペーパー，第45号。
張慶燮／柴田悠訳（2013）「個人主義なき個人化」落合恵美子編『親密圏と公共圏の再編成　アジア近代からの問い』京都大学学術出版会。
陳姃湲（2006）『東アジアの良妻賢母論　創られた伝統』勁草書房。
豊永郁子（2008）『新保守主義の作用』勁草書房。
内閣府（2014）『男女共同参画白書（平成26年版）』（http://www.gender.go.jp/about_danjo/whitepaper/h26/zentai/　2015年6月8日アクセス）。
中曽根康弘（1995）「新しい日本の主体性（講演録，1985年7月27日）」『中曽根内閣史　資料編』世界平和研究所。
堀江孝司（2005）『現代政治と女性政策』勁草書房。
村上泰亮・公文俊平・佐藤誠三郎（1979）『文明としてのイエ社会』中央公論社。
湯浅誠（2008）『反貧困』岩波書店。
湯沢雍彦・宮本みち子（2008）『データで読む家族問題［新版］』日本放送出版協会。
横野文野（2002）『戦後日本の女性政策』勁草書房。

依田智治（1995）「日米安保と防衛政策」『中曽根内閣史　理念と政策』世界平和研究所。

労働政策研究・研修機構（2014）『データブック国際労働比較』（http://www.jil.go.jp/kokunai/statistics/databook/2014/documents/Databook2014.pdf　2014年12月21日アクセス）。

Holiday, Ian and Paul Wilding (eds.) (2003) *Welfare Capitalism in East Asia : Social Policy in the Tiger Economies*, Hampshire : Palgrave Macmillan.

Jones, Catherine (ed.) (1993) *New Perspectives on the Welfare State in Europe*, London and New York : Routledge.

Leitner, Sigrid (2003) "Varieties of Familialism : The Caring Function of the Family in Comparative Perspective," *European Societies*, 5(4) : pp. 353-375.

Lewis, Jane (2001) "The decline of the male breadwinner model," *Social Politics*, 8-2 : pp. 152-170.

Vogel, Ezra (1979) *Japan as Number One*, Cambridge : Harvard University Press.

# 第10章

# 男女共同参画の実現に向けた女性の就労・生活支援策
――エリート女性と恵まれない女性のどちらを優先するか――

橘木俊詔

## 第1節 官と民でどちらが熱心か

　日本は他の諸国と比較すると，女性の社会的地位や経済的豊かさが男性よりかなり劣位にあるので，男女共同参画社会を目指して様々な取組みがなされている。この取組みは民より官の方が熱心であるのはある意味当然である。なぜなら民間部門の場合にはコストが必要であったり，逆に企業経営に非効率を招くことすら生じるからである。最もわかりやすい例を挙げれば，女性の管理職を増加させる目的で，クォータ（人数を割り当てる）制度が導入された時，有能でない女性が管理職に抜擢されることもあるので，この時企業は生産性を下げる可能性がある。

　官がなぜ民より熱心かと言えば，次の二つの理由が加わる。第1に，官が模範を示すことによって，民への啓蒙の手段として機能する目的がある。第2に，競争の激しい民間企業であればすでに述べた非効率が致命傷になることもあるが，競争が民ほど激しくない公的部門であればこの非効率は多少許されるという合意が社会にある。もっとも一部には，公的部門の効率性の低さを批判する声が相当強いことを忘れてはならないが，一方で国民の利益に役立つならば多少の非効率はやむをえないという考え方もある。

　本章の目的は，これら官民の男女共同参画社会への取組みを評価した上で，日本ではこれに関してどのような課題が残っているかを論じることにある。

## 第2節　男女共同参画がいかに遅れているか

　ここでは二つの主要分野について，日本の女性がいかに劣位にあるかを示す。第1の分野は，社会においていわゆるリーダーと目される女性の数が，政治，行政，経済，学術というような領域で少ないという事実である。このことはよく議論されることなので，それほど詳細に吟味しないが，これを是正するための強硬な政策に関しては問題のあることは後に示す。第2の分野は，いわゆるリーダーとか指導者層といった女性ではなく，ごく普通の女性，あるいは劣位にある女性に関して，これらの女性がどのような状況にあるかを，かなり詳細に提示し，かつ政策に関しても議論する。

　第1の分野に関しては，内閣府（2009）が簡潔でかつ説得力のある調査を報告しているので，それに準拠しながら日本がいかに遅れているかを知っておこう。

　先ずは表10‐1によるGEMの国際比較である。GEMとはGender Empowerment Indexであり，女性が雇用の分野，とくに指導的な地位にある人がどれだけいるかという活躍度に関して，いくつかの変数について国際比較したものである。表10‐1は測定可能な109ヵ国の中で，日本の相対的地位を示したものである。全体としては109ヵ国中57位という真中の位置にあるが，欧米を中心にした他の先進諸国との比較からすると，かなりの劣位にある。日本と同じ東アジアの国である韓国も61位で日本と同様に劣位であり，日韓が欧米諸国よりかなり低いのは，いわゆる自由主義・民主主義の発展が遅れたことや儒教思想による東アジア的家父長制度や，女性の生き方として性別役割分担や良妻賢母型を求める名残りがあることによる。

　日本がとくに劣位にある職業は国会議員の12%であり，管理職は9%という低さである。政治は男の世界という伝統が今でもあるし，企業や官庁における管理職女性の少なさも，男は仕事，女は家事・育児という性別役割分担意識，ないし家父長制の意識が残っているからである。あるいは女性は管理職に向か

第10章　男女共同参画の実現に向けた女性の就労・生活支援策

表10-1　GEM の順位と内訳

|  | 対象国の平均値 | 日本(57位) | ニュージーランド(10位) | オーストリア(20位) | アメリカ(18位) | 韓国(61位) |
| --- | --- | --- | --- | --- | --- | --- |
| 国会議員の女性割合 | 19% | 12% | 34% | 27% | 17% | 14% |
| 管理職の女性割合 | 28% | 9% | 40% | 27% | 43% | 9% |
| 専門・技術職の女性割合 | 48% | 46% | 54% | 48% | 56% | 40% |
| 所得推計値の男女比 | 0.55 | 0.45 | 0.69 | 0.40 | 0.62 | 0.52 |

(注)　国連開発計画（UNDP）"Human Development Report 2009"より作成。
(出所)　内閣府「平成21年度　男女共同参画社会の形成の状況」。

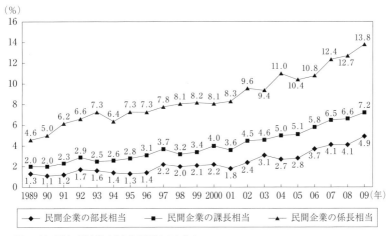

図10-1　役職別管理職に占める女性割合の推移

(注)　厚生労働省「賃金構造基本統計調査」より作成。
(出所)　内閣府「平成21年度　男女共同参画社会の形成の状況」。

ないという意識が男女ともにあることが響いている。

　ここで日本の企業においてどれほど管理職がいないのか，統計で確認しておこう。図10-1は係長相当，課長相当，部長相当に就いている女性比率を示したものである。日本企業では今日ディレクター，マネージャーなどのカタカナが管理職としての呼び名が多いが，権限や責任の大きさに相当するように配分

されている。三つの地位はともに時代に応じて徐々に比率は高まっているが，全体としては非常に低い水準にある。女性の管理職登用は非常に限られているのである。

これを説明する理由は，すでに述べた理由に加えていくつかがある。第1に，ビジネスは男性の仕事という意識が強いので，管理職に女性がいるとビジネスにとって不利になるという見方があった。第2に，職場の中において，女性は男性の仕事の補助的な仕事に従事するという風習があったので，どうしても女性が最前線に出る確率は低くなる。これらの理由は別の言葉を用いれば，女性への差別と言ってよい。

最も忘れてならないことは，橘木（2005；2008）が強調するように，女性の管理職が少ない最大の理由は，管理職に昇進させることのできる候補者の女性の数が少ないことにある。すなわち想像されるような女性差別という理由ばかりではない。それは性別役割分担意識からキャリア中途で企業を退職する女性が多いし，中途退職しない女性であっても総合職・一般職の区分からすると採用の時から，昇進可能性が低いことを労使ともに認めている一般職の女性が多いことにある。最近はできるだけ差別という響きを表面的に避けるために一般職と呼ばず，地域限定総合職といった名前に代えている企業が多い。

女性にだけ採用の時から総合職と一般職に区別しているのは，女性への差別だとする主張は根強くある。私自身もこの意見に賛成であるし，何も女性だけにこのような身分上の区別をするのではなく，男性にも選択の機会があってよいのではないか，と主張したい。「出世もいらない，お金もいらない，女もいらない」という俗に言う草食系男子の肩をもつわけではないが，激しい出世競争の中に入ることを望まず，食べていけるだけの所得があれば十分なので，一般職としてそこそこ働く人生を好むという男性社員が出現していることは確実なので，意図的に一般職を希望する男性にも選択の機会があってよい。

このようなことを主張すると，猛烈男性社員が多くいたから日本企業は繁栄したし，日本経済も強かったのであるから，このような非猛烈男性社員の出現があってもよいのではないか，との主張に対して反対意見は強いかもしれない。

しかし働くことだけが人生ではない。たとえば橘木（2009）参照すると，そこそこ豊かになった日本であるなら，勤労以外のことに生きがいを感じる人がもっと多く出てもいいと思うので，すべての男性社員を勤労だけに駆り立てる「男性社員はすべて総合職」という人事政策は時代遅れと判断されると考えられるが，いかがであろうか。

これに関しては後日談がある。男性には総合職・一般職の選択の機会がなく，男性社員の全員が猛烈社員であることを迫られており，女性にだけ選択の機会のあるのはむしろ女性に選択の幅が拡大していることを意味しており，自由な生き方をできる女性はむしろ恵まれていると橘木（2008）では述べられている。ところが，フェミニストの代表である上野千鶴子氏のみならず，多くの女性から猛反発を食らった。女性は自由に選択しているのではなく，強制的に一般職を選択させられているのだ，というのが反発の根拠であった。

この反発は正しい反発である。女性だけに総合職・一般職の選択があったのだし，その二つの身分のうち，総合職と一般職の数の比較をすると圧倒的に一般職の方が多かったということは，強制的に一般職を選択させられていた，との解釈を可能にする。

私が表10－1でむしろ前向きに評価する点は，女性で専門・技術職に就いている割合が欧米諸国よりそう見劣りしない点にある。しかし，**表10－2**で見るGGI指標によると，134ヵ国中77位と真中より少し下にあるので，国際比較上ではそう高い専門・技術職の比率とは言えない。しかし，管理職比率より専門職比率の順位が上であることをむしろ評価したい。

管理職になるには業績を上げるために猛烈社員にならねばならないが，専門・技術職であれば自分の好きな職務をマイペースで遂行できる可能性が高いので，有能な女性に向いていると判断するからである。このようなことを述べると，また一部の女性から反発を食らう可能性もあるが，働き方として女性には専門・技術職が向いているように思える。ただし，管理職の方が専門職より向いていると自分で判断する女性はそれに邁進してほしいし，そういう女性に対して昇進に差別のあってならないことは当然である。

第3部　現代日本社会の変革とジェンダー

表10-2　日本のGGIの内訳

| | 女性 | 男性 | 女性/男性 | 各分野の数値 | 順位 |
|---|---|---|---|---|---|
| GGI (Gender Gap Index) | | | | 0.645 | 101 |
| 経済 | | | | 0.549 | 108 |
| 　労働力率（％） | 61 | 84 | 0.73 | | 83 |
| 　同じ仕事の賃金の同等性 | | | 0.59 | | 99 |
| 　所得の推計値（PPP US$） | 18,334 | 40,000 | 0.46 | | 100 |
| 　管理職に占める割合（％） | 10 | 90 | 0.1 | | 109 |
| 　専門職に占める割合（％） | 46 | 54 | 0.85 | | 77 |
| 教育 | | | | 0.985 | 84 |
| 　識字率（％） | 100 | 100 | 1 | | 1 |
| 　初等教育在学率（％） | 100 | 100 | 1 | | 1 |
| 　中等教育在学率（％） | 98 | 98 | 1 | | 1 |
| 　高等教育在学率（％） | 54 | 62 | 0.87 | | 98 |
| 健康 | | | | 0.979 | 41 |
| 　新生児の男女比率 | | | 0.94 | | 89 |
| 　健康寿命 | 78 | 72 | 1.08 | | 1 |
| 政治 | | | | 0.065 | 110 |
| 　国会議員に占める比率 | 9 | 91 | 0.1 | | 105 |
| 　閣僚の比率 | 12 | 88 | 0.14 | | 85 |
| 　最近50年の国家元首の在任年数 | 0 | 50 | 0 | | 41 |

（注）　世界経済フォーラム"The Global Gender Gap Report 2009"より作成。
（出所）　内閣府「平成21年度　男女共同参画社会の形成の状況」。

　次の指標は表10-2によるGGI（Gender Gap Index）である。この指標は様々な変数に関して男性と女性の差がどれだけあるかを比較して，その差の小さい国から大きな国を順序化したものである。例えば表10-2の労働力率（％）に注目すれば，女性が61％，男性が84％なので，その比率をとれば0.72となる。他の諸国（134ヵ国）と比較して最も比率の高い国（すなわち女性が多く就労している国）を1位として順位をつけた場合，日本は83位となって女性の就労は少ない国ということになる。

　先ず全体で評価したGGIでは日本は101位となり，最下位の134位に近い低い順位なので，日本の女性の置かれた地位を男性と比較した場合，世界の中では非常に劣位にあることがわかる。日本女性が日本男性と比較して評価された時，その相対的劣位が非常に顕著である。日本女性の社会での活躍度は男性と

比較すると，非常に劣っているのである。労働力率のみならず，賃金の同等度，所得の同等度，管理職比率などは100位前後の低さであり，他国と比較すると最悪の状況にある。やや救いとなるのは，すでに述べた専門職の比率が少しだけでも高く，順位も77位とやや上昇していることである。しかし，専門職比率とて他国との比較ではやっと真中程度の順位にすぎない。

最も評価できる変数は教育に関することである。識字率，初等教育在学率，中等教育在学率は男女ともに100％ないしそれに限りなく近い達成度なので，女性と男性の比較に注目するとほぼ同等となり，指標は1.0ないしそれに近い数字となる。他国との比較においても順位は1位となり，教育に関しては日本は世界に誇れる状況にある。明治時代以降，日本は国民の教育水準の向上に努めてきたし，これに関して男女差は生まなかったという事実は高く評価してよい。

やや例外は高等教育在学率である。男性が62％であるのに対して女性は54％なので，女性の相対的劣位が0.88という順位であれば98位で示されるが，女性の54％以上が高等教育を受ける時代になっていることは前向きに評価してよい。一昔前であれば大学に進学するのは男性が多かったのであり，その時代よりははるかに女性の大学進学率は高まっているので，好ましい進歩であると言ってよい。

次の健康に関する変数にあっては，寿命に関して日本女性は長寿であることから好ましい状況にある。論議になるのは新生児の男女比である。女性と男性の比率が0.94なので，女性の生まれる数が男性と比較すると相対的に少ないことを意味し，他国との比較では89位とかなり低い順位である。これは男女の出生比が1.0，あるいはそれ以上である国に最も高い順位を付けた変数なのであるが，そもそもこの順位付けの方法に疑問があるし，さほど意味のない変数である。男女比に差がないのが理想と考えることにそう不自然さはないが，生命科学によると自然出生は男1.05，女1.00ということが言われることもあるので，どれほどの数字が最適かを議論することは困難であるからだ。したがって，日本の89位という低い順位を気にする必要はない。

もっともいくつかの国の例によって示されるように，一方の性（すなわち男性か女性）の出生を望むために，妊娠中に他方の性を身ごもっているかがわかった時，中絶の行動に出るようなことはあってはならない。判断の難しいのは，生命科学の進歩によってあらかじめ男女の産み分け方法が明確になった時，多くの人がそれに従う時代になれば，性比のバランスが崩れる可能性もある。生物界の自然の姿として，男女の出生比は1.0前後が望ましいと思うが，本章の主題を越える話題となるので，これ以上述べないことにする。

最後は政治に関する変数である。表10-1で示した時に国会議員の女性比率はすでに述べたので，閣僚の比率に注目してみよう。2009年の報告書で女性の閣僚比は男性と比較して0.13であり，やはりかなり低い数字であるし，他国との比較においても85位と非常に低い。閣僚に女性の数が少ないのは，閣僚候補である国会議員に女性が少ないことがある。さらに議員でなくとも閣僚になれることを考慮すれば，社会的に地位の高い女性の数が少ないことも影響している。

## 第3節　クォータ制度導入の是非

興味深いのは首相というトップの政治家はまだ日本では女性ゼロということであるが，首相や大統領に女性がなる国はまだそう多くないので，日本だけをそう罪悪視する必要はない。先ずは首相候補になりうる国会議員の数を増加させる政策が第一歩と思われる。これに関してはクォータ（割り当て）制度の導入が最もわかりやすい方策と考える。なお，企業における役員や管理職にクォータ制度を設定する案も時折主張されることがあるが，国会議員のクォータ制度は理にかなっていると判断するからである。

なぜならば，企業などでもし有能でない女性がクォータ制度によって経営者や管理者になれば，その企業ないし部門が生産性を低下させることがありえるが，国会議員に関しては別の論理でクォータ制度は容認されうる。その論理とは次のようなものである。

世の中の人口はほぼ男女が同数である。国民の代表者であり，国の政策の根幹を決定する政治の担当者は，母数の男女比に近い方が男性と女性の声をほぼ同等に国会に反映させることができる。換言すれば，国民全体の性比がほぼ1.0対1.0であるなら，国会議員の性比もほぼ1.0対1.0が望ましいという論理である。厳格に1.0対1.0にするのではなく0.6対0.4の比率であってもよい。現にフランスでは地方議員の比率はこの程度でなければならない，というクォータ制度が導入されていると聞く。

　もう一つわかりやすい例を示せば，小・中学校で学級委員を選出するとき，男性1名，女性1名として2人の学級委員を選出することがよく見られる。学級全体の男女の構成比もほぼ1.0対1.0であることから，男子生徒と女子生徒の希望を平等に反映させるための手段の一つとして，このような学級委員の選出方法を設定しているのであるが，この精神を国民の代表である国会議員の場合にも応用すべし，ということを指摘できる。

　ここで当然問題となるのは，国会議員の性比にクォータ制度を設けると，有能でない男性（ないし女性）が国会議員として選出されることになるだろう。政治の運営・実行に際してマイナスとなるから，議員の数に性比のクォータ制度を導入すべきではない，という声がきっと生じると予想できる。この声に対する筆者の回答は次のようなものである。

　第1に，たとえ政治に有能でない人が国会議員として登場することはあっても気にする必要はない。国会議員の一つの大きな役割は国民の声なり希望なりを国会で代弁することにあるので，政治の世界で指導者として働くのではなく，国民の声をうまく政治の世界で伝言する仕事ができることで十分である。

　第2に，クォータ制度が導入されたとしても，選出される国会議員の全員が政治の仕事を実行する際に有能ではない，ということは決して生じない。きっと有能な人も選出されるであろうから，こういう人が政治の世界における指導者になればよい。

　第3に，クォータ制度によってたとえ有能でない人が国会議員になったとしても，国民全体で見ても有能な人とそうでない人がいるのであるから，国民の

代表である国会議員の構成においても有能な人とそうでない人がいることは，むしろ国全体の姿を反映した自然な姿である，との解釈も可能である。すなわち，国会議員の特質が国民全体の特質を反映していることが自然な姿であるという合意があれば，たとえ有能でない人が国会議員にいたとしても，そう気にする必要はないのである。

以上のような理由から，国会議員あるいは地方議員まで含めて，クォータ制度を導入して，人口性比を反映させる案はさほど問題ないと判断される。他の職業においてはどう考えたらよいのだろうか。次の三つの職業を例にして考えてみたい。

第1の例は企業における経営者や管理職である。経営者に関してはクォータ制度を導入することは，あまりにもリスクが大きいので望ましくない。経営者の仕事はその企業の生死を決定するほどの重要さをもっているので，もしクォータ制度が導入されて経営能力のない人が選ばれるようなことがあれば，最悪の場合その企業が倒産しかねないこともある。男女という性別を問わず，能力と意欲に富む人が経営者に選ばれるという原則が順当な方針と判断される。

管理職，すなわち部長，課長，係長といった中間管理職に関しては，経営者に対するほどのクォータ制度排除という必要はない。とくに管理職にあっても部長のように責任の重さのある地位ではなく，課長，とくに係長クラスであれば，クォータ制度が容認される程度は高まると考えてよい。なぜならば職務の重要性，責任の重大さからすると，経営者や部長などよりもそれがやや軽いので，クォータ制によってたとえ抜擢された人の実力が不足していたとしても，企業が失うものもそう大きくない。さらにその期間，すなわち1年とか2年を試用の期間のようにみなして，その人の実力の程度を見極める機会と判断してもよい。すなわち，有能な人は課長への昇進を図るとか，そうでない人はその後に昇進の道を与えない，という判断材料を得るために，係長クラスという比較的責任の重くない段階でのクォータ制度の導入はあってよいと考えられる。

この考え方は，企業が新しく人を採用する時にも適用が可能である。とくに学校を卒業予定の新卒生の採用に際しては，候補者の企業人としての能力・実

力を判断する材料に乏しい段階なので、クォータ制度の導入は考えられてよい。男性であろうが女性であろうが、真の能力・実力がわかり始めるのは採用後というケースが多いので、クォータ制度の導入が容認されるのである。

　ただし、国会議員のように男女の人口比が1.0対1.0といったものではなく、入社の志願者の性比に対応して採用者の性比を決めるといったことが望ましい。あるいは採用後に中途退社する人もいるので、かなり長い間勤務を続けた従業員の性比を用いて、入社時におけるクォータ制度による性比の決定の参考にする案もありうる。

　第2の例は、大学における教授、ないし研究者におけるクォータ制度をどう考えるかである。大学の教授に関しては、どれだけ研究業績があるのかが最も重要な判断材料なので、原則としては研究業績を無視してクォータ制度を導入することは許されないし、もしそれが導入されれば研究能力のない教授の数が増加して、大学自体の研究水準が下降するので、好ましくない人事政策と言える。

　しかし、日本の大学の実態はどうかと言えば、研究業績や研究能力を重要視して大学での採用、昇進といった人事政策をとっているのは、一部の研究中心の大学だけであり、多くの大学では研究能力以外の要因も考慮していると言ってよい。教育にどれだけの関心と能力があるか、マスコミなどでよく知られているか、行政や企業における経験がどれだけ大学教育の場で生かされそうか、といったことも採用や昇進に考慮されているのが現状である。

　私はこのように日本の大学が、研究業績や研究に関する潜在能力以外の要因を、人事決定の材料として用いることに反対しない。18歳人口の50％を超える人々が大学に進学している日本であれば、すべての教員、学生が研究に没頭する必要はないし、それを期待することも不可能である。大学教育をよくすることや学生の職業能力の養成といったことを重視する大学があってよいし、むしろそれが望ましいと判断する。たとえばこれに関しては橘木（2015）を参照されたい。

　このように考えれば、大学教授におけるクォータ制度の導入をどう結論づけ

ればよいのだろうか。まず研究中心の大学（あるいは大学院）や学部にあってはクォータ制度の導入は望ましくない。男女を問わず，研究業績，あるいは潜在的な研究能力を判断の基準として人事がなされるべきと判断する。極論すれば，履歴書ないし業績書から氏名，性別を削除した資料にもとづいてのみ，人事が決定される方法が最も望ましいのである。

では研究中心でない大学の場合はどうだろうか。この場合にはクォータ制度の導入はあってよいと判断する。教育の能力，職業能力を教える術，人柄，などといった要因も人事の判断材料となりうるので，様々な価値基準によって人事評価されてよい。こういう場合には，企業での新人採用の際にクォータ制度導入はあってよいとした論理と同じように，性比に制約を課してもよいと言える。ただし，では具体的な数字として何対何の性比が望ましいかを決定する基準に欠けるので，こういう大学でのクォータ制度導入を実行するのはそう容易ではないことも確かである。

第3の例は，国家公務員採用における総合職試験（幹部候補生）に関して，クォータ制度の導入が是か非か，という問題を考えてみよう。この採用試験は1次試験は筆記試験を中心にして，2次の面接試験も加えられて，合格者が決定される。2次試験の合格者は（採用者のほぼ2倍程度の人数）は各官庁独自の試験（面接試験が中心）を受けて，採用の是非が決定される制度である。

1次試験は学力を中心とした筆記試験なので，クォータ制度を導入する余地はない。2次試験や省庁別の試験にあっては，面接があるのでクォータ制度導入の余地はあるし，導入してもよいと判断する。その理由は，国家公務員の仕事は全国民の利益や幸福を追求する仕事に従事するので，全国民（すなわちすべての男女）を代表するように特定の性ばかりに偏在するのはよくない。言わば国会議員や地方議員においてクォータ制度の導入が容認された論理と似た点がある。

しかし議員のように国民の声を代弁する仕事よりも，学識，専門能力，指導力，実行力といったことも重要な素養として期待されるので，個人の実力といったことも相当に大切である。したがって，もしクォータ制度が導入されて，

能力・実力に一歩劣る人が採用されることになるようなことがあれば，行政の非効率を招くことによって損失も大きいので，厳格な性比（たとえば1.0対1.0）の導入といった策は勧められない。せめて総合職試験の全応募者の性比に合わせて，採用者の性比を決定するという，弱い形でのクォータ制度の導入というのが現実的な策である。

## 第4節　恵まれない女性への対策

　男女間の格差が大きく残っていることから，男女共同参画社会が主張されるようになったが，実は男女間格差だけではなく，実は女性間の格差も目立つ時代になっている。橘木（2008）でそのことを明らかにした。

　女性の間の格差は，実は男女間格差の存在が，発生の理由となっている側面がある。一つの例を示そう。女性の間での教育格差，すなわち高学歴女性と低学歴女性の間の格差は男性間の教育格差より大きいが，その理由の一端は男女間格差の存在で説明できる。一昔前，日本が貧乏であった頃，どの家庭も男の子はできるだけ高い教育を，すなわち大学進学を家庭をあげて推進したが，女の子はその犠牲になって高校卒であきらめるか，せめて短大までという雰囲気があった。男の子と女の子に差別をつけたのは，まさに男女間格差そのものであるので，男女間格差が女性の間の教育格差を拡大したのである。

　女性の間の格差は，教育の分野以外にも様々な分野がある。たとえば，すでに述べたように企業に採用される時に総合職と一般職の区分がある，働き方として正規社員と非正規社員の区分がある，などがある。これらの区分に加えて，女性には働くか働かないかの区分（すなわち専業主婦か勤労女性か）もある。これら三つの区分のあることから，女性には選択の機会が多いから，男性よりも選択肢の幅があるので自由な生き方をできる程度が男性より高いのではないか，と，筆者は橘木（2008）で主張したのであるが，上野千鶴子氏を代表にして女性からこれまた猛反発を受けた。一見女性には選択肢が多いように映るが，実態は強制的に選択させられているのだ，というのが反発の根拠であった。

第3部 現代日本社会の変革とジェンダー

図10-2 雇用形態別に見た役員を除く雇用者（非農林業）の構成割合の推移（性別）

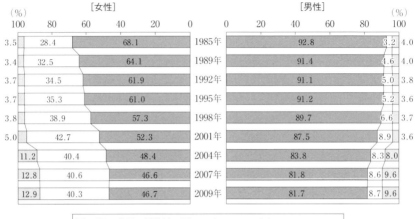

■ 正規の職員・従業員　□ パート・アルバイト
▨ その他（労働者派遣事業所の社員，契約社員・嘱託，その他）

(注)　1985年から2001年は，総務庁『労働力調査特別調査』（各年2月）より，2004年以降は総務省「労働力調査（詳細集計）」（年平均）より作成。
(出所)　内閣府「平成21年度 男女共同参画社会の形成の状況」。

表10-3　女性のパートタイム労働者が非正規社員を希望した動機 （単位：%）

|  | 自ら進んで非正規社員になった |  | 正社員として働きたかったが，希望にあう勤務先がなく，やむを得ず非正規社員になった | どちらでもよかった |
|---|---|---|---|---|
|  |  | 育児・家事・介護がなかったら正規社員を希望した |  |  |
| 24歳以下 | 33.2 | 15.8 | 49.2 | 18.6 |
| 25～29歳 | 49.6 | 28.6 | 31.0 | 19.5 |
| 30～34歳 | 68.1 | 55.6 | 24.7 | 7.1 |
| 35～39歳 | 68.5 | 47.5 | 21.3 | 10.1 |
| 40～44歳 | 71.8 | 49.7 | 19.7 | 8.5 |
| 45～49歳 | 65.2 | 34.1 | 25.8 | 9.1 |
| 50～59歳 | 56.4 | 35.1 | 31.1 | 12.5 |
| 60歳以上 | 25.9 | 17.1 | 37.0 | 37.0 |
| 全年齢平均 | 61.6 | 42.2 | 26.8 | 11.6 |

(出所)　男女共同参画会議・影響調査専門調査会「ライフスタイルの選択と税制・社会保障制度・雇用システム」に関する報告（2002年12月）より作成。

第10章　男女共同参画の実現に向けた女性の就労・生活支援策

**表10-4　女性の就業形態別に見た労働時間調整済みの時間給**

（単位：円）

| | 平均 | |
|---|---|---|
| | 1999年 | 2003年 |
| 正規社員 | 1,418 | 1,258 |
| 契約社員 | 1,370 | 1,134 |
| 出向社員 | 1,440 | 1,515 |
| 派遣労働者（常用雇用型） | 1,192 | 1,045 |
| 派遣労働者（登録型） | 1,346 | 1,168 |
| 臨時雇用者 | 922 | 888 |
| パートタイム労働者 | 956 | 881 |
| その他 | 1,029 | 940 |
| 全雇用形態の平均 | 1,221 | 1,096 |

（注）　就業形態については労働政策研究・研修機構（2006）付属資料の調査票及び第1章を参照。性別，就業形態に関する無回答を除外した。消費者物価指数（2000年基準・帰属家賃を除く）による物価上昇率調整後の金額である。
（出所）　労働政策研究・研修機構（2006，104頁）より作成。

　ここで本題に入ろう。女性が勤労する時，いかに恵まれない労働条件にいる人が多いかを確認しておこう。第1の関心は，正規労働者とパート労働，派遣労働，期限付き雇用（すなわち契約付き雇用）といった非正規労働者の対比である。図10-2は正規労働者と非正規労働者の比率がどう変遷したかを，男女別に見たものである。男女ともにここ20年ほどの間，パート・アルバイトや派遣・契約といった社員の比率が増加して，正規労働者の比率が減少しているが，女性の方がその変化の程度が男性よりもかなり大きい。現代では女性労働者のうち半数を超えた人が非正規労働者として働いているのである。

　パート労働や派遣といった雇用形態を選択している女性の大半は，自分の意図でそれを選択していると見なすのが自然である。表10-3によると，女性の非正規労働者の3割弱が非意図的にそれを選択していることがわかるので，非正規労働者の多くいることはそれほど非難されるべきではない。当然のことながら，これら3割弱の女性の非正規労働者はできれば正規労働者として働きたいと希望しているのであるから，その希望を満たせるような政策が必要である。とくに気になるのは，若年の24歳以下では約半数，25～29歳でも約3割の女性が正規労働を希望しているのであるから，これらの女性の希望を満たす政策の

発動は重要である。なぜならばこれらの人は将来の労働力の中心になる人だからである。

　大半の女性・非正規労働者は自分の意図でその形態を選択しているのであるから，このままの状態でよいとは決して言えない。それは表10－4で示されるように，正規と非正規労働者の間の賃金格差が大きいことが目立つからである。この表は1時間あたりの賃金を就業形態別に示したものであるが，2003年において正規社員の賃金が1258円であるのに対して，パートタイム労働者の賃金は881円であり，正規社員の約70％の低さである。ついでながら派遣労働者や臨時労働者も同様にかなり低い賃金である。

　なぜパート労働者や派遣社員の賃金が正規社員と比較してかなり低いかを説明することは，そう困難なことではない。多くの調査が示すように，労働費用を節約したい動機が企業に強いからである。日本経済はここ20～30年の長きにわたって低成長時代に入ったし，時には大不況に陥った時期もあった。このような不景気の時代であれば企業は生き残りをかけて費用の削減策に乗り出す。そのための手っ取り早い方法が，労働者の中で非正規労働者の数を増加させる策なのである。なぜならば非正規労働者は採用しやすく，かつ解雇のしやすい労働者だからである。簡単に言えば，企業にとって使い勝手のよい労働者であるし，それに加えて1時間あたり賃金額の低いことは何よりも魅力であることも確実である。

　ここで強調しておきたいことがある。それはなぜ企業はこの非正規労働者の数を増加する政策を採用したかに関することである。ここで述べたように，これらの労働者は労働調整（つまり採用や解雇）がやりやすいし，1時間あたり賃金の低いことは確かな理由であるが，その背後に非正規労働者の大半が女性である，という事実を忘れてならない。換言するならば，女性が多くの非正規労働者であることから，男性の場合と異なって女性であるなら，たとえ望ましくない労働条件であっても社会が黙認するのではないか，という理解を企業経営者の多くがもっているのである。さらに，女性の多くが非正規労働を望んでいるのであるということも手伝って，このよくない女性の労働条件を社会も暗黙

## 第10章　男女共同参画の実現に向けた女性の就労・生活支援策

の了解事項として認識していると言ってよい。

なぜならば、女性労働者の多くは既婚者であり、夫の所得が安定している限り、たとえ妻の賃金が低くとも、あるいは夫と妻の合計家計所得は高くないことはあっても、一家が生活するには十分の額があるだろう、という認識が日本の社会にあるからである。わかりやすい言葉を用いれば、たとえ女性の雇用や賃金の労働条件が悪くとも、夫と妻という家計全体で見れば経済生活で苦しむことはない、という理解が経営者と社会にあるので、企業はさほどの罪悪感がなく女性・非正規労働者の労働条件をかなり低い水準に抑えられたのである。

これと全く同じ論理が、日本の最低賃金が低いことを説明する際に適用可能である。日本において法律で定められた最低賃金は、現在1時間あたり全国平均で700円前後であるが、欧米諸国のそれよりもかなり低いし、日本における生活保護制度による働くことのできない生活困窮者への支給額よりも低い県が存在するのである。別の言葉を用いれば、働いている人の賃金の方が、働いていない人の所得よりも低い、という説明が困難な日本の最低賃金の低さなのである。日本では最低賃金だけでは食べていけないのである。

橘木・浦川 (2006) では誰が最低賃金額当たり、あるいはそれ以下の賃金で働いているかを調べているが、次の二つの種類の労働者がそれに相当していることがわかった。すなわち、①既婚女性のパートタイム労働者、②若者、という人である。これらの労働者には、背後に家庭で夫と親がいるので、たとえ既婚女性のパートタイマーや若者の賃金が低くとも、生活には困らないだろう、という認識が経営者と社会にある。このことが最低賃金を低く抑えてもかまわない、との理解を普及させたのである。

日本ではこのようにして既婚女性を中心にして、労働条件はかなり劣悪であってもかまわない、という認識が一般的となり、女性に多い非正規労働者の存在を肯定することになっている、というのが私の判断である。女性の方からも、夫の所得が安定しているなら、たとえ自分の賃金は低くとも、家計はそれほど苦しくないので、自分たちの低い賃金に対して強い抵抗感を示さなかったのである。

しかし時代は変わりつつある。第1に，日本の失業率も3～4％前後という高い時代を迎え，夫も失業する時代となっているので，夫の経済的安定が保障されないのである。第2に，離婚率の高まりにより，夫の所得に頼ることができず，一人で稼がねばならない女性の数が増加している。母子家庭の増加がその象徴である。第3に，結婚しない人，すなわち単身者の数が増加している。これらのことから得られる帰結は，一人だけが働いて，その賃金・所得だけで生活せねばならない女性の数が増加しているので，賃金をはじめ女性の労働条件を高める政策が必要な時代となっている。これはこれまでの一般認識，すなわち女性の労働条件は夫のいる限り低くてもよいという暗黙の認識を，打破せねばならないことも意味する。

## 第5節　男女共同参画会議の果たした役割

　政府はこれまで約15年間にわたり「男女共同参画会議」を主催して，女性の地位向上や女性への差別撤廃，あるいはDV対策などで様々な提言をしてきた。自民党政権の時にこの会議は誕生し，民主党政権を経て現在の自民党政権まで続いている会議であり，国による政策のうち重要な政策目標の一つとして，政策を打ち出すために会議は存続してきた。筆者も6年間にわたって会議を構成する議員として微力ながら関与してきた。この経験を踏まえて，政府が男女共同参画問題にどう対応してきたのか，とくにエリート女性を生むことか，それとも恵まれない女性対策か，という視点から評価してみたい。

　第1に，政府の男女共同参画への取組み自体に関して，一般的な印象を述べておこう。この会議の議長は官房長官であり首相ではない。自民党政権時代の政府に「経済財政諮問会議」というものがあって，制度上は「男女共同参画会議」と同じレベルにある会議であるが，議長は内閣総理大臣であった。議長が首相であるか，それとも官房長官であるかの差は，両者の会議に関してどちらの会議に政府がトップ・プライオリティーを置いているかをよく知らしめている。すなわち国の経済政策の根幹を定める「経済財政諮問会議」の方が，男女

共同参画を推進する「男女共同参画会議」よりも重要度が高いということを象徴している。この重要度の違いは，国全体のことを考慮すれば当然なことかもしれない。なぜならば，国の経済のことは国民生活に直接関係することだからである。ここで述べたかったことは，政府の施策としての男女共同参画，あるいは女性問題はトップの目標としてまだ認識されていない，ということである。ただし一昔前であれば，このような課題は政府の中枢で議論される話題ではなかったことを考慮すれば，「男女共同参画会議」が15年ほど前に誕生したことは，率直に評価してよい。

第2に，あえて注文をつけるとすれば，政府の男女共同参画の政策課題の中心が，本章の前半で述べたような社会において女性のエリート，ないし指導者をどう増加させればよいかに集中して，本章の後半で述べたような女性が労働市場で不利な状況にいることを是正するための政策に関しては，さほど本格的な取組みがなかったことである。男女共同参画とは，誇張すれば女性も男性に伍して社会を引っ張るようにすること，という解釈が当てはまるのではないかと，思わせるほどであった。

参画会議では，女性の第Ⅰ種国家公務員の採用数，国会と地方議会における女性の比率，政府における審議会での女性委員の比率，大学や司法の世界における女性の比率，などがよく提出されてきたことからも，ここで述べた解釈を裏付けることが可能である。ごく普通の女性がごく普通の男性と比較して，いかに企業や官庁での採用や処遇に関して不利な状況にあるか，といった政策課題を論じたり実態を調査することはさほどなかったのである。もっとも，DVや高齢女性の貧困問題は積極的に議論されたことは評価しておきたい。

もう少し別の観点から言えば，全女性人口のうち，1～2割のエリート層ないし指導者層，あるいはそれになれそうな潜在的な女性に関することに関心が集まり，それ以外の多数派の女性が恵まれていない，あるいは不当に差別を受けている，ということに大きな関心が寄せられなかった，ということになる。もっとごく普通の大多数の女性のことを考えること，あるいは恵まれない女性のことを考えることが，男女共同参画社会の目的ではないのか，というのが

「男女共同参画会議」に関する筆者個人の印象なのであった。

この筆者の印象を政府の発行する男女共同参画に関する PR 誌に寄稿してみた。二つの興味ある反応があった。第1は，政府の責任ある担当者からもう少し和らいだ表現に改稿してくれないか，という要望が届いた。この反応に接して，筆者自身は実は政府もこのことに気付いているな，と悟った次第である。すなわち，実態をあまり公にされることを政府自身が嫌ったと解釈できる。第2は，ごく普通の女性運動家ないし，一般の女性の方から，筆者の主観的な主旨に賛成する，という意見が筆者個人にかなり寄せられたのである。

女性の指導者層の数を増加することは，男女共同参画社会における政策目標の重要な柱であることに間違いはないが，男性と比較してかなり劣位の労働条件にいる女性の数を減少させ，かつそれらの人々の労働条件をかなり上げるという政策目標の方が，より重要ではないかというのがここでの主張である。

なぜこのような主張をするかと言えば，クォータ制度などによるエリートや指導者の女性の数を増加する案は，いくつかの例で示したように職業によってはそれにふさわしくない場合がある。すなわちクォータ制度は，その仕事を充分にこなすことのできない能力の持主が登用されることがあるので，組織の生産性などにとってマイナスになる可能性がある。しかしクォータ制度を導入してもよい職種のあることも示したつもりである。

クォータ制度を導入することなく，公平な人事評価によって女性が多く登用される政策を考える方が，より望ましいと考える。すなわち，より多くの女性指導者を生むためには，その職種に就いて高い生産性を示すことのできる有資格の女性を多く世に送り出す政策が，最も期待されるのである。そのためには，女性の教育水準を高めることと，様々な訓練の機会を用意することにある。誰の眼にも明らかに有能な女性が公平にエリート指導者に就くのであれば，社会にとってまず好ましいことだし，まわりからの冷たい眼差しや嫉妬の感情は生まれないのである。

劣位の労働条件にいる女性の数を減少させる策になぜ優先度が高くあるべきかと言えば，憲法を引用するまでもなく，国民全員が最低限の文化的な生活を

送る権利を有するという人間社会における基本原則を満たすためである。貧困者を排し，過酷な勤務条件をなくすことは人道上の必須でもある。さらに多くの女性（あるいは男性も含めて）にとって，労働条件を恵まれた水準に上げる策というのは，それらの人の勤労意欲を高めることにつながるので，社会の効率性を上げるということからも意義がある。

　もう一つの重要な理由がある。それはエリート女性は数で言えばごく少数であるが，劣位の労働条件にいる女性は多数派である。社会が前者のことを重視すれば多数派の後者は，自分達は社会から見放されていると思って，男女共同参画という企画自体に疑問を抱き，かつその政策の実行に非協力的になる可能性がある。多くの女性にとって，男女共同参画政策はしょせんは女性指導者を多く生み出すものにあると理解されたなら，全女性の支持をかえって得られなくなる恐れがある。結論を述べれば，男女共同参画社会の実現のためには，恵まれない女性の処遇を改善すること，あるいはごく普通の女性の立場を強くするといったことに，もっと関心を向ける必要がある。

　最後は政府内における問題がある。男女共同参画の行政を担当するのは内閣府の男女共同参画局である。恵まれない労働条件にいる人の改善策を担当して実践するのは，労働市場の問題を扱う厚生労働省の担当部局である。男女共同参画局は，労働市場で恵まれない人々の労働条件を良くする策，たとえば正規労働者と非正規労働者の格差是正や最低賃金のアップ策などに，口をはさむことにためらいがある。すなわちこれらの政策が恵まれない女性の待遇を改善するのに最も有効な方策とわかっていながら，行政の縦割り制によって，自分たちの部局でこのような政策を論議したり提言したりすることを避ける傾向がある。このことから男女共同参画局はこれらの問題に深入りせず，エリート女性を増加する策に主とした関心を寄せるのである。縦割り行政の打破が必要である。

**参考文献**

橘木俊詔編（2005）『現代女性の労働・結婚・子育て――少子化時代の女性活用政策』

ミネルヴァ書房。
橘木俊詔（2008）『女女格差』東洋経済新報社（Toshiaki, Tahibanaki, *The New Paradox for Japanese Women : Greater Choice, Greater Inequality*, LTCB International Library series, translated by Mary E. Foster, 2010）。
橘木俊詔（2009）『いま，働くということ』ミネルヴァ書房。
橘木俊詔（2013）『「幸せ」の経済学』岩波書店。
橘木俊詔（2015）『経済学部タチバナキ教授が見たニッポンの大学教授と大学生』東洋経済新報社。
橘木俊詔・浦川邦夫（2006）『日本の貧困研究』東京大学出版会。
内閣府（2009）『男女共同参画社会の形成の状況』。
労働政策研究・研修機構（2006）『雇用の多様化の変遷――1994-2003』。

# 第11章
# 最優先課題としての「子育て支援」
――政策効果の統計分析――

柴田　悠

　今後の日本の社会保障政策において，どの領域の政策を拡充すると，また，どの領域の政策を縮減すると，日本社会はどういう影響を受ける（と想定できる）のだろうか。この問いへの答えは，様々な統計データを分析することによって，少しずつ近似的に見えてくる[1]。本章では，そうやって見えてくる「いくつかの選択肢」と「それらがもたらすであろう日本社会の未来像」を紹介し，今後のための判断材料を読者に提供したい。

　本章の結論を先取りして言えば，つぎのとおりである。つまり，①今後の日本社会で，経済的にも倫理的にも最も望ましい効果をもたらす社会保障政策は，「子育て支援」である。②したがって，今後の日本でまず優先すべき社会保障政策は，「子育て支援」である。③そして，「子育て支援」を十分に拡充するための財源は，「相続税・贈与税の拡大」によって現実的に確保できる。

　以下では，冒頭の問いを出発点にしながら，それへの答えを実証的に探っていこう。

## 第1節　日本の社会保障の不都合な真実：並レベルの高齢者福祉，低レベルの子育て支援

### （1）避けられない「世界一の高齢化」

　社会保障に関して，私たちにどのような「選択肢」があるのかを考える前に，まずは，私たちにとって「選択の余地がないこと」，つまり「必ず起こるだろうこと」を確認しておく必要がある。

　私たちにとって「選択の余地がないこと」の最たるものは，「世界一の人口

第3部　現代日本社会の変革とジェンダー

図11-1　日本の一般政府の支出と収入（対 GDP ％）

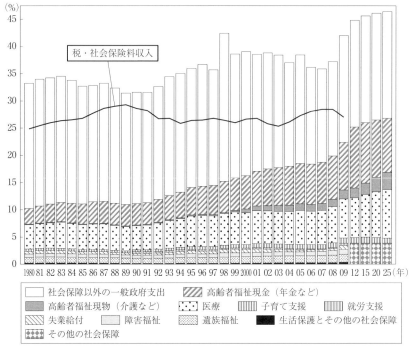

(出所)　一般政府（中央政府＋地方自治体）の領域別支出と税・社会保険料収入（対 GDP ％）。2009年までは実測値で、OECD, *StatExtracts*, 2013より作成。2012年以降は「社会保障と税の一体改革」を実施した場合の推計値で、厚生労働省「社会保障に係る費用の将来推計の改定について（平成24年3月）」5頁より作成（「その他の社会保障」と「社会保障以外の一般政府支出」は2009年の値が続くと仮定）。

高齢化」だ。国連の推計によれば、日本の「高齢者率」（総人口に占める65歳以上人口の割合）は、すでに世界一になっているし、今後も半世紀ほどは世界一でありつづける。また、日本政府の推計によれば、今後たとえ「子育て支援の拡充」などによって出生率が上昇したとしても、高齢者率は2038年に33％を超え、2049年からは36％以上で高止まりする。要は、「3人に1人以上が高齢者」という未曾有の事態が、遅くとも25年後からずっと、この国を襲いつづけるのだ。

高齢化が進めば、当然ながら年金や介護といった「高齢者向けの社会保障費」が膨張する。年金・介護・医療のために日本政府が使うお金の量は、毎年、

どんどん増えていく（図11-1）。そのため政府は、社会保険料や税率を引き上げざるをえない。その分、国民の生活は苦しくなる。

では、国民の生活は、実際にはどの程度苦しくなるのだろうか。

そこでポイントとなってくるのが、消費税を5％→（2014年4月から）8％→（2015年10月から）10％と増やしていくことを前提とした政府の計画、つまり、2013年12月5日に成立した「社会保障と税の一体改革」（以下「一体改革」）と、それに沿って2014年6月24日に閣議決定された「日本再興戦略改訂2014」（以下「新成長戦略」）だ。

「一体改革」とは、ごく大雑把にいえば「消費税を5％から10％へと増税し、その税収を財源として、社会保障を充実化・効率化・安定化させる」改革である。消費税5％増税分（13.5兆円）のうち、1％分（2.7兆円）を「医療介護・子育て支援・年金の充実」に、残りの4％分（10.8兆円）を「社会保障の安定財源」に充てるとされている。「新成長戦略」も、この「一体改革」に則っている。

## （2） 賃金の25％が年金保険料に

しかし、もしこの「一体改革」が予定どおりに進んだとしても、私たちの生活は、結局苦しくなる。政府の社会保障費は、少なくとも2025年までは毎年3兆円ずつ増えていく[7]。その分、社会保険料や消費税率も引き上げられ、私たちの生活費を圧迫してくるからだ。

ここで具体例として、会社員が加入している「厚生年金」のケースを見てみよう。鈴木亘氏の推計によると、厚生年金の積立金をなんとか2100年までは枯渇させないためには、「一体改革」に沿った消費税増税だけでは、政府収入が全然足りない。消費税増税に加えて、「賃金（人件費）に占める年金保険料の割合」を、2012年度の16.8％[8]から2035年度の24.8％にまで、引き上げる必要があると見られる。しかもそうやって徴収された年金保険料のうち、老後に老齢年金給付として戻ってくる総額の割合は、1990年生まれの世代では68％、2010年生まれの世代では62％にすぎない[9]。

賃金の実に4分の1が年金保険料として徴収された上，将来はそのうちたった6割しか戻ってこない。もちろん，その年金保険料に加えて，健康保険料や所得税なども徴収され，消費税は10％。そんな苦しい時代が，22年後に到来すると見られている。

### (3) いまだ足りない「子育て支援の計画規模」

しかし読者は，こう思うかもしれない。

「消費税増税分の一部は，子育て支援に使われる。その分，今よりも子育てをしやすくなっているのではないか。しかも子どもの数は減っていく。ならば，子育て環境は今よりもずっと良くなるのではないか」。

たしかに，消費税増税によって，子育て支援も拡充される。しかしその拡充の「程度」は，消費税5％増税分のうちのたった0.3％分（0.7兆円）にすぎない[10]。子育て支援の予算は，2012年度の4.8兆円から，2015年度の5.5兆円へ増えるだけなのだ。

その0.7兆円の内訳としては，就学前保育・学童保育などの「量的拡充」に0.4兆円，子育て支援の「質的改善」に0.3兆円が使われる予定だ。しかし，この0.7兆円を使っても，「質的改善」（私立認可保育所保育士の賃金改善など[11]）にはあと0.4兆円足りない見込みであり，しかも，その0.4兆円の財源はまだ確保できていない[12]。

また，「量的拡充」の計画規模（0.4兆円）も，実はまだまだ不十分だ。

「量的拡充」によって，たとえば「認可保育所」の定員は，今後「40万人」分増えるとされている[13]。しかし認可保育所の（潜在的）待機児童は，その「40万人」よりもはるかに多い，「約100万人」であると考えられるのである。

というのも，労働政策研究・研修機構が2011年に行った全国調査では，6歳未満の子どもをもつ専業主婦の61％（約154万人相当）と，6歳未満の子どもをもつ無業の非婚母親の45％（約4万人相当）は，「保育サービスがないので働いていない」と答えている[14]。多少の誤差を考慮して少なめに見積もったとしても，潜在的な待機児童は「100万人以上」存在するとみられる。

なお，2008年の厚労省調査では「85万人」という推計結果だった。しかしその調査では，「働きたい」と答えた人のみに「保育サービスがほしいかどうか」を訊いていたため，「保育サービスがないので今は働きたくない」人の保育需要は，無視されてしまっていた。また，東京財団の石川和男氏は，世帯数などのデータにもとづいて「300万人以上」と推計したが，ここでは控えめに見積もって「100万人以上」としておく。

さらに言えば，2012年の労働力調査では，20〜40代女性の「8割」は働くことを希望している。しかし実際に働けている女性は「7割」に留まり，「職探しはしていないが実は働きたい」という20〜30代の女性は，約140万人に上る。やはりここからも，「100万人以上」の子育て期の女性が「働きたいのに働けない状態」であることがわかる。

つまり，政府の今後の「就学前保育」の計画は，まだまだ規模が足りないということである。しかし，計画規模が足りないのは，「就学前保育」だけではない。小学校1〜3年生（低学年児童）を受け入れる「学童保育」（放課後児童クラブ）もまた，計画規模が足りない。

「学童保育」の利用児童数（2014年時点で93万人）は，「一体改革」では，「2017年度末」までに（129万人へと）「36万人分」増やす計画だった。しかし「新成長戦略」では，その計画さえもが削減・延期されて，「2019年度末」までに「30万人分」増やす計画になってしまった。

そして，その「30万人分」では，拡充規模として十分ではない。というのも，「学童保育」は，潜在的待機児童が「40万人以上」と推定されているからだ。全国学童保育連絡協議会によれば，母親がフルタイム勤務に近い状態で働いている低学年児童は，約120万人いる（「国民生活基礎調査」2013年，「労働力調査」2013年）。そして，2014年時点での学童保育の利用児童約93万人のうち，低学年児童は約81万人であるため，潜在的待機児童は低学年に限っても約39万人であり，高学年を含めると40万人を超えると推測されるのだ。

## （4） 国際的にも低レベルなままの「子育て支援」

では，日本の子育て支援の「支出額」は，先進諸国の中ではどのくらいのレベルなのだろうか。そこで，他国と比較するために，支出額の単位を，比較可能な単位に揃えてみよう。ここでは，OECD（経済協力開発機構）のような国際機関が最も頻繁に使っている単位に換えてみる。それは，「国内で生み出された富（国内総生産＝GDP）に対する比率（％）」という単位だ。この比率は，いわば，「子育て支援のために国内の人々が富を分かち合った程度」を表している。さらに，より厳密な比較のためには，「子ども人口の大きさによる影響」を取り除く必要があるため，この比率を，「子ども1人あたりの比率」に変換する。こうして最終的に，単位は「子ども1人あたりの子育て支援支出（一人当たりGDPに対する％）」となる。この単位に揃えた上で，国際比較の棒グラフを作成すると，図11－2のグラフになる。

このグラフを見ると，先進国の最新データが揃っている2009年時点で，日本の子育て支援のレベルは，先進14ヵ国平均の約半分にすぎない。「一体改革」（とそれに沿った「新成長戦略」）が実施された後の2015年と2025年の日本のレベルも，計算してグラフに加えた。改革後でも，日本のレベルは，2009年先進国平均の「6割」程度である。日本政府による子育て支援は，一体改革が実施されたとしても，結局は低いレベルにとどまりつづけるのだ。

## （5） 先進国平均を維持する「高齢者福祉」

では，高齢者福祉はどうだろうか。図11－2と同様の方法で計算したグラフが図11－3だ。2009年時点で，日本の高齢者福祉は，すでに先進国の平均レベルに達している。日本は，高齢者率が世界一になり，その財政負担は危機的であるにもかかわらず，先進国平均の高齢者福祉を実現しているのだ。一体改革後の2025年になっても，2009年先進国平均の実に「9割」の水準を維持している。高齢者福祉については，おおむね先進国並みの支出をしていると言える。

したがって，一体改革の実態（の少なくとも一つ）は，ありていに言えば，「先進諸国の水準で見て，高齢者福祉は並レベルを維持しましょう。子育て支

第 11 章　最優先課題としての「子育て支援」

図11-2　「子育て支援」の支出レベル（2009年）

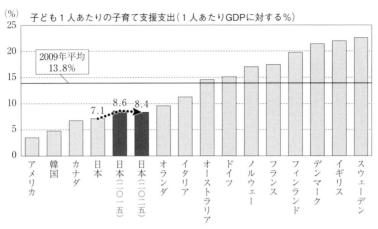

（出所）　データは OECD, *StatExtracts*, 2013と The World Bank, *World Development Indicators*, 2013。日本の2015年以降は「社会保障と税の一体改革」を実施した場合の推計値で、厚生労働省「社会保障に係る費用の将来推計の改定について（平成24年3月）」5頁より作成。「子ども人口」は、国際比較データが最も揃っている「15歳未満人口」とした。

図11-3　「高齢者福祉」の支出レベル（2009年）

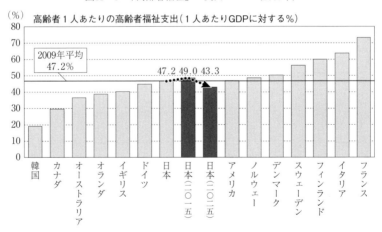

（出所）　データは OECD, *StatExtracts*, 2013と The World Bank, *World Development Indicators*, 2013。OECD の社会支出分類における「高齢期のための社会支出」。ここには「医療支出」は含まれない。日本の2015年以降は「社会保障と税の一体改革」を実施した場合の推計値（老齢年金支出＋老齢介護支出）で、厚生労働省「社会保障に係る費用の将来推計の改定について（平成24年3月）」5頁より作成。「高齢者人口」は「65歳以上人口」とした。

263

援は低レベルに据え置きましょう」ということなのだ。

　では,「高齢者福祉は並レベル,子育て支援は低レベル」というこの「一体改革」(とそれに沿った「新成長戦略」)は,日本社会にどのような影響をもたらすのだろうか。

　そこで第2節では,一体改革が「経済成長」に与える影響を分析し,一体改革の抱える経済的問題とその解決策について考える。つぎに第3節では,その解決策を実施するための財源が,どのようにすれば十分かつ現実的に確保できるのかを考える。

## 第2節　経済成長を左右する五つの要因:日本が成長するための政策とは

### (1)　経済成長を左右する五つの要因

　第2次安倍政権とその意向を受けた日銀による,インフレターゲットを主とした「金融政策」は,物価と賃金の同等な上昇(名目GDPの上昇)を目指す形で実施されている。しかし,私たちの生活が物質的にさらに豊かになるには,物価の上昇以上に,賃金が上昇しなければならない。そのためには,「実質GDPの上昇」(経済成長)が必要だ。だから私たちは,もし物質的な豊かさを求めるのであれば,経済成長を目指さなければならない。

　経済成長を目指す政府の成長戦略は,「規制緩和などによる民間投資の促進」を主軸としている。しかし同時に,政府は,「一体改革」も並行して行うことになっている。

　では,「高齢者福祉は並レベル,子育て支援は低レベル」という一体改革は,果たして経済成長を促進するのだろうか。それとも抑制してしまうのだろうか。抑制してしまうのだとしたら,一体改革をどう改善したらよいのだろうか。

　ここで,筆者が独自に行った統計分析の結果を紹介しよう。分析では,「経済成長率」(1人あたり実質GDPの対前年上昇率)を左右するのはどういう要因なのか,を検証した。データは,日本を含む先進18ヵ国の2000〜2009年の国際

第11章 最優先課題としての「子育て支援」

時系列データを用いた。[20]分析の結果,「経済成長を左右するとみられる要因」がもたらした相関関係として,主につぎの五つが見出された。[21]

① 「政府による老齢年金支出」[22]が増える時,(同年の)経済成長率が下がる

これは,主に「退職者数という(回帰式に未投入の)交絡変数による擬似相関」[23]であると考えられる。ただし,擬似相関以外にも,老齢年金支出が経済成長率に与える影響も,含まれている可能性がある。

まず,老齢年金の支給開始年齢が引き上げられたり,支給額が減額されれば,老齢年金支出が減るとともに,就労継続の必要性が高まり,高齢者の労働力人口が増えるため,GDPが増えるかもしれない。年金受給額が小さい高齢者ほど就労する傾向があることは,すでにミクロ統計分析によって示されている。[24]また,経済学の或る理論モデルによれば,(たとえば老齢年金支出の増加に対応して)老齢年金保険料が増える場合には,「就業人口の増加率が利子率よりも低い」ならば(日本では2000年代が該当),家計消費や資本蓄積が減るという。[25]これらの研究に拠れば,老齢年金支出が経済成長率に影響を与えるという可能性も,ゼロとは言えない。

② (保育サービス拡充などによって)「女性労働力率」[26]が上がる時,翌年の経済成長率が上がる

女性が働くようになると,労働力人口が増えるとともに,家事関連産業の市場も拡大するだろう。また,第3次産業化と市場流動化が進んだ今日では,人材の多様性が重要であるため,女性の労働参加は,人材多様性を高め,労働生産性を高めるだろう。[27]その結果,経済が成長すると考えられる。

③ 「児童手当」が増える時,経済成長率が上がる

子育て世帯は,子育てをしていない高所得世帯よりも,消費性向が高い。よって,児童手当によって,高所得世帯から子育て世帯に所得が移転されると,消費が増え,市場が活性化する。その結果,経済が成長すると考えられる。

④ 「自殺率」[28]が上がる時,経済成長率が下がる

「経済成長率が上がると(失業が減るなどして)自殺が減る」という「逆の因果関係」が想定できるかもしれない。しかし,筆者の分析では,逆の因果関係

は（操作変数によって）ほぼ除去してある。また，自殺率の規定要因を分析してみると，経済成長率は自殺率に対して（偶然を上回るほどの）効果を示さなかった。そのため，逆の因果関係よりもむしろ，つぎのような擬似相関や因果関係を想定する必要がある。

まず，自殺率は，「社会環境・労働環境の悪さ」を反映しているだろう。そのため，社会環境・労働環境が悪化した場合には，自殺率が上がると同時に，労働生産性が下がり，経済が停滞してしまうと考えられる（擬似相関）。また，自殺者が増えると，就業人口やその家計所得が減るため，GDPの増加が鈍ってしまうとも考えられる（因果関係）。よって，自殺予防のために，社会環境や労働環境を改善することは，労働生産性の上昇と自殺率の低下を経由して，経済成長率の上昇につながると考えられる。

⑤「政府による開業奨励金支出」が増える時，翌年の経済成長率が上がる

開業奨励金によって開業がしやすくなり，多様な働き方が容易になると，労働力人口が増え，労働生産性も高まるだろう。それにより，経済が成長すると考えられる。

統計学的に推定すると，経済成長率に対するこれらの相関関係が，「ただの偶然」によって生じた確率は，わずか1％未満だった。つまり，これらの相関関係は，少なくとも2000年代の先進諸国では，「ただの偶然」によってではなく，「何らかの因果関係」によって，生じていたと考えられる。そして上の①～⑤で論じてきた様々な要因こそが，それらの因果関係と相関関係をもたらしてきたと考えられる。そのため，今の2010年代においても，上で論じた諸要因は，ひきつづき経済成長率を左右する可能性が高いだろう。

では，2000年代の日本では，①～⑤の相関関係は，それぞれどの程度の大きさだったのだろうか。そこで，各相関関係の大きさを，上記の分析結果にもとづいて計算して，グラフにまとめた。図11-4がその結果だ。

図11-4での棒グラフは，各相関要因（経済成長率と相関する要因）との相関に伴って生じたと見られる「経済成長率の上昇幅または下降幅」を計算し，棒の中に積み上げたものだ。「上昇幅」は「0」よりも上方向に積み上げ，「下降

第 11 章 最優先課題としての「子育て支援」

図11-4 日本の経済成長率（％）の要因分解（2002～2009年）

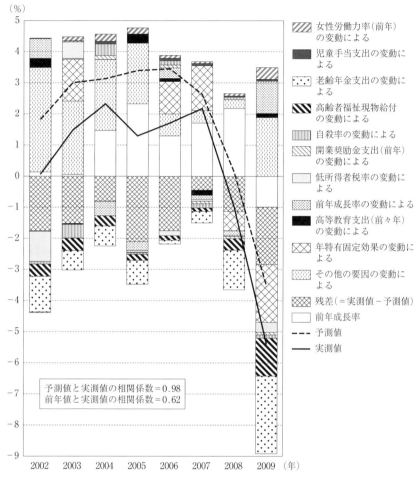

（出所）「経済成長率」（一人当たり実質GDPの対前年上昇率）の説明要因を1階階差一般化積率法推定（年ダミーと国特有線型時間傾向を含む）によって分析した結果にもとづく，予測値。データは，日本を含むOECD 18ヵ国の2000～2009年の国際時系列データ（OECD, *StatExtracts*, 2013と The World Bank, *World Development Indicators*, 2013）。

幅」は「0」よりも下方向に積み上げている。

　また，それらの積み上げの合計値（上昇幅－下降幅）を「予測値」といい，点線の折線グラフで描いている。実際の経済成長率は「実測値」といい，実線の

折線グラフで描いている。

　この二つの折線グラフを見れば一目瞭然だが，各相関要因から計算された予測値は，実際の経済成長率（実測値）にかなり近くなっている。つまり，各相関要因は日本の2000年代の経済成長率を，かなり説明できるということだ。

　この図11-4によれば，先述の①〜⑤の相関要因の中では，日本の経済成長率への影響規模は，①（老齢年金）が圧倒的に最も大きい。それ以外の②〜⑤では，②（女性労働力率）がやや目立つものの，現状ではどれも影響規模がまだ小さい。

　つまり日本では，女性労働参加・子育て支援（保育サービスと児童手当）・自殺予防がまだまだ小規模であるため，それらによる経済成長も，いまだ小規模なものにとどまっていると見られるのだ。

## （2） 経済成長と社会保障を両立するには

　よって，経済成長を目指すならば，社会保障については，以下のような対策を講じることができる。

　まずは何よりも，「子育て支援」（2012年GDP比1.0％）を拡充することだ。筆者の分析結果では，保育サービス（によって高まる女性労働力率）や児童手当に，経済成長率を高める効果が見られた。たとえば，GDPの0.1％に相当する公費（0.5兆円）を「保育サービス」の拡充に使うと，女性労働力率が0.19％ポイント高まり[33]，その結果，経済成長率が0.22％ポイント高まる計算になる。ただ他方で，保育サービスの上昇によって，合計特殊出生率は0.01ポイント（よって年少人口割合が約0.025％ポイント[34]）高まり，その結果，経済成長率が約0.11％ポイント下がると見られる[35]。そのため，それらを総合すると，経済成長率は（0.22−0.11＝）0.11％ポイント高まると見られる。

　なお，上記の策によって高まる女性労働力率「0.19％ポイント」は，女性労働力人口の約12万人増に匹敵する[36]。つまり，一体改革では解消されない待機児童（約60万人）のうち約12万人（働く女性に未就学の子どもが2人以上いる場合はもっと多い）を，子育て支援拡充（0.5兆円分）によって解消すれば，経済成長率

第11章　最優先課題としての「子育て支援」

は0.11%ポイントほど高まると見られるのだ。[37]

　では,「保育サービス」を拡充するための追加財源は,どのようにして確保したらいいのだろうか。どのようにしたら,経済成長を阻害せずに,追加財源を安定的に確保することができるだろうか。

　ここで筆者が提案したいのは,「相続税・贈与税の拡大」(基礎控除引き下げや,税率引き上げ,累進性強化)である。[38]「相続税・贈与税の拡大」は,高齢社会において安定的な追加税収を確保できるだけでなく,高資産高齢者の消費を促す効果も期待できるため,一石二鳥だ。

　2012年度の相続税・贈与税の合計税収は1.5兆円であり,[39] 2015年以降は,基礎控除引き下げ(2570億円増収)と税率引き上げ(210億円増収)によって,相続税収は0.3兆円増える見込みだ。[40]すると,それよりも少し大きいだけ(0.5兆円分)の相続税拡大を行って,その税収をすべて「保育サービス」に充てれば,GDP比0.1%分(0.5兆円)の追加財源を確保することができる。そうすれば,保育サービスの0.5兆円分の拡充によって,経済成長率は0.11%ポイント上昇すると見込めるのである。

　もちろん,実際に起こる現象は,以上の予測よりもはるかに複雑だろう。以上に挙げた数字は,あくまで一定幅の誤差を伴う推定値にすぎない。しかし,程度の差はあるにせよ,子育て支援の拡充によって経済成長率が高まること自体は,充分に想定できるのではないだろうか。[41]

　筆者が主張したいのは,「子育て支援を十分に拡充しない」という一体改革は,経済成長のチャンス(の少なくとも一部)を自ら手放しつづけるに等しい,ということだ。もし経済成長を求めるならば,まずは子育て支援を十分に拡充すべきである。

　他にも,経済成長のためには,「女性労働力率を上げる」「自殺率を下げる」「開業奨励金を増やす」といった対策が考えられる。筆者が現時点で得ている分析結果によれば,女性労働力率を上げるには,「公的な保育サービス」が有効だ。[42]また自殺率を下げるには,「公的な職業訓練サービス」が有効である[43](これらの詳細は近刊『社会保障は日本をどう変えるのか(仮題)』(勁草書房)で紹介

する予定だ)。また開業奨励金については,そのまま政治的合意にもとづいて増額すればよいだろう。

## 第3節　豊かさと機会平等を実現するために

(1) 成長戦略は「規制緩和」と「子育て支援」で

　前節で見たように,「一体改革」(とそれに沿った「新成長戦略」)をそのままのかたちで実施すれば,日本は,「経済成長のチャンス」(の一部)を失うことになる。政府が成長戦略を掲げるならば,「規制緩和」によって民間投資を促進するだけでなく,相続税・贈与税を拡大し,それによって得られた追加財源で「子育て支援」(とりわけ保育サービスと児童手当)を十分に拡充すべきだ。[44]

　もちろん,「一体改革」(や「新成長戦略」)は,認可保育所と学童保育の待機児童を減らそうとしており,その方向性としては評価できる。しかし,問題はその量がまだまだ不十分な点だ。結局実質的には「子ども1人あたりの子育て支援支出」をほとんど増やさないという点を見ると,やはり日本はその分,「経済成長のチャンス」を手放してしまうことになるだろう。

(2) 「子どもの貧困」(機会不平等)の縮小を実現する子育て支援

　さらに言えば,問題はそれだけではない。本章では「子育て支援が経済成長につながる」という点を強調してきたが,子育て支援は,「子どもの相対的貧困」(子どもの機会不平等)の縮小にもつながる。つまり,子育て支援は,経済的に望ましいだけでなく,倫理的にも望ましいのである(機会不平等よりも機会平等のほうが倫理的に望ましいということは,日本で生きる大部分の人々にとって合意できることだろう)。

　まず現代日本における統計的傾向として,「子ども期の相対的貧困」は,「その後の人生における大卒確率・年収・各種生活満足感・健康感・幸福感」の低下をもたらしている。というのも,「15歳時に相対的貧困」だった人は,それ以外の人よりも,「大卒確率」「年収」「各種満足確率」「主観的健康確率」「幸

第11章　最優先課題としての「子育て支援」

福確率」のすべてが，低い傾向にあるからだ。つまり，「子ども期の相対的貧困」は，人生スタート地点の「相対的な不利」をもたらし，その後の様々な「人生機会」を減じてしまうと考えられるのである[46]。

　日本では，1980年代以降，高齢者の相対的貧困率は大幅に減ってきた。しかしその裏で，子どもの相対的貧困率は，じわじわと増えている。たとえば，65～69歳の高齢者の相対的貧困率（所得が，全人口の所得の中央値の半分未満である者の割合）は，1984年には約11％だったが，1994年には約8％，2004年には約6％にまで下がった。それに対して，5～9歳の子どもの相対的貧困率は，1984年には約5％だったが，1994年には約6.5％，2004年には約7.5％にまで上がった。つまり今日では，5～9歳の貧困率が，65～69歳の貧困率を上回っているのである[47]。

　にもかかわらず，子どもの相対的貧困率は，この30年間，政府によって放置されつづけてきた。政府が所得再分配を行う前と後での，子どもの相対的貧困率を比べると，先進19ヵ国の中で唯一，日本だけは，1980年代から2000年頃にかけて一貫して，所得再分配によって子どもの貧困を「増やして」きた。2011年になって，日本政府の所得再分配は，ようやく子どもの貧困を「ほんの少しだけ」減らした。それでもなお，減らした後の貧困率は，先進諸国の中ではアメリカとイタリアに次いで高いレベルだ。つまり，いまだに高レベルの貧困率が，ほとんどそのまま「放置」されてしまっているのである。それによって，日本の子どもの相対的貧困率は，この30年間で約1.4倍に増えてしまった。日本では現在，15歳未満人口の15％にあたる約200万人もの子どもたちが，相対的貧困と「機会の不利」を被っているのである[48]。

　したがって政府は，せめて「子どもの貧困を毎年継続的に減らすことができる」水準までには，「子育て支援」を拡充し，その水準を維持すべきだろう。その水準とは，たとえば「保育サービス」の部分で言えば，「貧困世帯の親が，保育サービスを必要なだけ利用して，働きたいだけ働ける（それによって相対的貧困から脱しやすくなる）」水準だと思われる。つまりは，安価で安全な「就学前保育と学童保育」の潜在的待機児童が，ゼロになる水準である[49]。

第3部　現代日本社会の変革とジェンダー

　しかしながら，「子育て支援」の予算規模は，実質的にはほとんど拡充されず，これまでどおり先進諸国の「半分」のレベルのまま，据え置かれていく予定だ（図11‐2）。そのため，「新成長戦略」では，就学前保育の潜在的待機児童（約100万人）は，その半分以下の40万人分しか解消されない予定だし，学童保育の待機児童（約40万人）も，不十分な30万人分しか解消されない予定だ。このままでは，就学前保育についても学童保育についても，待機児童の解消はまだまだ見込めないのが実態なのである。
　他方で，「高齢者福祉」の予算規模は，ほとんど削減されず，これまでどおり先進諸国の「平均」のレベルのまま，維持されていく予定だ（図11‐3）。つまり，「一体改革」や「新成長戦略」は，「高齢者優先の社会保障をこれからも続けていく」というのが実態なのである。
　したがって，本章のこれまでの結論をまとめると，つぎのようになる。つまり，今後の日本社会で，経済的にも倫理的にも最も望ましい効果をもたらす社会保障政策は，「子育て支援」だ。まず優先すべきは「子育て支援」なのである。

## （3）　財源は「相続税」で

　では，「子育て支援」を十分に拡充するために必要な追加財源は，どうしたら確保することができるのだろうか。最後にこの実際的な問題を検討して，本章を閉じたい。[50]
　高齢者福祉の予算を削らないとすれば，増税をするしかない。では，どういう増税パッケージであれば，国民生活や国内経済への悪影響が最小限で済むだろうか。
　筆者が提案したいのは，ここでもやはり，「相続税（およびそれとセットになる贈与税。以下同様）の拡大」（基礎控除引き下げや，税率引き上げ，累進性強化）である（ただし拡大の対象はひとまず金融資産に絞ることを，以下では想定しておく）。[51][52]
相続税拡大を提案する理由は，次の四つである。
　第1に，「人口動態」に着目すると，「日本では今後2100年頃まで，国民全体

第 11 章　最優先課題としての「子育て支援」

の死亡率が上がっていく」と予測されている[53]。したがって，人口に対する死亡件数は増えていくため，相続税は，あと100年は「安定的な財源」として期待できる。

　第2に，相続税の拡大は，高資産高齢者の消費を促進するため，経済に良い循環をもたらすと考えられる（ただし「資産の国外逃避」「中小企業の事業継承の困難化」「貯蓄と投資の減少」などの問題への対応は，課題として残る[54]）。

　第3に，「預金」の規模（国内全体で860兆円）に着目すると，日本の「1人あたりの預金額」（676万円）や「預金が家計金融資産で占める割合」（54％）は，ユーロ圏やアメリカよりも大きい（図11-5）。そもそも預金は，直接は運用されていないため，税収（運用利益からの所得税収や，運用手数料からの消費税収）に結びつきにくい。しかし，相続税を拡大すれば，その860兆円もの預金（の一部）から，税収を得られるようになる[55]。

　第4は，倫理的な理由だ。資産の相続は，所得格差を親子間で再生産し，「子どもの相対的貧困」（機会の不平等）を親子間で再生産してしまう。子や孫への相続や生前贈与は，できるだけ縮小させる（税収や消費に回す）ほうが，「相対的貧困の再生産」を予防できるので，倫理的に公正だといえるだろう。

　以上の4点から考えれば，相続税（と贈与税）は，（「資産国外逃避」「中小企業事業継承」「投資減少」などの問題を深刻にしない範囲内で）可能な限り拡大すべきではないだろうか[56]。

## （4）「実質1.4倍」で十分な相続税拡大

　では，「子育て支援」を十分に（つまり，待機児童を完全に解消できるまで）拡充するためには，相続税をどのくらいの規模で拡大すればよいのだろうか[57]。そして，その規模は，果たして現実的に可能な規模なのだろうか。

　まず，現時点での潜在的な待機児童は，これまで見てきたとおり，就学前保育は「100万人」，学童保育は「40万人分」である。

　また，これも先に見たとおり，「新成長戦略」が確保した就学前保育・学童保育などの「量的拡充」（就学前保育40万人分と学童保育30万人分を含む）と「質の

第3部 現代日本社会の変革とジェンダー

図11-5 家計の金融資産の日米欧比較（2013年）

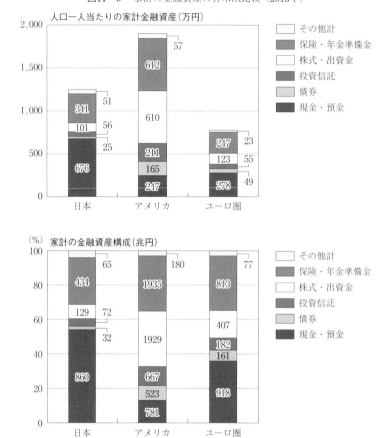

（出所） 日本銀行調査統計局「資金循環の日米欧比較（2013年10月4日，ユーロ圏は12月19日）」（2013年6月末現在）(http://www.boj.or.jp/statistics/sj/sjhiq.pdf 2013年12月1日，12月20日アクセス)，2013年の年間平均為替レート（*Principal Global Indicators*），日本・アメリカ・欧州連合の公式発表推計人口（2013年7月現在）をもとに作成。

部分的改善」の予算は，0.7兆円である。このうち，学童保育の30万人分拡充と改善に必要な予算は518億円とされているため，0.7兆円のほとんどは就学前保育のための予算であることがわかる。なお，この0.7兆円に加えて，もし「私立保育士の賃金の5％改善」に必要な追加予算381億円を上乗せするとしても，0.7兆円という規模は実質変わらない。

すると，この「就学前保育40万人分拡充＋学童保育30万人分拡充＝財源0.7兆円」という政府推計をそのまま応用すれば，「就学前保育100万人分拡充＋学童保育40万分拡充」にはおよそ（0.7×100／40＝）「1.8兆円」の財源が必要となる。そのうち0.7兆円は，消費税増税（5％→10％）によって確保されるので，残りの「1.1兆円」を，「相続税拡大」で賄うことになる。先述のとおり，2012年度の相続税（＋贈与税）の税収は「1.5兆円」なので，それに1.1兆円を加えた「2.6兆円」（つまり今の1.7倍）へと，相続税の税収規模を拡大する必要がある。

ここで他国を参考にして見よう。OECD データによれば，2011年の「相続税」（贈与税含む）の税収規模（対 GDP ％）は，たとえばベルギー（0.666％）では，日本（0.312％）の2.1倍である[60]。しかも，この税収規模を，両国の高齢者人口比率で割って「高齢者一人当たり」に変換すると，ベルギーは日本の実に2.9倍になる[61]。よって，日本の相続税の税収規模を今の1.7倍にすることは，決して不可能ではないはずだ。

しかも2015年以降は，基礎控除引き下げ（2570億円増収）と税率引き上げ（210億円増収）によって，相続税収は0.3兆円増える見込みなので[62]，それだけで相続税収は1.2倍になる。よって，1.7倍にするには，実はあと一歩なのだ。1.2倍になる規模を1.7倍へと拡大するには，実質的には「さらに1.4倍」にすればよいだけなのだから。

「相続税の拡大」によって，就学前保育と学童保育の潜在的待機児童（100万人と40万人）をゼロにすることは，決して不可能なことではない。あとは政府が，相続税について，「1.2倍への拡大」をすでに巧妙に（つまり世論で争点になることなく）実現したのと同じようにして，「さらに1.4倍への拡大」を巧妙に実行するだけである。

（5）「倫理的な責務」と「戦略的な可能性」

結論を述べよう。

私たちは，もし自由に価値を認めるのならば，「子育て支援」（保育サービ

ス・児童手当）によって，子どもたちの「機会の不平等」を，できるかぎり縮めてあげる必要がある。これは，子どもたちをこの日本社会に強制的に招き入れる私たち大人に課された，倫理的な責務だ。

　他方で私たちは，もし物質的な豊かさを求めるのならば，「子育て支援」（保育サービス・児童手当）によって，経済成長を促すことができるだろう。またその財源は，「相続税・贈与税の拡大」によって十分に確保することができる。これらは，私たちがいま手にしている，戦略的な可能性だ。

　したがって，今後の日本社会で，倫理的にも経済的にも最も望ましい効果をもたらす社会保障政策，まず優先すべき社会保障政策は，「子育て支援」だ。そして，「子育て支援」を十分に拡充するための財源は，「相続税・贈与税の拡大」によって現実的に確保できる。

　倫理的な責務を果たすこと，戦略的な可能性に賭けてみること，そのいずれもが，私たち有権者の今後の選択に委ねられている。

［謝辞］　本章は，講談社『g2』第13号（2013年5月刊行）に掲載された筆者の原稿「いま優先すべきは『子育て支援』」（担当編集：青木肇）と，それを加筆修正して講談社『現代ビジネス』に2013年7月に掲載された同タイトルの筆者の原稿を，さらに大幅に加筆修正の上，タイトルを一部変更して転載したものである。この場を借りて，転載を許可していただいた『g2』編集部と『現代ビジネス』編集部に，厚く御礼申し上げる。

注
⑴　もちろん，あらゆる統計分析と同様に，本章で紹介する筆者の分析もまた，改善の余地がある（たとえば「交絡変数の欠落による擬似相関」「媒介変数バイアス」「合流点バイアス」など）。そのため，本章をきっかけとして，より精緻な分析が行われるようになれば，筆者としても幸いである。なお，筆者の分析の最新版とその詳細については，近刊『社会保障は日本をどう変えるのか（仮題）』（勁草書房）で紹介する予定である。
⑵　United Nations (2011) *World Population Prospects, the 2010 Revision.*
⑶　高齢化が最も緩やかな「出生高位・死亡高位」の場合である。国立社会保障・人口問題研究所「日本の将来推計人口（平成24年1月推計）」2012年を参照。
⑷　ただし，年金や介護は，それが充実することによって，高齢の親をもつ若い人々

第11章　最優先課題としての「子育て支援」

を,「親への仕送り」や「親の介護」といった,伝統的に主に子どもに課されてきた義務から,少なからず解放するだろう。したがって,「高齢者向けの社会保障」は,間接的には,「現役世代向けの社会保障」でもある。直接的には「高齢者向け」であっても,それを削減すれば,巡り巡って現役世代の負担も(今以上に)増えることになる。したがって本章では,「高齢者向け社会保障を削減する」という選択肢は,積極的には選択しないこととする。ただし,「高齢者向けの社会保障を,資産も所得も乏しい貧困高齢者に対しては,より潤沢に供給し,それ以外のとりわけ資産や所得が顕著に豊かな高齢者に対しては,削減する」という方法は検討されるべきかもしれない。

(5) 厚生労働省「社会保障・税一体改革　社会保障・税一体改革で目指す将来像」2012年12月7日。
(6) 首相官邸「『日本再興戦略』改訂2014――未来への挑戦」2014年6月24日。
(7) 厚生労働省「社会保障に係る費用の将来推計の改定について」5頁(「2025年改革後給付費(148.9兆円)−2012年給付費(109.5兆円)÷13年間＝3.03兆円／年」)。
(8) 鈴木亘『年金は本当にもらえるのか？』筑摩書房,2010年,100-107頁。
(9) 鈴木亘『年金問題は解決できる！』日本経済新聞出版社,2012年,55,83頁。
(10) 厚生労働省「社会保障・税一体改革で目指す将来像」2012年3月,9頁。
(11) 政府の予測によれば,2017年度末までに40万人分の保育の受け皿を整備する「待機児童解消加速化プラン」に沿って(認可)保育所定員を増設すると,保育士は2017年度末時点で約7.4万人足りなくなる。厚労省の推定では,「保育士資格を持っているが保育の仕事をしていない人」(潜在保育士)は「60万人」を超えている(内閣府「子ども・子育て支援新制度　説明会資料6『女性が輝く日本』の実現に向けて(抜粋)」2014年6月4日)。潜在保育士たちが保育の仕事をしていない背景には,私立認可保育所の保育士の賃金の低さがある(柴田悠「『子育て支援』を『相続税』で拡充せよ」『シノドス』2014年8月7日)。
(12) 内閣府「子ども・子育て支援新制度について」2014年5月。
(13) 厚生労働省「社会保障・税一体改革で目指す将来像」11頁,「保育所定員40万人増　首相表明　女性の力活用うたう」『朝日新聞』2013年4月19日。
(14) 労働政策研究・研修機構「子どものいる世帯の生活状況および保護者の就業に関する調査」2012年3月17日。
(15) 朝日新聞デジタル「『保育所使いたい』潜在待機児童85万人　厚労省調査」2009年4月8日。
(16) 厚生労働省「新待機児童ゼロ作戦に基づくニーズ調査〈調査結果〉」2009年2月。
(17) 石川和男「"潜在待機児童数"の的確な把握を」東京財団,2012年7月25日。
(18) 内閣府男女共同参画局『男女共同参画白書　平成25年版』「第2節　女性の労働力率(M字カーブ)の形状の背景　3 非労働力人口における就業希望者」2013年6月。

⒆　全国学童保育連絡協議会「2014年5月1日現在の学童保育の実施状況調査結果報道発表資料」2014年7月28日。

⒇　人口構成や経済条件，税制，教育，社会保障，過去の経済成長率をコントロールした（一部は前年値や前々年値を使用）。推定法は，年ダミーと国特有線型時間傾向を含む1階階差一般化積率法推定（各独立変数の「逆の因果による内生性」は操作変数によってほぼ除去されている）。データは，OECD, *StatExtracts*, 2013とThe World Bank, *World Development Indicators*, 2013。「Sarganの過剰識別制約検定」の有意確率は0.88，「Arellano-Bondの系列相関検定」の2次系列相関の有意確率は0.34となったため，「一定条件下での操作変数の不適切性」や「誤差項の系列相関」は差しあたり見られない。なお，分析方法の詳細については，近刊『社会保障は日本をどう変えるのか（仮題）』（勁草書房）を参照されたい（ただし同書における分析は，本章の分析と比べて，説明変数をより精選したため，より頑健な分析となっている）。

㉑　ただし，あらゆる統計分析と同様に，「欠落変数による擬似相関」は含まれうる。有意水準は1％。本文に挙げた五つの相関関係については，日本ダミーとの交互作用効果を検定し，日本においてそれらの有意傾向が打ち消されないこと確認した。またこの五つの他にも，「前年の1人あたりGDP上昇率－」「（同年の）インフレ率－」「輸出額と輸入額の合計＋」「年少人口割合－」「税・社会保険料収入－」「前々年の学生1人あたり高等教育支出＋」「年金以外の高齢者福祉現金給付＋」「高齢者福祉現物給付（主に介護）－」「失業給付支出－」「遺族福祉現物給付＋」「住宅補助－」といった要因が検出された。「－」は経済成長率を有意に下げ，「＋」は有意に上げることを示す（有意水準1％）。なお高齢者福祉現物給付と住宅補助は，貧困者の生活保障として機能する限りは，削減すべきでないだろう。

㉒　GDPに対する比率（％）。以下の支出も，とくに注記のない場合は，すべて対GDP％である。

㉓　このうち定年退職者数は，2001年以降横ばいか減少傾向だったが，2008→2009年には急激に2割も増加した（独立行政法人高齢・障害・求職者雇用支援機構「高齢社会統計要覧（2011）」2011年を参照）。

㉔　清家篤・山田篤裕「引退決定過程に及ぼす社会保障・雇用制度の影響にかんするハザード分析」『三田商学研究』第41巻第4号，1998年。山田篤裕・清家篤「高齢者の再就職過程に及ぼす社会保障・雇用制度の影響」『三田商学研究』第44巻第1号，2001年。また，ゴールドマン・サックスの推計によれば，2025年までに日本の女性労働力率がアメリカの水準にまで上がると，それによって潜在GDP成長率は1.2％から1.5％にまで上がり，さらに男性退職年齢を60歳から70歳へ引き上げれば，同成長率は1.6％にまで上がると見られる（The Goldman Sachs Group「ウーマノミクス——日本の含み資産」2005年，5，14-15頁）。実際に欧米では年金支給開始年齢を，アメリカでは67歳に，イギリスでは68歳に，ドイツでは67歳に引き上げる

予定である。
⑳ 小塩隆士『社会保障の経済学［第3版］』日本評論社，2005年，123-130頁。
㉖ 労働力人口（就業者＋完全失業者）に占める女性労働力人口の割合。
㉗ 日本企業でも，女性の人材活用が進んでいる企業ほど，生産性が高い傾向にある（川口章「女性の離職率・均等度・企業業績」労働政策研究・研修機構編『仕事と家庭の両立支援にかかわる調査』2007年。山口一男「労働生産性と男女共同参画」*RIETI Discussion Paper Series* 11-J-069, 2011）。また IMF の世界経済見通し（WEO）の推計によれば，日本の女性労働参加率が G7 レベル（日伊以外）にまで上がれば，1人あたり GDP は恒久的に約4％増，北欧レベルにまで上がればさらに4％増となり，潜在的 GDP 成長率はそれぞれ0.2％増，0.4％増となるとみられる（C. Steinberg and M. Nakane, "Can Women Save Japan?" *IMF Working Paper,* 2012）。
㉘ ここでは，高齢化の影響を取り除くため，「人口の年齢構成を統制した自殺率」を用いている。
㉙ 筆者の分析による。なお，自殺率に対して有意な効果を示したのは，「女性労働力率－」「新規結婚率－」「離婚率＋」「職業訓練支出－」などであった。詳細は近刊『社会保障は日本をどう変えるのか（仮題）』（勁草書房）を参照されたい。
㉚ 国立社会保障・人口問題研究所の推計によれば，「自殺がゼロになることによって国全体の稼得所得は2009年1年間で約1兆9000億円増える」「日本の自殺者数が，2010年から10年間，1997年以前の水準（年間2.1万人）で推移するならば，2000年代水準の3万人で推移する場合と比べて，（就業人口や家計所得が増えることにより）GDP は10年間累積で約4兆6000億円増える」という（金子能宏・佐藤格「自殺・うつ対策の経済的便益（自殺・うつによる社会的損失）の推計」2010年）。
㉛ ただし上述のとおり，これらの相関関係には「擬似相関」も含まれうる。
㉜ 経済成長率は「1人あたり実質 GDP の対前年上昇率％」。分析方法は注⑳と注㉑を参照。5％水準での有意係数とすべての年ダミーの係数を使って，予測値を計算。前年値と実測値の相関係数は0.62なのに対して，予測値と実測値の相関係数は0.98。
㉝ 2014年時点での筆者の分析による。
㉞ 2010～2019年各年の「高位出生率－中位出生率」から「出生高位年少人口割合－出生中位年少人口割合（ともに死亡中位）」を単回帰分析で予測する回帰係数2.5（$p < 0.001$, $R^2 = 0.88$）にもとづく。データは，国立社会保障・人口問題研究所「日本の将来推計人口（平成24年1月推計）」。
㉟ 「年少人口割合が高まると経済成長率が下がる」という傾向については，注㉑を参照。
㊱ 「労働力調査」2013年平均では労働力人口は6577万人。そのうちで女性の占める割合（女性労働力率）が0.19％ポイント増えると，女性労働力人口は12万人増える

(37) なお，みずほ総合研究所の試算では「学童保育待機児童50万人が学童保育所に入れば，その母親たちが働くことにより，GDPは0.5％押し上げられる」とされており（「学童保育も足りない　もう一つの待機児童問題，共働き阻む　潜在需要『50万人』」『日本経済新聞』2013年7月8日），本分析の結果はこの試算と整合的である。また，仮に「働きたいけれども働けていない女性」が全員働くようになれば，GDPはどの程度増えるのだろうか。それについては，内閣府がごく単純な試算をしている（労働力需要と賃金の関係を無視しているので，実際の経済効果はこの試算よりも小さくなると考えられる）。それによれば，日本の女性の就業希望者（現在就業しておらず求職活動はしていないものの就業を希望する女性。労働力調査によれば推計342万人）が，仮に希望通りに就業することができれば，女性就業者の賃金総額から単純試算すると，約7兆円，GDP比で1.5％の付加価値が創造されるという（内閣府「男女共同参画会議　基本問題・影響調査専門調査会　報告書──最終報告」2012年2月）。「女性労働力人口の12万人増加は経済成長率の0.11％ポイント上昇につながる」という本章の推定結果から試算すると，「342万人増加は3.1％ポイント上昇につながる」という計算になるが，さすがに数百万人の規模になると効果は逓減し，「大きくても1.5％ポイント上昇にとどまる」と見るべきだろう。いずれにせよ，「女性労働力人口の12万人増加は経済成長率の0.11％ポイント上昇につながる」という本章の推定結果は，かなりの大きさであることがわかる。

(38) ただし相続税・贈与税の拡大は，ひとまずは金融資産に対象を絞ることを想定しておく。注(51)を参照。

(39) 財務省「相続税の課税割合及び相続税・贈与税収の推移」（財務省ウェブサイト，2015年4月29日閲覧）。

(40) 財務省「平成25年度税制改正　(参考) 平成25年度の税制改正（内国税関係）による増減収見込額」2013年5月。

(41) ただし長期的には，高齢者率の上昇によって，年金積立金がいずれ枯渇してしまう危険性が残る。そのため根本的には，できるだけ早めに，年金制度の「賦課方式から積立方式への切り替え」を検討すべきかもしれない。現役世代に「二重の負担」が生じないかたちの切り替え方法も，すでに具体的に提案されている（鈴木亘『年金問題は解決できる！』日本経済新聞出版社，2012年を参照）。

(42) 日本国内の個人データ（1998年国民生活基礎調査）を分析した先行研究でも，保育に使っている私的費用（の推定値）が小さいほど，また，居住県の認可保育所在籍率（対就学前人口）が高いほど，母親の就労確率が（有意に）高いことが示されている（大石亜希子「保育サービスの再分配効果と母親の就労」国立社会保障・人口問題研究所編『子育て世帯の社会保障』東京大学出版会，2005年，175頁）。また，日本を含む先進諸国の国際時系列データを分析した先行研究においても，公的保育サービス支出が25〜54歳女性のフルタイム就業率を上げることが示されている（A.

第11章　最優先課題としての「子育て支援」

Bassanini and R. Duval, "Employment Patterns in OECD Countries," *OECD Social, Employment and Migration Working Papers,* 35, 2006, p. 83, Table 2.1, Model 5)。なお同研究では，児童手当が25〜54歳女性のフルタイム就業率を下げることが示されているが，筆者の分析では児童手当は（パートタイムを含む）女性労働力率に有意な効果を示さなかった。

(43) 柴田悠「自殺率に対する積極的労働市場政策の効果」（日本社会学会『社会学評論』第257号，2014年），柴田悠「積極的労働市場政策は親密性の自殺予防効果を高めるか」（太郎丸博編『東アジアの労働市場と社会階層』京都大学学術出版会，2014年），および柴田悠「社会保障のマクロ効果に関するパネルデータ分析」（内閣府経済財政諮問会議「今後の経済財政動向等についての集中点検会合」第1回会議古市憲寿提出資料，2013年）を参照。日本の都道府県間時系列データを分析した先行研究でも，実質的な職業訓練（短期雇用創出）を含む「失業対策費」への支出が65歳未満男性自殺率を下げることが示されている（澤田康幸・上田路子・松林哲也『自殺のない社会へ』有斐閣，2013年，155-156頁。柴田悠「書評　澤田康幸・上田路子・松林哲也著『自殺のない社会へ』」『季刊　家計経済研究』第101号も参照）。また，EU諸国の国際時系列データを分析した先行研究でも，職業訓練を含む積極的労働市場政策への支出が65歳未満自殺率（の失業率上昇時に伴う上昇）を抑えることが示されている（D. Stuckler et al, "The Public Health Effect of Economic Crises and Alternative Policy Responses in Europe," *Lancet,* 374, 2009, p. 320）。

(44) 柴田悠「子育て支援こそ成長戦略」『文藝春秋』第91巻第13号，2013年を参照。

(45) 柴田悠「いま優先すべきは『子育て支援』」『g2』第13号，2013年，102頁参照。なお小塩隆士氏らは，「15歳時に相対的貧困だった」という答えが回答者の「思い違い」である可能性を除去した，より慎重な分析を行っている。それによれば，「15歳時に相対的貧困だった」と答えた人は，その答えが「思い違い」である可能性を除去してもなお，現時点で「大卒」「相対的非貧困」「主観的健康」「幸福」である確率が低かった（T. Oshio et al., "Child Poverty as a Determinant of Life Outcomes," *Social Indicators Research* 99, 2010）。

(46) 内閣府の調査でも，親が貧困だと，子どもは抑うつ状態になりやすく学業成績も低くなりがちで，将来に相対的貧困に陥りがちであった（内閣府「平成23年度　親と子の生活意識に関する調査　報告書」2012年）。

(47) 大竹文雄・小原美紀「貧困率と所得・金融資産格差」岩井克人ほか編『金融危機とマクロ経済』東京大学出版会，2011年，150頁。ここでの「貧困」は，「所得」ベースではなく「消費」ベースで計算された，年齢層ごとの相対的貧困率。消費ベースなので，「貯蓄の切り崩し」なども反映され，実態に近い。

(48) 柴田悠「いま優先すべきは『子育て支援』」『g2』第13号，2013年，100頁参照。

(49) これに加えて「児童手当」も拡充する必要があるが，児童手当については「どこまで拡充すべきか」が，本章ではまだ具体的に議論できていない。そもそも，相対

的貧困率は定義上,「0」にはならない。そのため,「児童手当をここまで給付すれば十分」という基準は,なかなか簡単には設定できない（理論的には「十分」という基準は無く,児童手当は多ければ多いほど,相対的貧困は縮小されるし,（図11－5によれば）経済成長率は高まると見られる）。したがって,児童手当拡充の基準についての議論は,困難を極めるため,今後の課題としておく。

(50) 柴田悠「「子育て支援」を「相続税」で拡充せよ」『シノドス』2014年を参照。

(51) 日本での相続資産額の推計値（資産構成別）は,平均ケース（遺産を平等分割相続）では,相続資産規模は37兆円で,その内訳は金融資産が52％,土地が37％,土地を除く固定資産が10％である。最大ケース（遺産を一人だけが相続）では,相続資産規模は63兆円で,その内訳は金融資産が51％,土地が37％,土地を除く固定資産が11％である（立岡健二郎「相続税の課税方式に関する理論的考察」『JRIレビュー』第4巻第5号,2013年）。固定資産に大きな相続税がかかると,相続人の実質的な生活資源になっている（住んでいたりそこから生活費を間接的に得ていたりする）土地や住宅を,売却する必要が生じることが多く,その場合は,相続人の生活水準が下がることになる。そのため,ここではひとまず,固定資産を相続税拡大の対象から外して議論を進める。果たして固定資産を対象から外してよいのかどうかは,今後検討すべき論点である。

(52) 財源捻出方法としては,「相続税拡大」以外には,「所得税の配偶者控除と配偶者特別控除の廃止」(2009年度予算ベースでは,配偶者控除廃止によって所得税年間0.6兆円程度＋個人住民税年間0.5兆円程度,配偶者特別控除の廃止によって0.03兆円程度,合計で年間1.1兆円程度の所得税増収。総務省「参考資料」http://www.soumu.go.jp/main_content/000048366.pdf　2015年1月15日参照),「国民年金の第3号被保険者（2012年度末で960万人）への保険料（年間18.3万円）の徴収」（仮に全員から徴収できると仮定すると,年間1.8兆円程度の保険料増収。堀江奈保子「働き方に中立な年金制度の構築を」みずほ総合研究所 http://www.mizuho-ri.co.jp/publication/research/pdf/insight/pl140516.pdf　2015年1月15日参照),「国民健康保険での年収130万円未満の被扶養配偶者（約960万人）への保険料徴収」（保険料は市町村によって異なるが,仮に年間17万円を全員から徴収できると仮定すると,年間1.6兆円程度の保険料増収）といった案（合計で年間4.5兆円程度の税・社会保険料増収）が考えられる。しかし,配偶者控除・配偶者特別控除・第3号被保険者制度の撤廃は,被扶養配偶者からの抵抗が大きく,実現はかなり困難であり,「所得制限のない有配偶者控除」や「子どもの年齢や介護の有無などを条件とした配偶者控除」などの妥協案への着地も大いにありうるだろう。なお後者の妥協案については,落合恵美子が「子どもの年齢や介護の有無などで制限を加えることにより,ケア役割を資格付与の要件とする,名実ともに直接的で個人的な受給権を確立すれば,現状の大きな変更なしに正当性のある制度に転換できるのではなかろうか。それと同時に『子ども手当』も養育者への給付と位置付ければ,曖昧なこ

の制度の政策的意味も明確になる」と論じている（落合恵美子（2011）「高齢女性の所得保障」『海外社会保障研究』Summer 2011，第175号）。

(53) 国立社会保障・人口問題研究所「日本の将来推計人口（平成24年1月推計）」。

(54) この「良い循環」についての統計的根拠を見つけられているわけではない（そもそも相続税についての国際時系列データが整備しにくいという問題もある）。また，「資産の正確な補足」は難しく，高資産者が国外に資産を隠してしまう可能性がある。「タックス・ヘイブンにある富裕層の資産によって，世界全体で年間2550億ドルの税収が失われているとの推計がある。また，富裕層のタックス・ヘイブンの濫用によって，ドイツでは年間300億ユーロ（2007年の税収総額の7.3％），米国では年間1000億ドル（2007年の税収総額の3.4％）の税収が失われているとされている。……日本のタックス・ヘイブンの濫用により失われる税収は不明であるが，2007年の企業によるタックス・ヘイブンの特定外国子会社の留保所得の申告漏れは481億円，個人の海外資産に関連した相続税の申告漏れが308億円にもなっている」との指摘もある（山口和之「タックス・ヘイブン規制の強化」『レファレンス』2009年11月号）。さらには，高資産者が海外に移住してしまうという可能性もある（日本人は内向き志向が強かったり英語が苦手だったりするので，移住はさほど生じないのではないかとも思われるが）。これらの点は，今後の検討課題である。

(55) ただし，家計金融資産は，銀行に預けられて，銀行による国債の購入に使われている。そのため，家計金融資産が大幅な相続税拡大によってあまりにも急激に減っていくことになれば，国債が売れにくくなり，政府は国債を発行しにくくなるかもしれない。この点については今後検討が必要だろう。

(56) なお，抜本的な社会保障改革を提案している鈴木亘氏は，社会保障を補う財源として，「相続税を一律20％にすること」（ただし投資の減少を避けるために30年間程度の時限的措置）を提案している。そうすれば，相続税から毎年10〜20兆円の税収を得られるという。しかも，現在の相続税の最高税率は50％（2015年度からは55％）なので，それが20％に下がれば，資産の海外逃避を防ぐ効果も発揮されて，税収はさらに上がるかもしれないという（鈴木亘『社会保障亡国論』講談社，2014年，140-141頁）。また，『21世紀の資本』で近年注目されているフランスの経済学者トマ・ピケティ氏もまた，資産課税の拡充（とりわけ「資産から負債を差し引いた純資産」への累進課税の強化）を提案している。なお彼は，それに加えて，富裕層やその資産が国外流出しないように，「資産課税の国際的取り決め」も提案しており，注目に値する（朝日新聞デジタル「（インタビュー）新しい資本論　トマ・ピケティさん」2014年6月14日）。

(57) 注(49)を参照。

(58) 「子ども・子育て支援新制度」では「5％の改善」によって不足保育士7.4万人を十分に確保できるとしている。

(59) 内閣府「子ども・子育て支援新制度について」2014年5月。

(60) 先進諸国の相続税（遺産税方式・取得税方式・法定相続分方式などがある）は，20世紀後半以降，縮減または廃止される傾向にあった。しかし2000年代後半以降は，一部の先進諸国で，相続税を再び拡大させる動きが始まっている。岡健二郎氏がまとめたところによれば，「税収に占める相続・贈与税収のシェア」は，1965年から1985年にかけて，日本・韓国を除くほとんどのOECD諸国で大幅に低下した。その中で，1970年代にはカナダ，オーストラリアが，1990年代にはニュージーランドが，2000年代に入ってからはスウェーデン，ポルトガル，オーストリアが，相続税を廃止した。2010年にはアメリカも一時廃止した。ところが，1990年代以降は，「税収に占める相続・贈与税収のシェア」に低下の傾向は読み取れない。ベルギー，ドイツなどでは，むしろシェアが上昇傾向にある（高齢化などの非政策的要因もありうるが）。さらに，イギリス（2010年～），アメリカ（2011年～），アイスランド（2011年～），フランス（2012年～），フィンランド（2012年～）では，税率を引き上げたり，控除を引き下げたり，あるいは「控除額の水準などを物価と連動させる措置」を凍結・廃止したりする動きが見受けられる（立岡健二郎「相続税の課税方式に関する理論的考察」『JRIレビュー』第4巻第5号，2013年）。

(61) OECD, *StatsExtracts*（2014年6月25日閲覧）。

(62) 財務省「平成25年度税制改正 （参考）平成25年度の税制改正（内国税関係）による増減収見込額」2013年5月。

(63) 「投票」だけでなく，「ロビー活動」「社会運動」など，私たちにできる政治的な選択は幅広い。

## 参考文献

大竹文雄・小原美紀（2011）「貧困率と所得・金融資産格差」岩井克人ほか編『金融危機とマクロ経済』東京大学出版会。

小塩隆士（2005）『社会保障の経済学［第3版］』日本評論社。

落合恵美子（2011）「高齢女性の所得保障」『海外社会保障研究』第175号。

川口章（2007）「女性の離職率・均等度・企業業績」労働政策研究・研修機構編『仕事と家庭の両立支援にかかわる調査』。

澤田康幸・上田路子・松林哲也，2013，『自殺のない社会へ』有斐閣。

柴田悠（2013a）「いま優先すべきは『子育て支援』」『g2』（講談社）第13号。

柴田悠（2013b）「いま優先すべきは『子育て支援』」（全4回連載）『現代ビジネス』講談社。

柴田悠（2013c）「社会保障のマクロ効果に関するパネルデータ分析」（内閣府経済財政諮問会議「今後の経済財政動向等についての集中点検会合」第1回会議古市憲寿提出資料）。

柴田悠（2013d）「子育て支援こそ成長戦略」（総力大特集 安倍総理「長期政権」への直言 気鋭の若手論客10人の提言を聞け）『文藝春秋』第91巻第13号。

柴田悠（2014a）「書評　澤田康幸・上田路子・松林哲也著『自殺のない社会へ』」『季刊 家計経済研究』（家計経済研究所）第101号。

柴田悠（2014b）「自殺率に対する積極的労働市場政策の効果」『社会学評論』（日本社会学会）第257号。

柴田悠（2014c）「積極的労働市場政策は親密性の自殺予防効果を高めるか」太郎丸博編『東アジアの労働市場と社会階層』京都大学学術出版会。

柴田悠（2014d）「「子育て支援」を「相続税」で拡充せよ――新成長戦略の限界とその克服」『シノドス』。

柴田悠（近刊）『社会保障は日本をどう変えるのか（仮題）』勁草書房。

鈴木亘（2010）『年金は本当にもらえるのか？』筑摩書房。

鈴木亘（2012）『年金問題は解決できる！』日本経済新聞出版社。

鈴木亘（2014）『社会保障亡国論』講談社。

清家篤・山田篤裕（1998）「引退決定過程に及ぼす社会保障・雇用制度の影響にかんするハザード分析」『三田商学研究』第41巻第4号。

立岡健二郎（2013）「相続税の課税方式に関する理論的考察」『JRIレビュー』（日本総合研究所）第4巻第5号。

山口一男（2011）「労働生産性と男女共同参画」RIETI Discussion Paper Series 11-J-069。

山口和之（2009）「タックス・ヘイブン規制の強化」『レファレンス』（国立国会図書館調査及び立法考査局）2009年11月号。

山田篤裕・清家篤（2001）「高齢者の再就職過程に及ぼす社会保障・雇用制度の影響」『三田商学研究』第44巻第1号。

Bassanini, A. and R. Duval (2006) "Employment Patterns in OECD Countries," *OECD Social, Employment and Migration Working Papers*, 35.

Oshio, T. et al. (2010) "Child Poverty as a Determinant of Life Outcomes," *Social Indicators Research*, 99.

Steinberg, C. and M. Nakane (2012) "Can Women Save Japan?," *IMF Working Paper*.

Stuckler, D. et al (2009) "The Public Health Effect of Economic Crises and Alternative Policy Responses in Europe," *Lancet*, 374.

# 第12章

## グローバル化するジェンダー関係
──日本の「アジア就職ブーム」と女性の国際移動から──

酒井千絵

### 第1節　グローバル化はジェンダー関係をどう変えるのか

#### （1）「移住の女性化」と日本社会

　本章は，日本における「移住の女性化」を通して，1990年代以降の日本におけるジェンダー関係の変化および問題点を考察するものである。

　1990年代は戦後日本が大きく変動した曲がり角であった。日本が今後も発展を続けていくという無邪気な信頼感は，バブル経済の崩壊を経て徐々に失われ，将来の生活に不安を覚える人が増加した。車や電化製品などの製造業は，高付加価値の製品の海外輸出により収益を挙げ，日本の発展と繁栄を支えてきた。しかし，製造拠点は徐々に国外へ移転し，日本語という砦で守られてきた事務業務にもグローバルな外注が及んでいる(1)。その結果，日本企業の経済活動は，必ずしも国内に雇用や利益をもたらさなくなっている。

　こうした危機感は，しばしば「グローバル化(2)」への懸念とともに語られる。かつて「国際化」という語には，外部に拡張する日本といった肯定的イメージが抱かれてきた。対して一般に流布する「グローバル化」には，多国籍企業，成長著しいアジア諸国，国外からの移民に取り囲まれ，じわじわと追い詰められるような否定的なニュアンスがつきまとう。日本企業は競争力を保つために人件費の安い場所へ生産地を移転し，国内でも派遣や請負など非正規雇用が増加した。年金や保険など基本的な社会保障を，企業と家族に強く依存してきた日本では，雇用形態は生活の質に直結する。不安定雇用が生活水準を低下させる中，所得格差の拡大，ジェンダー分業にもとづく家族モデルとのギャップが

顕在化した。

　グローバル化は，しばしばこうした問題の主要因と見なされ，国民に安定を保証する強い国民国家の復権を求める人々も増加している。2000年代には，規制緩和の政策がとられ，資本や人の流入・流出が活発化した日本では，同時に排外的な行動や言論も増大した。2010年代に入るとその傾向はさらに強まり，あからさまなヘイト・スピーチが外国籍市民に向けられるようにさえなっている。国からの離脱と国への強い帰属意識という矛盾は，国境を越える人々の行動にも見ることができる。今日では，複数の国とかかわる仕事をこなすため，留学で仕事や生活に必要な能力を習得するため，あるいはただ新しい生活の可能性を求めて，人々は頻繁に国境を越える。これまで国際移動については，国民として生きるマジョリティに対し，相対的に少数の移住者が経験する文化変容や衝突に関心が集まってきた。しかし，交通・通信テクノロジーが発達し，経済活動のグローバル化が進む現代では，移住にかかわる人が増加するだけでなく，一時的な滞在と長期間の移住を区別する境界も曖昧になっている。

　そこで本章では，国際移動を通じて変容する国と個人の選択とのかかわりを考察する。人々はジェンダーや年齢，ローカルな職場文化，社会保障制度，通貨価値や給与・生活水準などを比較検討し，働きやすさ，生活しやすさ等を選び取る。同時にその選択は，国家の移住政策や社会的資本の影響を受けている。国を越える個人の行為とその意味づけを見ることで，国にかかわる制度や認識が変容する過程に目を向けることが可能になる。

　グローバル化の進行は，一国内のみでジェンダー関係を分析することを困難にした。伊藤るりは，グローバル化を経たフェミニズムの成果を整理したアンソロジーで，これまでの議論を，①グローバル・フェミニズムの形成とそれへの日本のフェミニズムの参入，②経済のグローバリゼーションのインパクト，③移住・マイノリティ女性が担うフェミニズム，という3点に整理している（伊藤，2011）。つまり，様々な国と地域が相互にかかわり合う中，それぞれの文化制度に固有のジェンダー関係をもつ複数の社会を比較するだけではなく，グローバルなかかわりの中で，ジェンダーが再編される過程を考察することが

求められる。

　出身国を離れて移住する女性の経験は，まさにグローバルなジェンダー関係の再編を代表している。これまで国際移動研究では，男性の移動経験がモデルとされ，賃労働に従事するより，主に家族結合を機に移住する女性の役割は過小評価されてきた。だが，移住者に占める女性の増加は，「移住の女性化」（Carstles and Miller, 2009=2011）として関心を集め，家族経営への参画，子世代育成や介護等の再生産労働など，移住女性が果たしてきた社会的，文化的役割が明らかになっている（Kofman, 2000）。さらに家族結合や国際結婚だけでなく，単身で移住し，受入先社会で雇用労働につく女性も近年増加している。

　とくに，家族内で女性が無償で担ってきた再生産労働が，グローバルな市場にゆだねられたことは，女性の国際移動経験に大きな影響を与えた。産業化の進んだ先進国では，多くの女性が，高収入を得られる賃労働に従事し，家事や育児，介護を外注するという選択を経済的に合理的な選択と考え始めている。そのため，再生産労働外注の需要が供給を上回り，相対的に低賃金で雇用できる外国人家事労働者が欧米やアジアの一部で導入されており，日本でも少子化対策の一部として検討が始まっている。日本では1970年代以降，男性が収入を得て，女性が家事・育児を担う核家族世帯が社会保障や雇用のモデルとなり（大沢，2002），職場でも女性を周縁的な職務に割り当てるジェンダー分業が維持されてきた。これは，落合（2004）が「家族の戦後体制」と呼ぶ特定の人口構成を背景にした家族モデルに過ぎない。これは景気後退と雇用状況の悪化，非婚化や少子化等は，日本型とされた雇用や社会保障が実態に適合しなくなったことを明らかにした。

　実際，男性ひとりの収入で世帯を維持するモデルは非現実的となり，女性の就業率は上昇している。しかし，就職活動で苦戦して，初職から非正規雇用で働く女性が増えたり，正社員でも，コース別人事によって訓練，職務内容，待遇で実質的な性差が維持されるなど，女性は依然として継続的なキャリアを築きにくい。これは，再生産労働は女性が行うべきだとする規範が強いためである。雇用労働と育児の両立を目指す女性は，自分の責任で保育の場を確保し，

家事・育児の負担を調整しなくてはならない。このような矛盾に対する個人的な対応として，日本では妊娠・出産の前後に約7割の女性が職場を去り，子どもの成長後に非正規雇用で労働市場に再参入するというライフコースをとってきた。また，家事や育児の大半を，女性が家庭内で担う日本でも，2000年の介護保険制度以降，高齢者介護の外部化が進んでいる。また，フィリピン，インドネシア，ベトナムなどと，結ばれたEPA（経済連携協定）で介護福祉士と看護師候補生受入が進み，介護施設や病院への導入が始まるなど，外国人労働力を導入する動きも注目されている。

ではケア・家事労働者を海外へ送出してきた側はどうだろう。国家経済が海外移住者の送金に大きく依存するフィリピンでは，国外で需要の高いケア・家事労働者を国を挙げて養成している。その結果，女性が海外で働く機会は男性以上に広がり，彼女たちに家族を支える収入が期待されるようになった。その反面，海外移住で日常的な子育てが担えない母親たちへの批判も大きく，移住に葛藤を抱える者も多いという（パレーニャス，2007）。ケア・家事労働者を送出する側と，受け入れる側の相違はもちろん大きいが，両者には共通点もある。たとえば，いずれにおいても世帯を形成する女性は，賃金収入による家計への貢献が期待される一方で，家事やケア労働にも責任を負っている。家事と稼ぎの双方を求められる負担の大きさから，結婚を回避する，あるいは相対的に負担の少ない結婚を希望するという個人選択の集積が，晩婚化，未婚化を招いている社会は日本に限らないだろう。

日本で増加した女性の海外移住は，いわば日本社会のジェンダー関係にもとづく問題から物理的に距離をとるという個人的な選択として増加した。日本では1999年以降，在外邦人数の過半数を女性が占めており，彼女たちは日本と移住先のジェンダー関係を比較して，これをグローバルな文脈から相対化している。同時に，従来の政策移住や企業からの派遣駐在とは異なる個人単位の自発的な移住を可能にしたのは，経済のグローバル化が作り出したトランスナショナルな市場である。そのため，個人的な行為に見える移住を，より大きな文脈に位置づける必要がある。

表12-1　本文に引用したインタビュー対象者の属性

| | | | | |
|---|---|---|---|---|
| 澄子 | 1996年 | 香港 | 女性 | |
| 明日香 | 1996年 | 香港 | 女性 | |
| 智香子 | 1996年 | 香港 | 女性 | |
| 睦美 | 1996年 | 香港 | 女性 | 日本で嘱託 |
| 絵里子 | 1996年 | 香港 | 女性 | 日本で総合職 |
| 由香里 | 1996年 | 香港 | 女性 | |
| 留美子 | 1996年 | 香港 | 女性 | |
| 美奈子 | 1996年 | 香港 | 女性 | 薬剤師資格もつ |
| 祐介 | 1996年 | 香港 | 男性 | 自発的移住 |
| 紀之 | 1996年 | 香港 | 男性 | 自発的移住 |
| 花子 | 2009年 | 上海 | 女性 | 北京留学後，上海で就職 |
| 陽子 | 2009年 | 上海 | 女性 | 香港，広東省で就労の後，上海で就職 |
| 光一 | 2009年 | 上海 | 男性 | 香港で駐在ののち，北京留学，上海で就職 |
| 義男 | 2009年 | 上海 | 男性 | 定年後，嘱託として上海で就職 |

## （2）　対象と方法

　本章は，香港と上海で働く日本人から聞き取ったライフストーリーの分析にもとづいて書かれている。香港での調査は，主に1996年，98年の2回にわたって，74名の調査対象者（男性22名，女性52名）に対し，各人1時間半から2時間程度の聞き取りを行っている。上海での調査は，日本人居住者が急激に増加した時期である2004年，2009年，2012年に行った。この2回の調査では，人材紹介会社を拠点に，現地採用者や派遣駐在員のべ15名に話を聞いている。本章では，行ったインタビューの全てを事例として取り上げてはいないが，具体的な語りや状況を引用した対象者については，簡単なプロフィールを付した（表12-1）。

　以下では，まず日本における国際移動の変遷と雇用を関連づけ（第2節），次いで，1990年代から2000年代にかけて香港および中国に移住する人々の経験を，筆者による調査データの分析から明らかにする（第3節）。最後の第4節では，それまでに検討した事例を整理し，グローバル化によるジェンダー関係の変容と，その中で生きる個人の選択を明らかにする。

## 第2節　日本における国際移動とその変化

### (1)　国際移動の「個人化」と「女性化」

　日本は明治期以降，移民奨励政策をとり，南北アメリカや，軍事力をバックに植民地化したアジア諸国へ，多くの日本人を移民として送出してきた。戦時中は移住は中断されたが，敗戦後の引き揚げや復員軍人の大量還流を国外に再移住させる必要が生じ，連合国との講和を経て，早くも1952年には，ブラジルへの移民送出が再開した。しかし，ブラジルをはじめとする南米への移住は，再開から10年足らずで低調になる。この背景には，高度経済成長が進み，むしろ若年労働力の不足が問題となるにいたって，政策的に日本人を外国へ出す理由は失われたことがある。さらに1980年代以降は，建設や製造業で労働力不足がおこり，外国人労働者の増加や，超過滞在の問題に関心が集まった。1990年の出入国管理法改正では，単純労働では就労の滞在資格が得られないという建前に反して，日系人を対象に創設された「定住」，さらに技術習得を目的とする「研修」などによって，日本で働く「外国人」が増加した。1980年代後半には，外国人住民の存在が顕在化し，人や資本の海外進出を指す「国際化」の語を転じて，「内なる国際化」が関心の対象となった。[6]

　では，日本にかかわる国際移動は，「外への国際化」から「内なる国際化」に転じただけなのだろうか。現在の日本では経済や政治面での規制緩和が，日本国内への外資系企業の進出，日本企業の海外投資をはじめとする，資本や生産活動のグローバルな展開を引き起こしている。人の国際移動はその結果であり，日本においてもまた，その影響は双方向的なものである。法務省による日本の出入国管理統計や登録外国人統計，外務省が整理する海外在留邦人数調査統計を見ると，日本の国境を出入りする人の移動は連動して増大している（図12-1）。しかし，日本からの海外移住が増加しても，これが日本に滞在する外国出身者の経験と関連づけられることはなく，政策や社会問題上の関心は，後者に集中してきた。

図12‑1　日本で暮らす外国人，国外で暮らす日本人

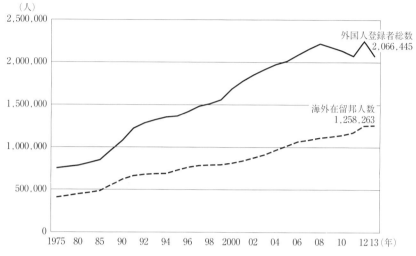

（出所）　法務省「出入国管理統計」外務省「海外在留邦人数調査統計」各年版より筆者作成。

　それでは，現在日本を離れる人々の増加に，関心がそれほど向けられてこなかったのはなぜだろうか。これまで日本からの移民に関する研究は，政策的に進められた南米への移民や，そのまま国外に定住・永住した日系人を，現代の国際移動とは区別してきた（移民研究会編，1994）。実際，政策移住の希望者が減少した1960年代には，移民移住に対する人々の認識や関心もまた変化した。外務省が1967年に行った『海外移住に関する世論調査』（外務省中南米移住局，1967）では，若い世代を中心に，国内にとどまることを肯定的に捉える者の増加が指摘されている。近年，北米への留学数が減少したことなどを受けて，若者の内向き化が問題とされているが，実際には，内向き化はずっと以前から進んできたのである。他方で1割弱の人々は，仕事の成功を目指すなど，個人的な動機による移住を好ましいものと見なしていた。政策移住が低調になった1960年代以降も，日本からの海外渡航は増加しており，とくに1980年代後半以降，海外在留邦人数は大幅に増加し続けている。つまり，国際移動は行われなくなったのではなく，個人的選択として，政策にもとづく集団的行為としての

移住から区別されるようになったと考えられる。

1970年代には，国際化する日本企業へ派遣されて働く男性駐在員やその家族が，新たな国際的エリートとして脚光を浴びた。彼らは日本経済の国際化を体現していると同時に，海外滞在経験を自分や家族のキャリアに生かそうという志向の持ち主でもあった。たとえば派遣駐在員の子どもたちは，日本文化への再適応のために支援を必要とする対象から，日本への帰国を機に，文化摩擦を通して習得した国際的コミュニケーション能力をもつ「帰国子女」として注目されるようになる（Goodman, 1990=1992）。1990年代以降，円高，交通や情報技術の進化で海外移住が大衆化し，人々はますます多様な目的で世界各地へ移住するようになった。たとえば，企業からの辞令による海外赴任，自発的に海外移住して現地の企業で働く，留学，国際結婚などである。この時期には，消費生活が豊かになり，円の対外的な価値が上昇したため，個人的な娯楽としての海外旅行も増加した。さらに海外渡航のハードルが低くなると，旅行の延長上に長期滞在が選択肢として浮上していった。

同時期に日本でも，国際移動をする人々の中に占める女性の割合が増大した。男性の移住が，移民政策を受けた農業労働者の移住や，高度経済成長期以降の企業派遣駐在員など，職業生活を中心に語られてきたのに対し，女性はその配偶者や同伴家族として移住するという，ジェンダー分業の中に位置づけられてきた。海外移住する女性が徐々に増え，単身での移住も選択肢となっていく過程は，家族を最小単位とする集団的な移住から，移住が個人的な選択になっていく移住の「個人化」の過程でもある。

他方，集団的な移住と見なされないことによって，女性たちの移住は，メディアに個人的な「自分探し」やジェンダー分業からの個人的な逃避として描かれてきた。しかし彼女たちは，日本と移住先のジェンダー関係，取得可能なビザや仕事を考慮して移住を決断しており，これを単なる個人的な選択として理解するのは一面的である。個人的選択の背景には，ジェンダーをめぐる政策や社会的規範や制度と，その解釈が存在している。次節では，当事者の語りに現れた移住経験を，グローバルなジェンダー関係の中に位置づけていく。

図12-2 中国に滞在し民間企業で働く日本人女性の推移

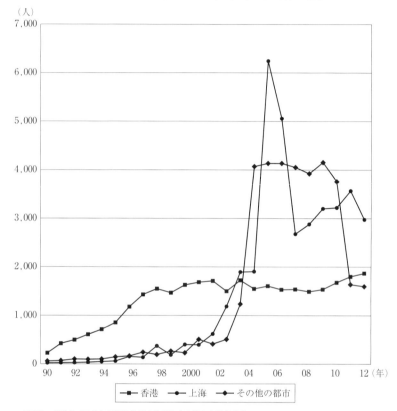

(出所) 外務省「海外在留邦人数調査統計」各年版より筆者作成。

### (2) 海外で働く女性たち：自己実現とブームの消費

円高によって海外渡航にかかる費用が下がった1980年代，若年女性は他の年齢層，性別と比較して海外旅行に頻繁に行く層として関心を集めた。女性の海外渡航は短期の観光旅行にとどまらず，日本での仕事を辞めて，主に英語圏に数ヵ月から数年間滞在する，「OL留学」も増加した。さらに1990年代前半には，香港やシンガポールで働く女性の増加が，「アジア就職ブーム」としてメディアで報じられた。その後も海外で働く女性は，渡航先を中国や東南アジア，湾岸産油国などへ拡大しながら，増加傾向にある。中でも中国では，日本との

経済的結びつきが強まる中で，民間企業で働く女性が大幅に増加した（図12-2）。

「アジア就職ブーム」では，主に欧米が目的地だった「OL留学」に対し，アジアが主な渡航先とされた。また，学びや生活に力点が置かれていた旅行や留学と比べ，就業が明確に目標として掲げられた。しかし，企業からの辞令で海外赴任する男性は，日本経済の国際化を象徴する存在として描かれるのに対し，女性たちの移住は，日本では得られない仕事のやりがいを「海外」に求める，個人的な「キャリア志向」によるものとして描かれた。また，アジアへ移住する女性の増加は，一時的な「ブーム」として情報誌やTVなどで消費された。そのため，彼女たちの経験は，マクロな政治経済，文化や制度に結びつけられることなく，「自分探し」や「日本的ジェンダー分業からの逃避」に回収されてきたのである。

「ブーム」報道は，実際に海外で働きたい人を対象に，具体的情報を提供するものと，これを外から眺める人々に向けて，外部から現象を解説するものとに区分される。前者は，就職情報誌や海外就職に特化した媒体で，日本に比べて性別役割分業が小さい香港で，「やりがいのある仕事」につく女性の体験談を，海外就職にかかわる人材紹介会社や語学学校，旅行会社などの広告とともに提示した。逆に後者の男性向け週刊誌などでは，海外で「夢」を追いかける女性を賞賛しながら，実際には男性派遣駐在員を補佐する「職場の花」にすぎないと否定的な見解を報じた。それでは，相互に矛盾するブーム報道の両側面は，当事者による経験の語りとはどのように異なっていたのだろう。

## 第3節　日本における「海外就職ブーム」とジェンダー

### （1）「香港就職ブーム」とアジアへの女性移住の増加

#### ①ジェンダー役割の束縛と自由

1990年代，香港における人材紹介会社へのヒアリングや移住者自身への調査から，香港へ自発的に移住した20代後半から30代の単身女性が増加し，彼女た

ちが「香港就職ブーム」を代表していたことがわかった。移住者の多くは好景気だった1980年代後半に大学・短大を卒業後，正社員(9)として就職している。しかし雇用形態は男性と一緒でも，結婚や出産で働き方が変わる可能性が高い女性は，勤務年数に応じて責任のある役職に昇進していく男性総合職と比べ，補佐的で変化の乏しい職務に割り振られ，地位や待遇も上がりにくい。聞き取りでは，「10年以上勤めても，男性社員のアシスタント」で，「仕事の（中で自分の）やれる範囲が決まって」（澄子）いて，経験や勤続年数が評価されない。また，年齢があがると「新卒と比べたらいつ辞めてもいいと思われている」（明日香）ため，数年勤めたら結婚するか，「見切りをつけて辞めていく」（智香子）という者も多い。そして，多くの対象者が，日本でそのまま勤め続けても「先が見えない」と語っていた。

　雇用が守られているはずの正社員ですらこうなのだから，非正規雇用で働く者は，より強く「先の見えなさ」を感じていたと推測できる。調査対象者の中でも嘱託職員だった睦美は，正職員の同僚と比べて，不安定で将来的な上昇が見込めない収入と待遇に不安を抱えていた。彼女は香港移住を「周囲から『勇気があるね』と言われた」ことに対し，「ここ（日本）にとどまっているのも，すごい勇気がいる」と考えたという。

　また，女性は「あいている職種に配属され，転属願いを出しても考える余地もない」（智香子）という声に見られるとおり，配属や職務内容の希望も通りにくかった。とくに，海外業務や外回りの営業など対外的な業務は男性に割り当てられる傾向が強かった。そのため，海外勤務を希望して入った会社で，入社後に女性社員は海外に出さないという方針を知った由香里や，金融機関の国際部に所属していたが，いつも海外勤務に旅立つ男性同僚を「見送る側」にいたという留美子は，海外に出たいならば，「自分で出るしかない」（由香里）と考えて，移住を決断したと語る。

　他方，女性の多くは，結婚や出産時に退職，あるいは派遣やパートタイマーへの転換，勤務の時間短縮などを選択している。そのため就職時から勤務先に長期的に帰属するつもりがなく，退職と海外移住をためらわなかったという者

も多い。大学で薬剤師資格を取得した美奈子は,「何か資格を取りたいなと思って取ったけど,別に資格をせっかく取ったから続けなきゃいけないとは日本にいるときから全然思ってなかった」と語り,香港では薬学とは全く関係のない仕事についていることを肯定的に受け入れていた。

調査対象者の中に,男性と同等の待遇や訓練の可能性があるが,周囲との摩擦を克服する必要のある「総合職」ではなく,敢えて「一般職」を選んだという語りが見られたことも,同様に理解できる。つまり,彼女たちは,年功序列・終身雇用のシステムから排除されていることを逆手にとり,企業内でキャリアを上昇させる働き方を自ら拒絶して,転職や留学,海外移住をキャリアに組み込んでいる。仕事や居住地を一貫させることへのこだわりのなさは,海外移住を可能にする流動性にむすびつく。給与や待遇を保証された仕事を辞め,海外で不安定な現地採用として働くことが合理的な選択と見なされるのは,女性にとっては,正社員としての安定の保証自体が,脆弱だと感じられていたためだった。加えて,転職で管理職や経営陣へ,起業による自営へ,といった成功モデルが香港では身近に存在していたことも,日本で働き続けるよりも可能性があるという認識を醸成していた。

これに対し,調査対象者数は少ないが,香港に自発的に移住した男性たちは,移住理由を,日本で働く際の「先が見えてしまった」ためだと語っていた。たとえば大学卒業後に勤めた企業で,「会社のヒエラルキー」が「同じフロアの中で結構見通せる」と感じた祐介は,「レールにのっかっているような人生はつまらない」と考えて,香港に移住した。また年功序列で年をとらないと責任ある地位に就けないことに不満を覚え,若いうちにいろいろな仕事を担当したいという動機を語る者も多かった。

もちろん2000年代の変化を見れば,男性の安定した雇用に対する期待もまた,様々な場で裏切られてきた。日本で企業に勤め続ける人生を「二本のレールがひいてある」とたとえた紀之も,そこには「紆余曲折があるはずだ」と語っており,実際には男性の仕事が安定していたとは言えない。しかし,1990年代半ばには,まだ男性は大学卒業後に就職した企業に勤め続け,年齢に応じてキャ

リアを上昇させるものだという認識を共有していた。そのため，彼らは海外移住を「先の見える」コースからの離脱と位置づける傾向があった。

②国への帰属が移住を可能にする

女性の移住者は主に性別について，男性は年齢について，属性が重視される日本に対し，香港などの「海外」は，職種や専門に価値を置く業績主義的な社会だと見なしている。たとえば，美奈子は香港を「女性も男性も，若くても年取っていても」平等に厳しい競争社会と評し，これを香港への移住動機と語っていた[11]。しかし香港に移住した女性たちの多くが，業績主義や平等な競争を重視している一方で，日本では，一般職として補佐的な職務を受け入れてきたのはなぜか。またメディアのブーム報道が，女性の移住動機を日本的なジェンダー分業をもつ職場への不満と描いてきたことに対し，同僚・上司との関係は良かった，日本が嫌いで移住したのではないと語る者が多いのはなぜか。

理由の一つとして，女性は職場内でキャリアを構築する志向をもたず，帰属意識も低いために，不満を顕在化させにくいことが挙げられる。加えて，日本企業で一定期間勤務し，その文化に適応してきた実績が，海外で就労ビザと安定した職を得る資源となっていることも大きい。移住者の多くが，アジアに進出した日系企業社会で，日本と現地社会との異なる慣習や文化を仲介する対人サービスに従事している。これは，日本文化や慣行が特殊であることを前提として，取引先の文化との相違を仲介する役割である。1990年代以降において，海外での専門的な学位や，滞在資格のある人との結婚による配偶者ビザなどをもたない人が，日本に帰属していたことからくる経験を資源として，その価値を最大化できる場所がアジアだったのだ。

複数の国をまたがる企業で，仲介者の役割を担うためには，二つの条件が求められる。一つは日本企業で働いたことで後天的に獲得される「経験」である。他方で，日本人という「属性」を重視し，日本文化は日本人にしか理解できないとする文化ナショナリズムも，当事者の語りや実践に現れる。後者は「日本人」を「日本語が堪能な外国人」から差異化し，日本人であること自体を利用可能な資源へ変換させているのである。

（2） 2000年代の「海外就職ブーム」：拡大と変化

①香港から中国へ，ジェンダー分業から雇用不安へ

「香港就職ブーム」は，1990年代半ばに限定的に報じられた事象にすぎず，1998年のアジア通貨危機で日本企業の多くがアジアから撤退すると，メディアではほとんど取り上げられなくなったため，現在ではその言葉を覚えている人も少ない。しかし日本経済はその後もグローバル化し，中国を中心にアジア地域で活動する日本企業や日本人はさらに増加している。[12] 長引く不況で，人々は日本は経済大国だという認識を修正し，中国に対しては，急速な経済成長に関心が向けられるようになった。1990年代には，自発的な海外移住は，日本企業のジェンダー分業に限界を感じる若年女性の問題と見なされてきた。これに対し，2000年代以降は男性にも日本企業の制度に不満を覚えて移住する者が現れていることが注目を集めている。背景には国内の雇用状況悪化がある。大卒女子の就職難[13]が関心を集めた90年代に対し，2000年代は男性の非正規雇用増加が社会問題として取り上げられることが増えている。他方で，金融やIT産業を中心に，日本国外に拠点をうつし，グローバル・エリートとして活躍する日本人の存在にも注目が集まっている。

移住者自身の経験や語りも，10年間で変化した。好況時に日本で就職した「香港就職ブーム」の移住者は，香港での仕事内容に満足する一方，現地採用としての給与や待遇が日本で得ていたそれから大きく下降したと述べていた。しかし2000年代には，日本で不況が顕在化した後に，就職や転職に苦労したと感じていた者や，実際働き始めてからも，採用抑制のために労働負荷が高く，労働状況や待遇に問題を抱えていた者が多かった。

2000年代に大学を卒業した花子は，金融機関で正社員として働いていたが，仕事が忙しく，休日でも「ニュースを追わなくてはならない」慌ただしさで，4年目には体調を崩して休職した。彼女は学生時代に中国への短期留学経験があり，退職して北京へ留学した後，上海の日系企業で現地採用の仕事を得た。陽子は，学生時代に中国語を習得していたが，就職や転職時に企業から「門前払い」されて希望する職には就けなかった経験をもつ。陽子は，日本では，毎

朝満員電車に押し込まれて通勤していた。当時は「結婚できなかったら，あるいは蓄えがないまま年取ったらどうしよう」と将来に対する悲観的な思いが強く，「楽しく働いた記憶がない」という。

人材紹介会社が提示する平均的な現地採用の給与は，2000年代の上海では，1990年代の香港より低かった。[14] 上海でも物価は上昇傾向にあるが，住居費等の生活費がまだ香港より安いためか，待遇への不満はあまり語られなかった。また，日本でも不況により給与や待遇が下がり，雇用の安定も保証されなくなったために，日本を離れて「失うもの」は小さくなったと考えられる。しかし，現在の生活を送るには十分な収入を得ていても，国境を越える社会保障システムの不在により，[15] 老後はどこに住むのか，その際の経済的状況はどうなるのかについて，多くの調査対象者が不安を感じていた。

②日中関係と移住経験の変化

日本と中国の経済的関係は，2000年代を通じてますます密接化し，日本人の移住に大きな影響を与えている。「香港就職ブーム」の頃，現地採用で働く日本人は金融や貿易，流通などの業種を中心に，日系企業の顧客対応，社内の日本人派遣駐在員と現地社員の仲介を担っていた。前節で述べたように，こうした職務は，主に日本人に対して，日本語を使って行われ，日本人を雇うべき仕事と見なされていた。そのため，日本人として内面化した日本文化を身につけていること，日本企業での勤務経験をもつことが重要な資源でありえた。

2000年代の中国でも，このような状況は基本的に継続している。香港や上海，広州などに置かれた日系人材紹介会社は，日系企業を顧客に「日本語人材」，つまり，日本語を話す中国人と，日本から移住した現地採用日本人を紹介している。日本人を対象とした求人のメインは「お客さんが日本人なので，こっちの担当も日本人ですよ」（光一）というタイプの，日系企業や日本人担当の営業職という仕事となる。

しかし，2008年の金融危機以降，日系企業には業績の悪化で求人を減らす企業が増え，その後も「本当に日本人が必要なのかを慎重に考えるようになってきている」（光一）。不況を機に，日系企業は人件費を削減するだけでなく，ビ

ジネスの相手を日系企業社会内部から中国社会に拡大する必要に直面した。2000年代はじめから上海に拠点を置く日系シンクタンクで、日本の本社を定年退職後に、現地法人との契約社員として働いている義男は、聞き取りを行った2009年時点で、日本人社員は、派遣駐在員と現地採用者を合わせて全体の4分の1を占め、日系の顧客担当、現地社員の教育等に重要な役割を果たしていると話す。しかし彼は、この企業でも中国人の採用が進み、「現地化」していくという予測を語っていた。なぜなら、今後は日系企業も中国企業や政府を顧客として開拓する必要があるため、大学同窓会ネットワークなどの強い人脈をもつ中国人と比べ、日本人では「強みを発揮しようがない、勝ち目がない」ためだという[16]。

現在でも職種や業績が給与・待遇に直結する雇用制度をもつ中国では、日本人より高収入の中国人は決して珍しくない。また公的な社会保障に加入できない日本人は将来のために自分で貯蓄する必要があり、日本人の給与が優遇されているようにみえても実質的には中国人同僚との待遇差はないという者も多かった。他方日本から派遣される駐在員は、依然として好待遇を得ており、現地採用との間には大きな開きがある。

中国の経済発展と日中関係の変化は、現地で働く日本人の使用言語にも影響を与えた。1990年代の香港で働いていた日本人は、日本語と英語だけで十分だと考え、中国語や広東語を学ぶ人は少なかった。しかし香港の中国返還、中国の経済成長を経て、中国本土はもちろん、香港でも中国語の需要が高まっている。語学教育機関が充実している中国では、日本人移住者は求職活動を本格化する前に、語学留学するのが一般的になってきている。2000年代の調査では、レベルにばらつきはあるものの、調査対象者の中に中国語を使えない者はほぼいなかった。

1990年代の「アジア就職ブーム」とは変わらない点もある。まず、自発的移住者には、3年程度の海外就労経験を手に、30歳前後までには日本へ帰国して、その経験が生かせる仕事に就きたいという具合に、期間を限定した滞在計画を立てている者が多い。しかし、日本国内の求人状況を調べ、希望する仕事に就

く可能性が低いとわかると，帰国をためらう者も多かった。たとえば30歳までに帰国したいと考えていた花子は，休暇で一時帰国した際に人材会社に登録し，海外との交渉や仲介など経験を生かした仕事を日本で探したが，思うような仕事は見つからなかった。そこで花子は，あと数年は中国で経験を積んでから帰国したいと話していた。陽子は，周囲にも帰国までの期限を定めている者がいるものの，実際にはなかなか帰国に踏み切れない人も多いと感じていた。香港では7年間継続して滞在すれば，永久居民の資格が得られるため，就労ビザの更新が不要になるなど，生活の安定感は増す。しかし中国では永住権申請には，中国人と5年以上結婚を継続する必要があり，それも10年ごとの更新が必要である。そのため，彼女たちは就労ビザを更新するごとに，一時的な滞在を積み重ねているという感覚を共有していた。

③ジェンダーによる移住経験の相違と変化

2000年代にメディアで日本人の海外移住が取り上げられる場合は，日本経済のグローバルな発展か，雇用悪化が海外移住増加の要因に挙げられ，女性の移住に限定して日本社会のジェンダー分業への違和感から説明する図式はあまり見うけられなくなった。海外の日系企業では，男性現地採用とともに，女性の派遣駐在員も増加傾向にあり，ジェンダーと企業内の雇用形態との対応は，以前ほど明確ではない。しかし，2000年代の海外移住増加についても，グローバルなジェンダー関係をはずして理解することはできない。近年の日本で，雇用不安は，これまで比較的雇用が守られてきた男性を中心に語られることが多い。しかし，女性は20代をのぞくすべての年齢層で，雇用労働者の半数以上が非正規雇用であり（内閣府男女共同参画局，2013），正規雇用でも給与や役職者の割合が男性よりも低い。自発的な海外移住者のうち，女性が大卒・ホワイトカラーに偏っているのは，この層では同等の学歴・職歴をもつ男性と落差がとくに大きいためであろう。[17]

他方，男性の雇用不安や所得の伸び悩みは，日本社会の非婚化を推し進めていると言われ，女性のライフコースにも影響を与えている（山田，2010）。だが依然として，男性の収入を主とする世帯をモデルとして社会保障や雇用体系が

組み立てられており，仕事や家庭生活について女性が新しい展望をもつのはむずかしい。女性は結婚や出産など，どのようなライフコースを選択するかが，将来的な働き方に与える影響が大きい。そのため女性は，男性よりも仕事や生活をフレキシブルに組み立てられる反面，年齢規範が強いために，好きなことは若い間しかできないと考え，正社員の職を手放して移住していく。しかし，日本の不況が続く中，安定した正社員の地位は希少であり，帰国後に海外経験を生かす道が見えない場合，かつて語られていた，移住で「大きなものを失うわけではない」という思いが女性移住者に共有されているとは限らない。

　海外で働く日本人には派遣駐在員と現地採用者がおり，後者は事務や営業に就く若い世代と，年齢の高い技術者とに二分される。人材紹介会社によれば，現地採用者の中では，技術者の多い男性の方が平均的に女性より高い賃金を得ているが，いずれも派遣駐在員の待遇を大きく下回る。また，日系企業内には，依然として派遣駐在員は男性に，現地採用は女性に割り当て，雇用形態と性別を一致させる傾向があるため，現地採用男性の姿は見えづらい。そのため，男性の方が現地採用の待遇に危機感を持つ傾向があった。現地採用者として働く光一は，今の仕事を続けるべきではないと帰国を検討していた。また花子は，日本人同士で食事に行くと，派遣駐在員か，現地採用者かという雇用形態ではなく，性別で傾斜配分をつけて会費を徴収することが多く，一番きついのは男性の現地採用ではないかと語っていた。こうした状況は，自発的に移住している男性が増加しているとはいえ，移住と雇用のグローバルな拡大が，日本社会のジェンダー関係の影響と無縁でないことを示している。

## 第4節　グローバルなジェンダー分業を生きる

　本章では，香港や上海へ移住する日本人の経験を通して，1990年代から2000年代にかけて，日本における雇用や生活にグローバル化が与えた影響を分析してきた。男性の経験を中心に理解されてきた政策的移住が歴史的に幕を下ろした後，自発的な移住は職場でのジェンダー関係に限界を感じ，日本的な制度の

外部としての「外国」へ移住する女性たちのイメージで語られてきた。しかし，日本経済の不況が深刻化すると，ジェンダーよりも階層や雇用形態による格差への関心が高まり，ジェンダー関係で海外移住の動機を説明する必然性は弱まったように見えてきた。

たしかに2000年代の海外移住経験は，日本的なジェンダー関係からの離脱という説明では不十分だが，同時にジェンダー関係を抜きにして分析することもできない。女性が海外に移住する際に，その動機は主に個人的な自己実現として語られる。しかし，企業活動が国境を越えて拡大するグローバル化を背景に，異文化間の交渉を含む対人サービス業務が増加し，彼女たちの移住を可能にしてきたという政治経済的な背景を無視することはできない。日系企業社会では，日本人として日本企業で働いたという属性と経験によって，同じ程度の能力をもつ現地の人にアドバンテージを得ることができた。その結果，就労可能なビザを取得し，移住先で中間層の生活を送れる機会が拡大したのだ。

女性によるこのような海外移住は，日本国内のジェンダー分業を反映している。日本の職場では，女性は結婚や出産で再生産労働を担う可能性を理由に，男性とは異なる待遇や役割を期待されることが多く，仕事に将来的な展望を見いだしにくい。加えて，彼女たち自身も将来的に働き方を変える可能性が高いのだから，若いうちに色々な経験を積みたい，一つの仕事にこだわる必要はないと考える傾向がある。現地採用で働く男性も近年増加しているが，彼らが派遣駐在員との待遇差に将来的な不安を語るのに対し，女性は，給与や待遇の下降があったとしても，日本ではかかわれなかった仕事につけたことや，将来的な職務，待遇の上昇や独立・起業の可能性があることに期待している。

2000年代に入り，日本の不況が長期化する中，中国と日本の賃金の差は縮小しており，とくに若い移住者では，中国移住による給与の下降幅も小さくなった。バブル期に就職した1990年代の移住者と比べ，2000年代の移住者の中には，むしろ日本での労働状況や求職の厳しさを強調する者が目立った。だが，日本も中国も，一つの国に住み続ける国民を対象として社会保障制度を設計しているため，多くの移住者が，日本にどのタイミングで帰国するのか，長く住み続

けるとしたら老後はどうするのか,というジレンマに陥っている。

　女性たちは,海外移住によって,日本社会,とくに日本国内の企業社会における「日本的」なジェンダー関係と,それによって個別の女性が期待される役割やライフスタイルから距離をとろうとしている。しかし同時に,彼女たちは日本企業の海外展開の結果として移住を実現しているのであり,単に日本のジェンダー関係などの社会関係や制度から,移住によって個々に離脱しているわけではない。つまり日本をはじめ多くの国や地域で,経済活動がグローバルに展開する中,人々が国ごとに異なる文化体系のもとにあるという信念と,これらの文化を仲介する領域の拡大が可能にした集団的な行為として,この移住を理解する必要がある。同時に,移住は企業内のジェンダー分業を乗り越える契機となるが,雇用区分とジェンダーの相関,将来的な展望の相違などを見る限り,移住者をジェンダーによる役割の限定から解放するものではない。海外で日本人社会に帰属することで,国内では得られなかった仕事の機会を手にできる可能性と,海外でも企業を中心に日本人の間で保持されているジェンダー分業を受け入れる必要とを秤にかけて移住する彼女たちは,ジェンダーと国の境界を越えているというよりは,境界の存在を自覚し,それをうかびあがらせている。では,彼女たちの移住は,日本社会のジェンダー関係をどのように変容させているのだろうか。このことを明らかにするには,さらなる長期的な追跡調査が必要である。

注
(1) たとえば『日経情報ストラテジー』は2010年7月号で,近年日本企業で活発化するBPO（ビジネス・プロセス・アウトソーシング）を特集している。2008年秋のテレビドラマ『OLにっぽん』は,総務部の国外外注の影響を受ける日本人たちの姿を描き,話題になった。
(2) グローバル化という言葉は,論者によって多義的に用いられ,厳密な学問的議論にはなじみにくい性質をもつ。本章では,これが国民国家を無化して,単一の社会を作り出すことではなく,また国のみが特権的な制度として国家間の活動に決定権をもつのでもなく,国を含む大小様々な制度や組織が国境を越えてかかわり合う状況を指している（Held et. al., 1999）。

(3) こうした負担の大きさと，雇用や収入の不安定化は，非婚・晩婚化や少子化を引き起こす要因だと考えられている（山田，2010）。さらに少子化の進行で，社会保障の支え手は減少し，将来への不安はますます増大するという悪循環となっている。
(4) もともと女性が多い傾向があった西ヨーロッパやオセアニアは言うまでもなく，以前は男性が圧倒的に多かったアジア地域でも，女性の滞在が男性に迫ってきている。
(5) これは日本で「香港就職ブーム」への関心が高まった時期であった。
(6) 「内なる国際化」という言葉は1980年代から徐々に用いられている。たとえば1985年には，初瀬竜平による『内なる国際化』という本が出版されており，現在に至るまで，この用語が日本国内の外国人居住者や，海外に進出した日系企業内の多文化状況を考察する意味で用いられている。2015年4月現在，国立国会図書館には，タイトル等に「内なる国際化」を挙げている書籍が27冊所蔵されていた。
(7) 近年，日本人が「内向きになっている」という批判があるが，この調査からは，1960年代に日本人が急速に「内向き」になったことが読みとれる。
(8) アジアを中心とする「海外就職ブーム」では，マスメディアに具体的な個人の経験が取り上げられたが，具体的にどの程度の人数が，香港や上海へ移住したのかといった具体的な数値を知るのは難しい。グラフは，外務省による『海外在留邦人数調査統計』の滞在目的から，女性のうち，本人として「民間企業関係者」のカテゴリに含まれる者のみを，中国について集計したものである。このグラフは，決して現地採用として働く女性たちの数を正確に反映するものではないが，中国で働く日本人女性の増加が著しかったことがわかる（図12-2）。
(9) 香港調査では，対象者の中で日本で非正規雇用だったのは2名のみだった。
(10) 留美子は，総合職の女性は「腫れ物にさわるような」扱いに「耐えられなくなり，留学や転職してしまう」と聞き，長く勤められそうな「一般職」で就職したという。実際，総合職として働いていた絵里子は男性と同様の仕事をこなしながら，女性的役割として「お茶くみ」への参加などが求められることに疲弊して仕事を辞めたと語っていた。
(11) 多くの調査対象者が，香港の雇用システムを普遍的なものと見なし，性別や属性が重要な意味をもつ日本のやり方が「特殊」なのだと考えていた。もともとは欧米への移住を希望していた者の中には，就労ビザや仕事を得やすい香港を，欧米に近い場と位置づけられ，香港移住の選択を肯定的に理解している者もいた。
(12) 特に上海の在留邦人数は，2000年の8370名から数年のうちに5万人前後まで増加し，2012年には7万8862人に達した。日中間の政治的関係の冷え込みの影響か，翌年2013年には18％減少したが，それでも6万4317人を数える。この背景には，中国全土に3万社を越える日系企業の3分の2が上海に集中しており（2013年末現在2万1630社），在留邦人の多くが，日系企業社会と関わって生活していることが挙げられる。香港の日本人社会も2万5000人程度と大規模だが，上海には及ばない。

⒀　『日経ビジネス』（1994年8月8日・15日合併号）は，「不況で採用の門戸を閉ざされ，総合職女性の活用も進まない。働く意欲を持った女性たちは，そんな日本企業に見切りをつけ，海外や外資系企業などに新天地を求めて飛び出し始めた。そうした女性の多くが，香港の地を目指す。……日本の会社は女子には不合理なことが多すぎます」と，女子大学生が父親に宛てた手紙の形をとって，海外就職ブームを女性の雇用問題として報じた。

⒁　人材紹介会社を介した日系企業の事務職では，給与額は香港でおおよそ1万5000〜2万HKドル，上海は1万〜1万5000RMB（人民元）であり，香港の方が多少高い。

⒂　海外での収入に余裕があれば，日本で国民年金の掛け金を支払う者もあるが，たとえ満期まで支払っても老後の年金は十分な額とは言えず，不安に思う者は多かった。

⒃　他方，1990年代から香港で人材ビジネスを行う日本人男性は，筆者が2011年の状況を尋ねると，「給与や待遇も含め，驚くほど状況は変化していない。日本人と，中国人や香港人は，仕事上で競合することはない」と語った。大陸と香港の相違もあるかもしれない。

⒄　日本の雇用崩壊として関心を集めているのは，主に製造業で派遣や請負として働く男性だが，海外で就労を検討する女性と競合することは少ないと考えられる。

## 参考文献

伊藤るり（2011）「自分の痛覚をもって，世界と繋がるフェミニズム」天野正子ほか編『新編日本のフェミニズム9　グローバリゼーション』岩波書店，1-34頁。

移民研究会編（1994）『日本の移民研究――動向と目録』日外アソシエーツ。

大沢真理（2002）『男女共同参画社会をつくる』日本放送出版協会。

落合恵美子（2004）『21世紀家族へ――家族の戦後体制の見え方・超え方（第3版）』有斐閣。

外務省中南米移住局（1967）『海外移住に関する世論調査　調査報告書』。

酒井千絵（2007）「中国へ向かう日本人――ブームに終わらないアジア就職の現在」『アジア遊学』第104号，82-91頁。

内閣府男女共同参画局（2013）『男女共同参画白書　平成25年度版』（http://www.gender.go.jp/about_danjo/whitepaper/h25/zentai/index.html#pdf　2015年5月1日アクセス）。

初瀬龍平（1985）『内なる国際化』三嶺書房。

パレーニャス，ラセル・サルザール（2007）「女はいつもホームにある――グローバリゼーションにおけるフィリピン女性家事労働者の国際移動」伊豫谷登士翁編『移動から場所を問う　現代移民研究の課題』有信堂，127-148頁。

山田昌弘編（2010）『「婚活」現象の社会学』東洋経済新報社。

「特集：バックオフィス革命――大手が続々と中国・大連に移管」『日経情報ストラテジー』2010年7月号，日本経済新聞社，22-49頁．

Carstles, S and M. Miller (2009) *The Age of Migration : International Population Movements in the Modern World*, 4th edition, Palgrave Macmillan.（カースルズ，S.・ミラー，M.／関根政美・関根薫訳（2011）『国際移民の時代［第4版］』名古屋大学出版会）．

Goodman, R. (1990) *Japan's "International Youth" : The Emergence of a New Class of Schoolchildren*, Clarendon.（グッドマン，R. ／長島信弘・清水郷美訳（1992）『帰国子女――新しい特権層の出現』岩波書店）．

Held, David and Anthony McGrew, David Goldblatt and Jonathan Perraton (1999) *Global Transformation : Politics, Economics and Culture*, Stanford : Stanford University Press.

Kofman, Elenore et al. (2000) *Gender and International Migration in Europe : employment, welfare and politics*, London and New York : Routledge.

# あとがき

　日本社会は儒教精神が長い間続いたため，第2次世界大戦までの数世紀は基本的に男性優位，女性劣位の国であった。それを一言で表現すれば「家父長制社会」ということになる。一家の大黒柱は夫であり，妻はもとより年老いた親も成人した子どもに従うのが慣習であった。「家長」は男性であり，「老いては子に従い」「妻は夫にかしづき」「子どもは親に反抗してはならない」「兄弟においても長子を重用する」などの家族関係が長い間にわたって規範とされてきた。

　男女の関係に注目すれば，それは家庭内だけではなく，「夫は外で働き，妻は家事と育児に専念する」という性別役割分担という規範も同時に進行していたのである。とはいえ働く女性がいなかったわけではなく，農家，商家，家内工業などの家庭では家計が苦しく，妻が働かざるをえない世帯は多かった。したがって，現実に「夫は外で働き，妻は家事と育児」を実践していたのは夫が高所得の家庭だけであった。しかし男女の意識としての規範は性別役割分担だったのであり，それを実行するかしないかは家計の経済状況に依存した。

　その証拠に戦後の高度経済成長期を経て日本は経済的に豊かになり，夫の所得増とともに妻は働かなくなり，専業主婦が増加した時期があった。しかしその後女性の教育水準が高まり，男性への経済依存度を低めたい女性の勤労意欲が高まり，働く女性の数が増加したのは歴史の教えるところであり，「夫は外，妻は内」の性別役割分担の意識はかなり弱くなってきている。しかしまだ消滅したわけではない。

　外国に眼を移すと，日本での家父長制に似たものは欧米にも存在していたが，それが弱まった時期が日本より早いということがわかる。しかも日本とは異なる動機がその過程にはあった。外国，とくに欧米諸国における状況と，女性た

ちがこれらに関してどのような経験をしてきたかを本書で詳解したが，それらを明らかにし，知ることは歴史上の価値のみならず，日本の今後を予測し，政策を考える時に大きな参考となる。

　日本においても性別役割分担の意識が弱まり，かつ女性のジェンダー意識も高まったことにより，男女共同参画の推進，ワークライフバランスの達成，女性の地位向上，などの標語の下で，社会は様々な政策を実施しようとしている。言わば，女性が社会の中で重要な役割を演じるようになっているのであり，本書でもかなり論じている。

　男女共同参画と言えば，編者の一人（橘木）は，内閣府の男女共同参画会議の民間議員の一人として，2001年4月から2007年の3月まで6年間にわたって政府の政策論議の場に携わってきた。その時の経験を踏まえて，男女共同参画，あるいは女性の地位向上という目標に向かって，政府というトップのアクターがどのような役割を演じることができるのか，インサイド・ストーリーも多少からめてここで論じてみたい。

　男女共同参画会議は内閣官房長官を議長として，首相の他関係大臣が10名ほどと，民間の有識者が10名ほど参加して，いろいろな課題を議論しながら政策提言をする政策形成におけるトップの会議である。6年間にわたって参加したため，この会議の進行状況から男女共同参画，女性の地位向上の問題に，政府はどう対応していたかを身をもって体験したのである。

　いくつかの印象を書いてみよう。第1に，そもそも男女共同参画会議は，2001年の小泉純一郎内閣の時に発足し，経済財政諮問会議，科学技術会議などと同時期に発足した，政府の政策のトップ・プライオリティとして論議をする会議であった。しかし当時は経済活性化の問題が最も重要な政策課題だったので，いくつかの会議のうち，経済財政諮問会議が突出して世間の関心を浴び，男女共同参画会議の影は薄かった。たとえば，会議のメンバーである大臣の出席率は高くなく（さすがに副大臣クラスは代理で出席していた），大臣自身の関心は低かったので，会議そのものの存在意義が高くなかった。女性問題は政府の政策プライオリティの順位としては高くなかったのである。たしかに10年以上

も前であり、世間での関心もまだそれほど高くなかったことが、大臣の低い関心の背後にあったことは否定できない。

　第2に、しかし内閣、あるいは総理大臣、そして議長である官房長官の意向によって、男女共同参画会議の果たす役割、あるいは会議の軽重はかなり変化してきたことを強調したい。最初の小泉純一郎首相、福田康夫官房長官の時は、首相をはじめ大臣の参加意欲は強く、本格的に男女共同参画社会を作ることに「熱狂的」に動いていたわけではないが、かなりの程度、前向きの姿勢を示していた。

　小泉首相が降りた次の首相、安倍晋三はほとんど関心がなく、会議に出席しても冒頭のあいさつだけで無言のことが多かった。この内閣は首相自身の病気によって1年で辞任したので、男女共同参画の問題や、女性の地位向上のことはなんら進展がなかった。この内閣で外務大臣であった麻生太郎の会議への出席率が低かったことを記憶している。

　安倍首相の次は福田康夫首相である。小泉内閣の時の男女共同参画会議の議長であったし、本人の関心の高さも手伝って、会議への参加と発言内容には熱意があった。具体的にどのような政策を実行に移したかは思い出せないが、福田首相が男女共同参画や女性の地位向上に積極的に取り組んでいた姿勢には感銘を受けた記憶がある。次の首相は麻生太郎であったが、私はもう任期を終えていたので会議への参加はなかった。しかし、さほど関心の高い人ではなかった、ということを当時の民間議員から聞いた。

　以上をまとめると、私の任期中は内閣がよく変わったので、政策論議の継続性を保つことはほぼ不可能であった。首相、大臣がころころ変わるということは、日本の政治・経済の政策運営上で、好ましくないことは明らかであった。もう一つは、どのような政策を導入するかはトップに立つ人の主義・思想に左右され、その課題に関心のない人がトップに立つと、国の政策は進まない、ということを男女共同参画会議への参加で体験したのであった。

　現在は、安倍晋三首相の再登場である。男女共同参画、女性の地位向上に無関心だったはずの人が、今回は女性の活用策を政策目標の一つに掲げている。

2014年度の内閣改造では，女性の閣僚を5名に増やした。あの安倍首相が女性問題に関心を抱くようになったことに隔世の感をもつが，成長戦略の一環として女性にもっと働いてもらわないと困る，という認識の下なのであろう。昔は女性問題を無視していたのに，「今はなぜ？」などと野暮なことは言わないが，なんとなく男性優位論者のように思える安倍首相には，貧困者や劣悪な労働条件の中にいる恵まれない女性が世の中に多くいるという事実に注目して，こういう女性の地位向上を図りながら，女性活性化の道を進んでほしいものである。少なくとも今の時点では，大臣や官公庁の幹部に女性を多く就任させるといったように，上層にいる女性の活用策に熱心で，下層にいる女性の地位向上や所得の上昇政策にはさほど関心がないように思える。

　安倍首相の音頭取りもあって，女性を積極的に活用する策に関して，世の関心は高まっている。不当に女性は差別を受けてきたとするフェミニズム運動からすると，現時点での女性活性化策がどう評価されるのか関心のもたれることではある。ジェンダー問題は今となっては長い歴史を有しているので，歴史の視点からこの問題を省みることは興味深い。そして今ほど，ジェンダー問題の解決が問われ，政策への期待の高い時代はない。本書がジェンダー問題に関心のある方々に，一つの有用な資料となることを願ってやまない。

2015年4月20日

橘木俊詔

# 人名索引

## あ行

赤松良子 138
安倍晋三 207, 211, 221, 226, 229
池田勇人 210
市川房枝 150
ウェッブ夫妻 33, 34
ヴォーゲル,エズラ 208, 213
ウルストンクラーフト,メアリ 25
オーエン,ロバート 33
大沢真理 220
大島渚 184
小沢遼子 188
落合恵美子 27

## か行

加藤シヅエ 86, 90, 91
神近市子 191
岸信介 209
北岡寿逸 91
キング,マーティン・ルーサー 108
クニッゲ,アドルフ 43, 44
グリーン,トーマス 30, 31
クリントン,ヒラリー 120
ケルナー,テオドール 56
小泉純一郎 211, 221, 225
古屋芳雄 95-97

## さ行

ショウ,バーナード 33
セインズベリ,ダイアン 9

## た行

高橋展子 151
館稔 91
ダラ・コスタ,マリアローザ 109, 117
テイラー,ハリエット 30, 31
ティルモン,ジョニー 107, 119

## な行

中曽根康弘 210, 212, 228
ノートスタイン,フランク 89
野田佳彦 209

## は行

橋本龍太郎 211, 219, 229
パンクハースト一家 32
樋口恵子 156
ピケティ,トマ 283
船橋邦子 192, 200
フレーザー,ナンシー 122
ベネケ,フリードリヒ 49, 50
ベンサム,ジェレミー 30, 31

## ま行

マッカーサー,ダグラス 90
ミル,ジョン・スチュアート 30, 33
メルケル,アンゲラ 147, 148

## や・ら行

吉田茂 209
ライトナー,ジグリット 224
ルイス,ジェイン 218
レッシング,ゴットホルト・エフライム 50, 53
ロート,フリードリヒ 48, 49

# 事項索引

## あ 行

愛国心　54
愛国婦人会　63, 66
アウトノミア　109
アジア就職ブーム　295
圧縮された近代　11, 230
アファーマティブ・アクション　14, 153, 154, 157
EU　9
移住　17
移住の女性化　286, 288
一般職　238, 239, 247, 297
一般平等待遇法　155, 159
失われた20年　13, 230
AFDC（Aid to Families with Dependent Children）　105, 120, 121
FTA　289
M字カーブ　207
LGBT　165

## か 行

開業奨励金　266, 270
外国人受入政策　14
開発援助　99
学童保育　260, 261, 273
家事労働　8, 9, 47, 57, 117
家事労働に賃金を　105, 117
家族主義　15, 224
家族の価値　10, 167
家族法　131, 132
家父長制　39
関東大震災　60, 63, 65
機会不平等　270, 273
逆淘汰　92, 93, 95, 97, 98
キリスト教的隣人愛　47
近代家族　5, 6, 8, 13, 26, 77

近代市民社会　61
近代性　218
近代の伝統化　218, 229, 231
金融資産　272, 274
クォータ制（度）　14, 140, 143, 147, 148, 154, 157, 235, 242-246, 254
グローバル化　16, 17, 286, 290, 303
ケア　113
ケア・家事労働者　289
ケア労働　289
経済成長　264
経済成長率　264, 267, 268
啓蒙　41
後期近代家族　39
公共圏　60, 61
合計特殊出生率　268
公私の分離　12
公娼廃止運動　69
構造改革　219
行動する女たちの会　183, 192
公民権運動　108
高齢化　258
高齢社会　13
高齢者福祉　262
コーポラティズム　147, 153, 159
国際婦人年をきっかけとして行動を起こす女たちの会　138, 150
国民健康保険　282
国民年金　282
国民年金第3号被保険者制度　217
国連女性の10年　137, 138, 141, 150, 158
国連レベル　9
個人主義　7
個人責任・就労機会調整法（Personal Responsibility Reconciliation Act: PRWORA）　120

子育て支援　257
子どもの貧困　270, 271, 273
雇用機会均等法　147, 148
婚姻防衛法（DOMA）　169

## さ　行

再生産労働　16, 304
最低賃金　251
GEM　236
GGI（Gender Gap Index）　240
ジェンダー（社会的性別）　2
ジェンダー主流化　142, 148
ジェンダー秩序　1, 2
ジェンダー平等　213
ジェンダー平等政策　14
ジェンダー分業　286, 302, 305
自己オリエンタリズム　218, 232
自殺率　265, 269
慈善活動　47
児童手当　265
シビル・ユニオン　166
市民社会　77
市民層　42, 53, 54
　あたらしい——　42, 46, 47
　教養市民層——　42, 53, 57, 58
　経済市民層——　42
社会運動　284
社会局　64
社会事業　64
社会秩序形成　2
社会賃金　117
社会投資　15
社会保障　257
社会保障システム　300
社会保障と税の一体改革　258, 259, 270, 272
社会民主主義　28, 30, 35, 38, 39
社会民主主義的権利　27
宗教右派　167
就業における男女平等研究会議　151
自由主義的家族主義　10, 16

修正自由主義　30
集団主義　34
儒教　217, 226, 229
儒教イデオロギー　208
出生率　97
主婦　14
純潔　45
少子化対策　14
少子高齢化　223
消費税　259
消費税増税　259, 260
職業訓練　269
女子差別撤廃条約　134, 137, 141, 146, 150, 152,
　　153, 158, 215
女性運動　136, 137
女性（婦人）参政権　3, 4, 25, 26, 29-33, 36
女性センター　62, 75
女性の主婦化　6
女性労働力率　265, 268, 269
所得再分配　271
所得税　282
所有市民層　57
人口政策　82, 83, 98
人口転換　5, 6, 12
新自由主義　5, 16, 212, 223, 225, 229
新成長戦略　259
親密圏　46
正規社員　250
正規労働者　249
脆弱な稼ぎ手／柔軟な労働者・主婦モデル
　　160
生存賃金　8
成長戦略　264, 270, 272
性的指向　170
制度設計　9
性表現の自由　10
性別役割分業　131, 140, 145, 146
性別役割分担意識　236
性暴力　158, 159
世界女性会議　141, 155, 158

セクシュアル・ハラスメント　153, 159
セックス（生物学的性別）　2
全関西婦人連合会　65
専業主婦　5
全国福祉権団体（The National Welfare Right Organization: NWRO）　106-108, 118, 119
総合職　238, 239, 247, 297
相続税　269, 272, 283, 284
相対的貧困　270, 271
贈与税　269, 272, 284
外／内　46

## た 行

第1次人口転換　8
第1の近代　2, 8, 11-13
第1波フェミニズム　3, 5, 25
待機児童　260, 271, 273
第3号被保険者　282
第2次人口転換　6-8, 10
第2の近代　2, 8-11, 16, 17
第2波フェミニスト　39
第2波フェミニズム　3, 5, 37
"対話"する権利　201
タックス・ヘイブン　283
断種法　88
男女共同参画　252, 253, 255
男女共同参画社会　235, 247
男女共同参画社会基本法　155, 156, 158, 159
男女共同参画審議会　144, 145, 156-158
男女共同参画センター　73, 74
男女均等待遇指令　146, 149
男女雇用機会均等法　152
男性稼ぎ主／女性主婦モデル　6, 8, 129, 132, 133, 146, 149, 157, 159, 207, 229
男性史　41
チャーチスト運動　28
デザイン（設計）　1, 2, 8, 13, 17
伝統の創造　229
東京婦人矯風会　63
東京連合婦人会　66-69

同性婚　165
『道徳週刊誌』　43, 45, 52
投票　284
独立婦人同盟（UFV）　141, 142, 154
都市新中間層　217
ドメスティック・バイオレンス　28

## な 行

ナショナリスト　213
ナショナリズム　41, 51, 55, 228, 231
ナショナリティ　42
ナポレオン戦争　42, 47
二項対立的なジェンダー観　2
20世紀システム　7, 8, 11
日本型福祉社会　212, 215, 222, 228
日本基督教婦人矯風会　66
日本女子会館　74
ネイション　41, 51, 55

## は 行

バースコントロール　12
配偶者控除　282
配偶者特別控除　282
半圧縮（的）近代　11, 13, 230
晩婚化　289
ピサ・テーゼ　111
非正規雇用　131, 133
非正規労働　15
非正規労働者　249, 250
ビロードの三角形　140
ビロードの四角形　9, 140, 143, 144
貧困層　87, 97, 99
フィランソロピー　85
フェビアン協会　29, 33
フェビアン主義　34
フェミニストの闘い（Lotta Feminista）　109, 111
フェミニスト福祉国家論　9
フェモクラット（フェミニスト官僚）　9
福祉　87

福祉権運動　118, 119
福祉国家　16
福祉ジェンダー・レジーム（論）　129, 130, 134, 157
福祉ミックス　215
婦人会館　60, 62, 70-73
婦人参政権運動　69
婦人少年局　151, 152
婦人保護施設　72, 76
負の所得税　108
不払い再生産労働の拒否　112
普遍的ケア提供者モデル（universal caregiver model）　122
フランス革命　26
Proposition8　170
文化戦争　175
ペイエクイティ　122, 123
ベーシック・インカム（BI）　9, 105, 113, 121
北京行動綱領　141, 142, 155
ベビーブーム　82
保育　260, 273
保育サービス　268, 269
ボーイズラブ　197
母性主義　3, 4
母体保護　82, 92, 98
ポルノグラフィ　10, 11

## ま　行

マイノリティ　87

未婚化　289
緑の党　140, 144, 146, 148

## や　行

優生学　83, 92, 98, 99
優生思想　83
要求者（claimants）　113
要求者組合（claimants union）　113, 116
横浜連合婦人会　73

## ら・わ　行

ライフストーリー　290
リブ　135, 149, 155
リブ運動　9
リベラル・フェミニズム　37
良妻賢母　218
連邦婚姻修正　170
労働運動　98
労働基本法　149-151
労働者家族像　215
労働の拒否　112
労働の柔軟性　214
老齢年金　265
ロックフェラー財団　90, 94
ロビー活動　284
猥褻裁判　183, 184
私たちの雇用平等法をつくる会　150

## 執筆者紹介 (所属, 執筆分担, 執筆順, ＊は編者)

＊落合恵美子（おちあいえみこ）（京都大学大学院文学研究科教授, 序章, 第9章）

大嶽秀夫（おおたけひでお）（京都大学名誉教授, 第1章）

姫岡とし子（ひめおかとしこ）（東京大学大学院人文社会系研究科教授, 第2章）

辻　由希（つじゆき）（東海大学政治経済学部准教授, 第3章）

豊田真穂（とよだまほ）（早稲田大学文学学術院教授, 第4章）

山森　亮（やまもりとおる）（同志社大学経済学部教授, 第5章）

イルゼ・レンツ（ルール大学ボーフム社会学部名誉教授, 第6章）

山本耕平（やまもとこうへい）（京都大学アジア研究教育ユニット研究員, 第6章翻訳）

左海陽子（さかいようこ）（京都大学野生動物研究センター特定職員, 第6章翻訳）

小泉明子（こいずみあきこ）（新潟大学教育学部准教授, 第7章）

守　如子（もりなおこ）（関西大学社会学部准教授, 第8章）

城下賢一（じょうしたけんいち）（立命館大学・龍谷大学ほか非常勤講師, 第9章）

＊橘木俊詔（たちばなきとしあき）（京都女子大学客員教授・京都大学名誉教授, 第10章, あとがき）

柴田　悠（しばたはるか）（立命館大学産業社会学部准教授, 第11章）

酒井千絵（さかいちえ）（関西大学社会学部准教授, 第12章）

《編著者紹介》

落合恵美子（おちあい・えみこ）

1958年　東京都生まれ。
東京大学大学院社会学研究科博士課程単位取得退学。
現　在　京都大学大学院文学研究科教授。
主　著　『アジア女性と親密性の労働』（共編）京都大学学術出版会，2012年。
　　　　『親密圏と公共圏の再編成――アジア近代からの問い』（共編著）京都大学学術出版会，2013年。
　　　　"Leaving the West, rejoining the East？: Gender and family in Japan's semi-compressed modernity," *International Sociology*, 29：209-228, 2014.

橘木　俊詔（たちばなき・としあき）

1943年　兵庫県生まれ。
ジョンズ・ホプキンス大学大学院博士課程修了（Ph. D）。
現　在　京都女子大学客員教授。京都大学名誉教授。
主　著　『現代女性の労働・結婚・子育て――少子化時代の女性活用政策』（編著）ミネルヴァ書房，2005年。
　　　　『女女格差』東洋経済新報社，2008年。
　　　　『女性と学歴――女子高等教育の歩みと行方』勁草書房，2011年。
　　　　『いま，働くということ』ミネルヴァ書房，2011年。
　　　　ほか英文・和文書多数。

　　　　　　変革の鍵としてのジェンダー
　　　　　　――歴史・政策・運動――

2015年8月10日　初版第1刷発行　　　　〈検印省略〉

定価はカバーに
表示しています

| 編著者 | 落　合　恵美子 |
|       | 橘　木　俊　詔 |
| 発行者 | 杉　田　啓　三 |
| 印刷者 | 江　戸　宏　介 |

発行所　株式会社　ミネルヴァ書房
607-8494　京都市山科区日ノ岡堤谷町1
電話代表　（075）581-5191
振替口座　01020-0-8076

Ⓒ 落合・橘木ほか，2015　　共同印刷工業・兼文堂

ISBN978-4-623-07385-6
Printed in Japan

## 徳川日本のライフコース
落合恵美子 編著　Ａ５判　472頁　本体5500円
●歴史人口学との対話　歴史人口学的数量分析を中核に，質的分析を組み合わせて，人の一生を多角的に描き出す。

## 現代女性の労働・結婚・子育て
橘木俊詔 編著　Ａ５判　304頁　本体3500円
●少子化時代の女性活用政策　女性がいきいきと働くためにはいかなる施策が必要か，各分野の専門家が提言。

## 格差社会
橘木俊詔 編著　Ｂ５判　188頁　本体2500円
実証データをもとに様々な角度から「格差」にアプローチし，現状と課題の検証を行い，今後取るべき対策を論じる。

## ジェンダー
姫岡とし子 他著　Ａ５判　394頁　本体4500円
歴史的事例や女性史・ジェンダー史の動向を踏まえ，ジェンダー化されたヨーロッパ近代社会を描き出す。

## 家族主義福祉レジームの再編とジェンダー政治
辻 由希 著　Ａ５判　282頁　本体7000円
家族とジェンダーの改革をめぐる政策過程を通じて，現代日本政治の新たな局面を描き出す。

## ジェンダーで学ぶ生活経済論［第2版］
伊藤 純・斎藤悦子 編著　Ａ５判　244頁　本体2800円
個人・家族・社会のあり方を捉え，実生活における重要課題にジェンダーの視点から迫る，充実のテキスト。

───── ミネルヴァ書房 ─────
http://www.minervashobo.co.jp/